BEIJING LIANHE DAXUE LÜYOU GUANLI
YILIU ZHUANYE JIANSHE CHENGGUO

北京联合大学旅游管理一流专业建设成果

—— 第二辑 ——

周泽鲲 王恒 孙业红 主编

李白 孙梦阳 吴宁 副主编

旅游教育出版社
·北京·

图书在版编目（CIP）数据

北京联合大学旅游管理一流专业建设成果. 第二辑 / 周泽鲲, 王恒, 孙业红主编. -- 北京：旅游教育出版社, 2025. 1. -- ISBN 978-7-5637-4794-8

Ⅰ. F590

中国国家版本馆CIP数据核字第2025CR3893号

北京联合大学旅游管理一流专业建设成果
第二辑

周泽鲲　王恒　孙业红　主编

李白　孙梦阳　吴宁　副主编

策　划	何　丹
责任编辑	贾东丽
出版单位	旅游教育出版社
地　址	北京市朝阳区定福庄南里1号
邮　编	100024
发行电话	（010）65778403　65728372　65767462（传真）
本社网址	www.tepcb.com
E - mail	tepfx@163.com
排版单位	北京旅教文化传播有限公司
印刷单位	唐山玺诚印务有限公司
经销单位	新华书店
开　本	787毫米×1092毫米　1/16
印　张	12.5
字　数	202千字
版　次	2025年1月第1版
印　次	2025年1月第1次印刷
定　价	75.00元

（图书如有装订差错请与发行部联系）

编委会

主　编： 周泽鲲　王　恒　孙业红

副主编： 李　白　孙梦阳　吴　宁

编　委： 石美玉　季少军　陆京凤

前　言

北京联合大学旅游管理专业成立于1979年，是中国第一个旅游管理本科专业，出版了中国第一批旅游教材，培养了中国第一批旅游管理本科毕业生。北京联合大学旅游管理专业是国家级一流专业建设点、国家级特色专业、北京市重点建设一流专业，于2023年通过联合国世界旅游组织旅游教育质量（UNWTO.TedQual）认证，连续多年在软科"中国大学专业排名"中获评A级专业，在"金平果排行榜"专业排名中位居全国前4%。本专业不仅重视学生学术视野的拓展、研究能力的锻炼，还注重学生实践能力的培养，形成了独特的人才培养体系，培养了大量具有创新精神和实际操作能力的旅游管理专业人才，获得了学界和业界的广泛认可。

在旅游管理专业的发展过程中，课程建设始终是专业建设的核心所在。课程不仅承载着知识传授的功能，更是学术创新与实践探索的重要孵化器，同时也是人才培养的基本单元和关键要素。目前，旅游管理专业课程体系由通识教育、专业教育和实践教学三大模块组成，以期全面提升学生的综合素质与专业能力。具体而言，课程设置注重培养学生对中国特色社会主义道路、理论、制度和文化的认同，鼓励他们积极践行社会主义核心价值观。同时，通过扎实的学科基础课程、自然科学知识（如数学）、现代信息技术课程的教育，为学生打下坚实的知识基础。在专业领域，课程强调学生对旅游管理基本理论和方法的掌握，引导他们运用这些工具分析和研究旅游行业中的实际问题，并提出切实可行的解决方案。此外，课程还聚焦旅游行业的前沿发展与趋势，引导学生了解行业动态，具备国际视野和创新思维。旅游管理专业还建设了包括国家智慧旅游重点实验室、农业文化遗产可持续旅游院士工作站、文化和旅游部文化与旅游研究基地，以及与中青旅联科和唯智科技共建的旅游消费者研究院等在内的国家级、省部级平台和校企合作平台。这些平台为课程的学术研究与实践应用提供了有力支撑，也为学生的学习与科研创造了丰富的资源与机会。

北京联合大学旅游学院旅游管理专业始终以课程设置为抓手，致力于培养学生的学术视野和创新思维，同时注重学生实践能力的锻炼，将学术研究与行业需求紧密结合。在这一理念的指导下，本书应运而生，全面展示了近年来旅游管理专业在课程建设方面的优秀成果，体现了学术研究与实践应用的深度融合。这既是对旅游管理专业发展成就的集中总结，也为行业教育与实践提供了重要参考。

本辑主要分为两大模块：第一模块是研究论文，主要展示近年来学生们基于课程学习基础而形成的代表性学术论文，其中既包括结课论文也包括基于课程论文发展而成的毕业论文。论文主题涉及乡村旅游、非物质文化遗产旅游、虚拟旅游、大学生休闲行为等多个重要议题，尤其聚焦于对京津冀地区现实问题的分析和探索，紧密结合区域发展实际需求，具有较强的学术价值和应用前景。研究论文模块不仅展现了学生们对旅游管理前沿问题的理论见解，而且体现了他们运用科学理论解决产业实际问题的探索精神。

第二模块是研究报告，着重展示了学生依托课程资源、响应业界需求，积极参与实践项目而形成的阶段性成果。这部分涵盖了北京中轴线、非物质文化遗产、商业综合体、民宿等多个领域的营销策划方案及项目计划书，为诸多具体项目提供了切实可行的解决方案，具有较强的实践指导意义。在第二模块我们可以看到学生如何将理论知识与现实需求紧密结合，以及如何在实际的旅游项目策划与实施中展现创新能力。这也是北京联合大学旅游学院旅游管理专业多年践行"学以致用"理念、积极投身高水平应用型大学建设成效的集中表现。

本书的出版，既是对北京联合大学旅游管理专业建设成果的集中展示，也是对全体师生在教学、科研和实践中不懈努力的认可。每一篇论文、每一份报告，都是学生们在学术探索与行业实践过程中付出心血和智慧的结晶，体现了他们对旅游管理专业的深刻理解和对未来发展的无限追求。虽然这些成果尚不能代表最终的学术成就和实践水平，但它们无疑是学生们迈向更高层次研究和实践的重要一步。通过本书，我们希望能够与更多同行分享这些宝贵的教学成果，进一步推动旅游管理学科的教学质量和学术水平的提升，同时也为旅游行业的发展贡献我们的绵薄之力。

目 录

研究论文

雄安新区乡村旅游组织模式与高质量发展路径研究
　　……………………………………………………… 杨一成　蔡芾芊　常　谕　李敏慧 / 3
基于利益相关者理论的乡村旅游高质量发展组织模式研究——以雄县为例
　　………………………………………………………………… 王亚洁　杨贵迎　韩　莹 / 15
北京四合院旅游意象感知研究 ………………………………………… 杨宇晴　孙业红 / 31
"云上中轴"虚拟旅游的游客感知价值研究 …………………………… 张梦蕊　周泽鲲 / 48
新华银器小镇非遗旅游开发研究 ……………………………………… 苏晓宇　石美玉 / 63
北京市女大学生参与对抗类运动的休闲制约研究——以篮球为例 ………… 姜　丰 / 77

研究报告

寻声中轴——北京中轴线声音策划方案
　　………………………………………… 胡钧鑫　李　慧　林晓棋　黄星宇　李浩轩 / 99
北京中轴线老字号旅游营销策划书
　　………………………………………… 谭茹文　王倬羽　黄　婷　闫　彤　吴淑童 / 114
北京非遗主题研学旅游营销策划 ………………… 辛雪婷　徐亚丽　左怡萱　韩　莉 / 122
密云风筝制作技艺旅游营销方案 …………………………………………………… 葛中天 / 141
延庆绳结编织非遗旅游营销策划 …………………………………………………… 李雅琦 / 153
YOUNG潮星城青年旅游营销策划方案书 ………………………………………… 张文馨 / 172
平谷区峪口镇特色民宿"栖峪"项目计划书
　　………………………… 张岳琳　郭雨洁　褚子寒　李鑫新　李非洋　王仁源　武昱彤 / 183

目 录

研究论文

雄安新区乡村旅游组织模式与高质量发展路径研究

杨一成　蔡苇芊　常　谕　李敏慧[*]

[摘　要]　本文选取雄州镇、郑州镇、张岗乡三个聚落，通过实地调查法和案例分析法，对雄安乡村旅游经营管理模式（组织模式）进行差异化对比研究，旨在为雄安新区乡村旅游寻找高质量发展路径，从而推动雄安新区乡村振兴。文章在社会交换理论的"共享价值观"和"制度化"宏观结构视角下，从经济、文化、治理三个维度搭建可持续发展路径框架，总结出以村集体主导的、外部企业参与的雄州镇模式，以外来企业投资主导、政府统一监管、农户自主经营的郑州镇模式，以及以石雕产业为依托、农户自主投资运营的张岗乡模式共三种经营管理模式。研究发现了三种模式中存在的问题，包括"共同价值"形成过程中的群体价值的不统一以及"制度化"进度形成受各阶段交换限制，在此基础上给出了一定的建议。

[关键词]　乡村旅游；管理模式；社会交换理论；旅游可持续发展；雄安新区

引言

"十四五"时期，雄安新区处于建设高水平社会主义现代化城市的关键时期，高质量发展成为雄安新区开发建设的内在要求，旅游业发展同样需要高质量转型，"加快形成新形象、加快建设新功能、加快发展新产业、加快聚集新人才、加快构建新机制"的"五新"目标，为其旅游高质量发展提出了新的要求和指引。在"十四五"期间，雄安新区聚焦于现代旅游治理体系的建设。在乡村治理中，合理的组织模式建设有利于实现公共利益最大化，从而助推经济转型下综合潜力的释放。目前在乡村治理方面，管理模式呈现集体化、政府主导的态势，缺乏规范的监管体制和丰富的管理模式[1]。国内对乡村旅游管理模式的研究始于21世纪之后，如郑群明、钟林生根据产权组织形

---

[*]　杨一成、蔡苇芊、常谕、李敏慧，北京联合大学旅游学院旅游管理系本科在读。

式将社区参与乡村旅游开发的模式划分为"公司+农户"模式[2]、"政府+公司+农村旅游协会+旅行社"模式、股份合作制经营模式、"农户+农户"模式和个体农庄模式五种[3]。现阶段我国乡村旅游发展应立足于农村集体经济基本制度，积极探索以村集体为发展纽带，以合作社、股份合作制、股份制等方式，引导全体村民参与，推动乡村振兴事业的发展。

国外对乡村旅游管理模式的研究与国内相比较为丰富。辛普森（Simpson）提出CBTI（Community Benefit Tourism Initiative）模式，认为政府、非政府组织、私人企业和社区这4个利益相关者在乡村旅游发展中属于决定因素[4]，国外乡村旅游的供给实现模式主要是"农户+协会+政府"，各类协会组织和政府相关部门在乡村旅游的发展中起着重要作用，同时也是乡村旅游的供给主体。

雄安新区在政策引导下发展迅速，雄安新区乡村旅游资源种类丰富、数量繁多，经营主体类型较为多样，主要包括"个体""村集体""个体+公司""村集体+公司""个体+村集体+公司"的经营模式。《河北雄安新区旅游高质量发展"十四五"规划》提出，雄安新区旅游业存在白洋淀景区引领示范作用未充分展现、旅游产品有效供给不足、要素支撑亟待完善、市场活力有待加强四大问题。就乡村旅游发展程度而言，雄安新区发展成熟度略高，旅游经营方式和类型也较为多元化，但发展模式不清晰，集群化效应不显著，经营主体混乱，缺少标准和规范，管理服务水平参差不齐，乡村旅游经营管理亟须提档升级。以乡村旅游经营管理模式为切口，重新审视新时代乡村旅游发展实践，有助于我国乡村旅游高质量发展进程的推进。

转变方式、调整结构、转换增长动能都是未来乡村高质量发展的重要趋势。促进乡村旅游高质量发展需要协调经济、社会、治理等多维度的目标，通过乡村居民的积极参与、利益共同体协调发展、技术创新发展、融合多元业态等将高质量发展理念加以落实。参与乡村旅游的主体多样，覆盖面积较广，涉及各个参与环节。然而目前的研究多是从旅游发展带来的影响方面进行问题分析、总结，缺乏对于主体行为的路径导向建议，因此仍然需要在乡村旅游实践各个环节中厘清主体行为关系、群体间的联系，并有效完善治理结构，从而改变粗放型发展方式，实现乡村旅游高质量发展。基于上述问题，本研究以河北省雄安新区雄县的雄州镇、鄚州镇、张岗乡为案例地，对农户进行半结构式访谈，并采用案例分析法，对比分析不同模式下乡村旅游管理的现状及问题，并为当地旅游高质量发展方向提供可行性建议，以期为雄安新区乡村旅游高质量发展提供科学依据。

1. 文献综述

1.1 社会交换理论

社会交换理论是对社会的一种诠释模型，其基本定义是人们通过有意识或潜意识的衡量产生互动的必要性以及产生互动的决策的理性行为。最初较为主流的研究是霍曼斯（Homans）提出的行为主义下的六大命题，以及布劳在从微观个体研究转向宏观层面研究过程中提出的"制度化"和"共享价值观"，它们在社会学视角下更好地解释了社会交换行为[5]。经过多年的发展，社会交换理论在旅游研究中的应用较广，其中既有定性研究也有定量研究，从概念引入[6]、扩展[7]到理论模型化[8]、模型演进[9]以及与其他理论结合使用阶段[10]，社会交换理论本身的内涵得到了丰富，逐渐能够解释旅游业的复杂现象。同时，在社区参与旅游发展方面，国外学者依据社会交换理论，运用社区居民参与旅游过程中的影响因素、各影响因素之间的关系及模型来解释旅游现象。关于社会交换理论的研究国内起步较晚，但近年来社区参与机制得到了一定运用。在命题本质阶段，孙九霞等[11]通过回归霍曼斯的理性和价值命题对社会交换理论的本质进行了深入挖掘。在交换过程阶段，彭丽娟等利用社会交换理论对古村落私人空间转化机制进行过程性分析，归纳出宏观、微观上的动机[12]，丰富了相关研究。但在国内旅游研究中，最初始的交换命题仍然解释能力有限[13]，且以因果研究为主，尤其在社会关系发展模式上的阐释仍然不足，因此在理论宏观结构转向的过程中，"共同价值"与"机制化"仍值得进一步探索。将社会交换理论宏观层面分析框架嵌入乡村旅游高质量发展，有利于更科学地探究乡村不同旅游经营模式形成的影响机制。

1.2 旅游高质量发展理论

党的十九大报告指出，我国经济已由高速增长阶段转向高质量发展阶段。高质量发展强调由数量增长向质量增长的转变，基于经济学和政治经济学的逻辑演绎推理可知，高质量发展是以人为本，通过创新引领的全方位的强可持续发展。在关于旅游高质量发展领域的研究中，范建华和李林江[14]基于广西涠洲岛的调研与分析，探索了实现旅游高质量发展的路径和关键问题。张朝枝等[15]基于可持续发展理论为旅游高质量发展搭建了分析框架，提出旅游高质量发展是一种强可持续理念，提出要以经济、社会文化、环境三个维度为底线，从可持续的多尺度评价高质量发展。刘英基和韩元军[16]在保障机制和行动资源两个层面构造了体系框架，并从要素结构、环境制度方面对促进旅游产业高质量发展的作用机制进行了分析。在乡村旅游发展中，由于受各类因素影响，仍然存在发展模式散乱、社区参与不足、产业化程度不高等诸多问题；在管理模式方面同样由于组织差异、社区参与水平等方面的不同而分化，伴随着社会、经济、治理等一系列问题，为实现高质量发展的目标，则有必要将之纳入可持续发展框架进行细化分析和研究。

综观文献可知，社会交换理论在社区参与中的运用相当广泛，但在旅游经营管理模式方面的应用较少，且在宏观视角下阐释群体间关系形成原因的研究仍然不足。高质量发展的相关研究经历了长时间发展，在不同领域都有很多研究，高质量发展路径是乡村旅游发展的必经之路，搭建长效可持续经营管理框架值得深入思考。

当前对于管理模式的研究主要采用归纳分析方法为单一案例地或单一经营模式提供解决方式和建议，很少运用特定理论来分析不同案例地不同经营模式下存在的问题并提出解决方法。结合当地资源禀赋，立足可持续导向，有效整合与不断完善现有的管理模式，有利于走上管理模式的高质量发展的道路，实现公共治理的高质量发展。

2. 研究方法和数据来源

2.1 研究设计与数据

为科学探究雄安新区乡村旅游的经营管理模式差异及高质量发展路径，团队选了旅游经营模式最多元的雄县，并选取了其中雄州镇、鄚州镇、张岗乡三个聚落的六个代表村落进行深入的实地调研，并对当地的村民和村支书进行了深度访谈从而获得一手资料，通过田野调查、半结构式访谈、内容分析的方法对比了解了三个案例地的经营模式各自存在的问题，对雄安新区乡村旅游可持续发展路径进行了深入探索。

本文的数据收集包括一手数据收集和二手数据收集，主要来源于实地考察、文献收集与半结构式访谈。一手数据收集是对10位村干部和6家旅游经营农户进行了半结构式访谈，访谈提纲主要包括乡村旅游发展的基本情况、乡村旅游管理模式及未来旅游发展计划等。于2023年5月21日—22日在6个代表村进行实地调研，平均访谈时长20分钟以上，获取文本数据资料共计10万多字。二手数据收集主要是通过中国知网、百度搜索引擎、微信公众号、博客等渠道收集文本与图片资料。

2.2 研究区域概况

雄安新区旅游发展起步较晚，但旅游资源数量众多且种类丰富，人文资源突出，乡村旅游经营模式多样，各地区发展乡村旅游的程度不同，旅游服务配套设施有待进一步提升。

为具体阐释雄安新区乡村旅游经营管理模式的差异（见表1）及机制，本研究针对性地选择经营模式更为多元、更具有代表性的雄县展开了调研，选择了依托资源和管理模式截然不同的雄州镇、鄚州镇、张岗乡的6个代表村落作为案例地，分别是黄湾村、马蹄湾村、李广一村、李广二村、王村、张二村。

其中，雄州镇聚落里，黄湾村位于雄安新区雄县县城西南3.5千米处，东倚大广高速白洋淀支线，西距白洋淀温泉城旅游码头2千米；马蹄湾村在黄湾村的南侧，位于雄县县城西南3.8千米处，东倚大广高速白洋淀支线。这里自然资源和生态环境优美，可以古淀梨湾田园综合体、共享农场、雄山公园等人文自然景观为主体旅游资源，大力发展田园综合体、集聚化膳宿设施、夜市经济等。基于推进乡村振兴、旅游高质量发展的初衷，当地以村集体、政府为主体，引入外部企业参与共同开发和运营旅游项目，与高校签订合作协议，因地制宜进行旅游发展。

鄚州镇总面积58.96平方千米，人口2.4万人，106国道纵贯全镇，交通非常便利，有白洋淀、赵王新河等历史文化景观。相传，汉朝"飞将军"李广曾在此驻守；北宋名将杨六郎曾任鄚州刺史，利用白洋淀水域抗击辽兵，镇守三关。其中，李广一村、李广二村主要依靠白洋淀发展游船经济，旅游经营主体以"个体＋企业"为主。外来企业在游船方面的管理模式较为完善，会开展不定期的游船培训，有明确的经营标准和规则。环境保护方面有专门的环卫公司承接，污染降到最低。但当地旅游发展模式较为单一，顶层管理较为分散，缺少完整的管理框架，经济发展水平有很大提升空间。

张岗乡地处雄县东部，西距县城10千米。张岗乡主要发展仿古艺术品制造业，其制造业历史悠久、生产产品品种多样，石雕产业是其仿古艺术制造业的支柱产业。张岗乡是河北省文化产业赋能乡村振兴特色村镇。王村位于张岗乡仿古石雕产业聚集区内，村域内从事仿古石雕生产加工的厂家有87家。新区"苗景兼用林"也是张岗乡重要旅游生态资源，德韵博物馆地处王村境内，是雄安新区首家非国有博物馆。该聚落生计主要依靠"线上＋线下"的方式售卖仿古石雕产品，并依靠丰富的历史人文资源开展研学旅行，旅游经营主体为农户个体，旅游发展水平处在萌芽阶段。

表1 乡村聚落发展差异比较

	雄州镇	鄚州镇	张岗乡
代表村落	黄湾村、马蹄湾村	李广一村、李广二村	王村、张二村
旅游发展情况	黄湾村发展较为成熟、马蹄湾村还在起步阶段	以游船为主的旅游发展较为成熟	旅游发展规模小，发展水平处在萌芽阶段
管理模式	村集体＋外部企业介入	外来企业＋政府监管＋农户自主经营	农户个体经营
差别优势	旅游业态丰富	依托白洋淀水系的游船资源	石雕非遗文化及仿古石雕产业

3. 经营管理模式分析

3.1 案例地经营管理模式比较

为获取案例地乡村旅游组织模式相关数据，笔者于2023年5月21日—22日深入案例地进行田野调研，对10位村干部和6家旅游经营农户进行了半结构式访谈，访谈提纲主要包括乡村旅游发展的基本情况、乡村旅游管理模式及未来旅游发展计划等。

在 6 个代表村进行实地调研，平均访谈时长 20 分钟以上，获取文本数据资料 10 万多字。此外，笔者还通过查阅文献，对案例地数据进行补充，最后梳理得到三个聚落的主要经营管理模式情况。

3.1.1 雄州镇模式

以黄湾村、马蹄湾村为例：以村集体主导的、外部企业参与的集中性管理模式。

雄州镇案例地具有较为丰富的发展根植条件，具有生态廊道、梨园等旅游资源，形成以村集体主导的、外部企业参与的集中性管理模式，该模式下两个案例地具有发展程度不一的特征，但参与旅游的利益相关者之间无显著冲突，在统一管理下治理良好，有利于旅游资源产品有效整合。目前案例地通过开展田园综合体、集聚化膳宿设施、夜市经济等，呈现发展规模壮大趋势，并形成产业集聚效果，带来可观的旅游收益。

3.1.2 郏州镇模式

以李广一村、李广二村为例，采用以外来企业为投资主导、政府统一监管、农户自主经营的管理模式。

郏州镇案例地由雄安新区规划建设，具有较好的生态环境基础和游船旅游基础，形成以外来企业投资主导、政府统一监管、农户自主经营的管理模式，该模式有利于稳定生态环境的平衡结构，但旅游发展模式较为单一，旅游产品质量仍需提升，存在缺乏更优化的基础设施等问题。目前案例地依托水系资源发展环淀游，同时依托历史文化发展一系列旅游活动如艺术文化节、旅游演艺等。

3.1.3 张岗乡模式

以王村、张二村为例，采用以石雕产业为依托、农户自主投资运营的管理模式。

张岗乡案例地拥有丰厚的仿古石雕文化底蕴，具有石雕产业园、博物馆等文化设施基础，形成以石雕产业为依托、农户自主投资运营的管理模式，目前案例地依托非遗石雕文化开展的研学旅行等获得一定的旅游收益。

3.2 经营管理模式差异对比（见表 2）

表 2　乡村聚落组织模式差异比较

案例地		雄州镇		郏州镇		张岗乡	
代表村落		黄湾村	马蹄湾村	李广一村	李广二村	王村	张二村
特征对比	相同点	三个聚落都位于白洋淀景区附近，属于淀边村，乡村旅游的发展都不算成熟，属于起步阶段					
	不同点　经济发展状况	田园综合体、膳宿设施、夜间经济发展迅速，经济增长稳定且质量高		依托游船行业发展单一旅游经济，收入受季节性影响		主要依托仿古石雕产业进行线上线下售卖，经济结构单一	

续表

案例地			雄州镇		鄚州镇		张岗乡	
代表村落			黄湾村	马蹄湾村	李广一村	李广二村	王村	张二村
特征对比	不同点	社区参与程度	乡村社区即为乡村旅游活动空间载体，核心生态与社会要素融入当地乡村旅游发展，大多数村民参与到民宿、采摘等旅游活动中来，参与度高		村民主要依靠游船来参与旅游，形式较为单一，社区参与度一般		村民主要生计就是仿古石雕产业，社区参与程度低	
		文化特色	梨园、雄山、巾帼共享农场		颛顼大帝、医祖扁鹊、汉将李广、英雄胜英、雁翎张嘎历史名人		仿古石雕之乡	
典型性说明			对比以上案例地的相同点与不同点可知，三个聚落间乡村旅游发展条件和资源基础相似，但存在不同的经济和文化环境以及差异化的乡村旅游发展特征，在乡村旅游经营管理模式上具有较高的可比性，对它们进行研究分析能更加科学地认识不同模式下的发展路径					
发展效果			已建成民宿13处（院），拥有50多间房屋；农耕文化展览馆、亲子萌宠乐园、百果采摘园、劳动实践体验区、大田作物识别区、共享菜园种植区六片区域组成的农场已初具规模，并吸引了一些商家入驻；引入行业龙头企业与中国农业科学院共同发起建设古淀梨湾田园综合体，目前带动雄县梨树集中种植面积1.5万亩，拉动当地就业6000多人		村民旅游收入主要靠游船、船餐，人们的收入一般；部分村民自发组成合作社，"农家乐+游船"（农家乐提供船餐）；游船基本是个体经营管理，村民不认同公司、政府安排		首届"雄安·雄州文化艺术节"在河北雄安新区雄县成功举办，张岗乡作为分展区，以仿古石雕为特色，以仿古石雕产业园区和位于王村的德韵博物馆为依托，用浓厚的文化历史和精彩纷呈的题材，为雄州文化艺术节添上浓墨重彩的一笔	

4. 聚落组织模式的影响因素

参照已有学者对于休闲资源中利益各主体间的利益平衡评价[17]以及 J. David Knottnerus 对布劳关于社会结构中的交换分析策略、交换过程的发展以及社会交换基础假设理论的参考，结合各聚落的发展和特征对比，总结出影响聚落管理模式并使其产生差异化的原因（见表3）。

表3 社会交换理论下的乡村聚落宏观结构比较

案例地	雄州镇	鄚州镇	张岗乡
代表村落	黄湾村、马蹄湾村	李广一村、李广二村	王村、张二村
交换资源	村民拥有农田、土地、服务资源，获得了定期分红利益；外部企业获得分红与运营开发收入	外来公司提供游船方面的培训；村民获得自主经营游船获利的机会	个体企业获得发展旅游的权利，农户个体参与私下的合作

续表

案例地	雄州镇	鄚州镇	张岗乡
代表村落	黄湾村、马蹄湾村	李广一村、李广二村	王村、张二村
交换中的利益平衡	村集体得到最主要的经济帮助，各主体确立了感知上的公平与互惠观念，在竞争阶段处于平稳期后的村民对旅游发展持支持态度[18]	村民对于盈利的稳定性的感知不高。交换处于不平等的状态，外部企业实现的景区的盈利，村集体无法享受	农户在未被吸引参与资源交换前拥有过度的赋权，对于利益的种类之间的平衡感知程度不明确
交换中的价值观	权力合法化价值	反对意见（反抗的理想）	特殊主义价值（未形成）

4.1 "共同价值"形成过程：群体价值的不统一

雄州镇由于本身的旅游资源丰富，且在资源被利用的过程中具有较为合理的制度，规范了价值的平稳生成，在交换过程中权力被合法化地为各利益方带来主体现实利益和感知价值。但鄚州镇由于不同的经济发展条件和社区参与旅游这一必要条件并未实现，因此各利益方并未统一价值诉求，农户对于旅游发展中外来企业的介入充满质疑，并未对之形成良性的信任机制。张岗乡本身具备石雕非物质文化遗产和重要生态资源，但农户对于旅游开发对社区的影响机制并不清晰[19]，信息不对称成为制约群体价值形成的重要因素。解决对策需要以信息对称为导向，双方共商共创，扩大增加社会交换范围和程度的共同价值，促进管理模式的高质量发展。

4.2 "制度化"进度形成：受各阶段交换限制

价值观与现行的制度不一致将导致潜在的社会冲突。由于三个聚落社区参与得到的利益回报各异，村民基于对当地的社会经济条件、市场需求、生计情况的认识，形成不同的价值观，其与实际的利益分配制度和参与权利可能并不匹配。雄州镇聚落具备组织制度形成的基础，但在动态的社会交换过程中可能存在潜在的多方利益分配冲突，从而对村民与企业的进一步交换存在阻碍。鄚州镇聚落中由于村民与企业的经营权利不一，企业被赋予经营权的合法化可能导致村民对旅游产生负面态度，他们趋于一致的负面态度可能转化为对现行制度的反对。张岗乡聚落的农户亲属间存在特殊主义的价值永久化过程，交换仅仅在农户的亲属纽带范围内进行，这可能限制了交换的范围和程度。

5. 聚落组织模式的高质量发展路径

应考虑不同价值观的价值实现路径，并在探究寻找路径的过程中探寻交换模式的制度化。本文综合已有聚落间的管理模式差异，基于社会经济发展情况、资源禀赋、特色文化等方面的已有发展基础，探讨雄安新区的管理模式高质量发展路径（见图1）。

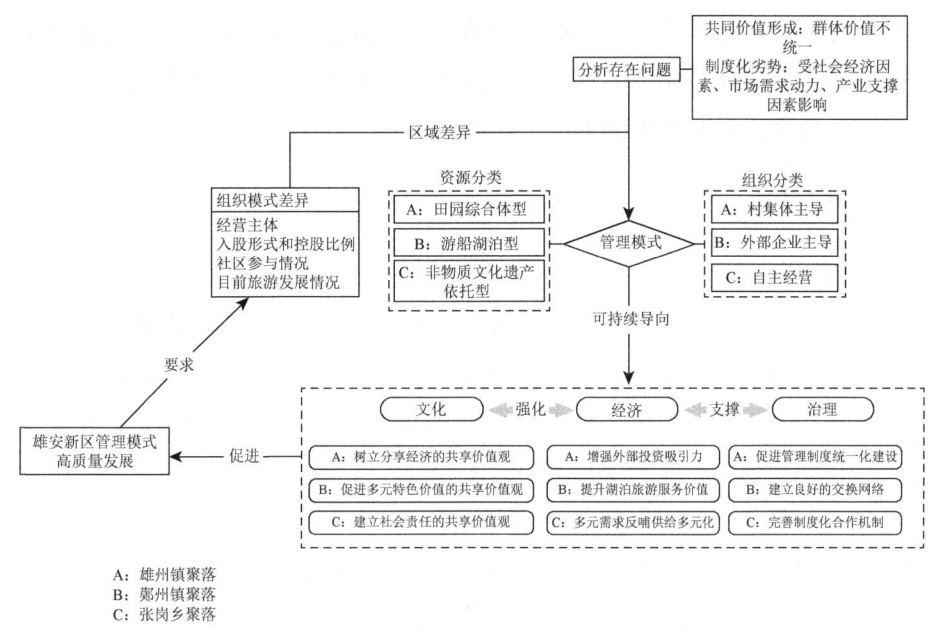

图 1　雄安新区管理模式的高质量发展路径模型

在文化可持续导向上，雄州镇聚落依托丰富的业态，各方主体利益机制分配合理，因此制度形式的合法化应当驱动各方建立社区责任感的共享价值观；鄚州镇聚落应当基于白洋淀特色文化，如通过对水文化资源的活态保护、教育功能、数据库建设[20]，进行多元特色价值的开发；张岗乡应当加强政府对农户的非遗价值引导，深入厘清以石雕文化为主的保护与传承机制，在坚守核心传承要素和文化特色的基础上，在发展过程中通过政府协调各主体来影响共享价值观的构建。

在经济可持续导向上，雄州镇聚落应当利用融资优势和产业优势，协调各方参与旅游，并融合旅游业态，创造更多经济价值来反哺其他产业；鄚州镇聚落应当提升湖泊旅游服务价值，丰富原有的游船项目，提升整体旅游服务水平，利用鄚州镇丰富的历史人文资源提升当地旅游经济活力；张岗乡拥有丰富的石雕资源以及博物馆等空间，应当吸引懂市场和文化的人才共同参与非遗经济的各个环节，将已有资源禀赋转化为经济生产要素，同时在保护地方精英利益的前提下，增加当地弱势群体的经济收入[21]，使非遗经济增强投资吸引力，实现雄安新区经济包容性增长。

在治理可持续导向上，雄州镇聚落应当利用其经济发展优势，以及治理成果优势，对治理体系进行进一步完善，增加与其他聚落的治理经验的互利。在良性的示范效应下，其他聚落越可能增强对自身宏观结构的反思，进而传导到农户个体之间，回归文化、情感、社会关联的理性。鄚州镇聚落主要应重视对于恶性竞争的游船市场的督查，在法规制度的硬性约束和组织制度的约束下，在农户、外来企业之间建立良性交换体系，在体系中提升游船经济的各类服务价值、产品价值。张岗乡应当避免制度化过程后置，应当通过多方主体协商，探寻一条适合现有发展程度的组织制度，综合各方利益需求和文化认同，促进管理制度统一化建设。

6. 结论与讨论

6.1 研究结论

本文以雄安新区的三个聚落为实证对象，对三个聚落的乡村旅游组织模式进行对比研究，并运用社会交换理论的宏观结构视角中的"共享价值"和"制度化"对组织模式差异产生的原因进行分析，主要得出以下结论：①以村集体主导的、外部企业参与的集中型雄州镇模式，在制度化方面较为合理，实现了共享价值观下的交换，但在文化内涵挖掘和进一步共同发展上还有待完善。②以外来企业投资主导、政府统一监管、农户自主经营的郑州镇模式，各利益方并未统一社会共同价值，农户也对旅游发展中外来企业的介入充满质疑，并未形成良性的信任机制。③以石雕产业为依托、农户自主投资运营的张岗乡模式，信息不对称成为制约群体价值形成的重要因素，限制了交换的范围和程度。

基于可持续导向，为实现乡村旅游高质量发展，在坚持质量第一、效益第一的原则下提出以下建议：①雄州镇聚落未来应向全面均衡的高质量发展迈步。通过在利益分配机制方面做进一步调整，对外来力量参与经营管理内容的种类进行再思考，对现有的旅游发展形式进行分类与整合，挖掘当地的文化内涵，提升文化交换吸引力，让农户增加文化认同，推进农户对文旅融合政策的理解，实现文旅的深度融合发展，对于组织模式创新方面进行有效投入，推进党建＋旅游的发展模式，用党建增强参与旅游经营的村民的凝聚力，引领乡村旅游高质量发展。②郑州镇聚落未来应当向产业转型升级的高质量发展迈步。构建政府、企业与村民的信任与沟通机制，塑造交换双方的共享价值观，增加政府支持农户参与旅游发展的资金投入与政策扶持，考虑多方利益主体，做好顶层设计，搭建统筹规划、协调高效的旅游管理模式，同时拓宽旅游项目的类型，丰富旅游产品和服务，为农户带来更多生计来源。③张岗乡聚落未来应加速向产业融合的高质量发展迈步。通过增加外部企业和政府的介入程度，打造集体化的乡村旅游管理模式，通过建立共享经济平台，联络聚落中的非物质文化遗产传承人参与，从而促进完整的旅游目的地建设，将石雕文化之乡的名片打出去，增强当地旅游资源的吸引力。

6.2 讨论与展望

社会交换理论在社区参与模式的研究中应用广泛，但在经营管理模式中运用较少，社会交换理论有宏观和微观方面的不同结构视角，也有四阶段、六大命题等时间、空间或定性定量的研究，对于不同的案例地或研究论题，需要选择合适的视角。社会交换理论发展经历了很长的历史发展阶段，有些观念已经过时，无法解决当前的现实问题，需要进行补充改进。此外社会交换理论和其他理论的融合使用也值得探究，本文将社会交换理论和可持续发展理论进行融合使用，算是创新之举，但融合的深度和可行度有待验证。

本文主要是针对选取的三个案例地进行了管理模式的研究并给出建议，但在增加政府政策力度以及政府资金支持方面以及拓宽融资渠道、提升基础设施建设、考虑当地旅游发展相关的用地转换、游船退出等方面并未进行探究。在本文中半结构式访谈的数量不足，受访村民的代表性有待考究，且因地形差异和旺季村民工作繁忙使得调研困难，集体调研时间受到限制，所以关于雄安新区管理模式的探究不够深入，仍需要大量的调研数据的支撑。此外，从社会交换理论和可持续发展理论融合角度对三个聚落管理模式的分析还不够深入，后续应展开更为深入的思考，提出更有针对性的结论与建议。

参考文献

[1] 河北雄安新区党工委管委会党政办公室.河北雄安新区旅游高质量发展"十四五"规划[EB/OL].http：//www.xiongan.gov.cn/2022-07/23/c_1211669860.html.

[2] 郑群明，钟林生.参与式乡村旅游开发模式探讨[J].旅游学刊，2004（4）：33-37.

[3] 宋菲.休闲农业与乡村旅游管理经营模式探索[J].农业经济，2016（8）：21-23.

[4] 何景明.国外乡村旅游研究述评[J].旅游学刊，2003（1）：76-80.

[5] 钟苑婷.布劳社会交换理论与科尔曼理性行动理论比较分析[J].法制与社会，2017（35）：229-230.

[6] DECCIO C，BALOGLU S，et al.Nonhost community resident reactions to the 2002 winter Olympics：the spilover impacts[J].Journal of travel research，2002，41（1）：46-56.

[7] JOHN A P. Residents'perceptions on tourism impacts[J]. Annals of tourism research，1992，19（4）：665-690.

[8] JUROWSKIC，UYSAL M，WILLIAMS D R.A theoretical analysis of host community resident reactionst to tourism[J].Journal of travel research，1997，36（2）：3-11.

[9] KAYAT K.Power，social exchanges and tourism in Langkawi：rethinking resident

perceptions［J］.International journal of tourism research，2002，4（3）：171-191.

［10］NUNKOO R，GURSOY D.Residents' support for tourism：an identity perspective［J］.Annals of tourism research，2012，39（1）：243-268.

［11］孙九霞，史甜甜.茶叶经济主导下的社区参与旅游发展：基于社会交换理论的案例分析［J］.旅游论坛，2010，3（3）：299-305.

［12］彭丽娟，徐红罡，刘畅.基于社会交换理论的西递古村落私人空间转化机制研究［J］.人文地理，2011，26（5）：29-33.

［13］张柴，董雪旺，章素圆，等.社会交换理论的源流及其在旅游研究中的应用：一个批判性的思考［J］.旅游论坛，2022，15（6）：84-94.

［14］范建华，李林江.文旅融合趋势下的旅游产业高质量发展思考：以广西北海涠洲岛为例［J］.南宁师范大学学报（哲学社会科学版），2020，41（1）：119-125.

［15］张朝枝，杨继荣.基于可持续发展理论的旅游高质量发展分析框架［J］.华中师范大学学报（自然科学版），2022，56（1）：43-50.

［16］刘英基，韩元军.要素结构变动、制度环境与旅游经济高质量发展［J］.旅游学刊，2020，35（3）：28-38.

［17］罗佳琦.休闲资源分配中的利益平衡：评彼德·布劳的《社会生活中的交换与权力》［J］.求索，2013（11）：266.

［18］胥兴安，王立磊，张广宇.感知公平、社区支持感与社区参与旅游发展关系：基于社会交换理论的视角［J］.旅游科学，2015，29（5）：14-26.

［19］陈佳，张丽琼，杨新军，等.乡村旅游开发对农户生计和社区旅游效应的影响：旅游开发模式视角的案例实证［J］.地理研究，2017，36（9）：1709-1724.

［20］魏占杰，高景霄.白洋淀水文化资源的保护与开发利用研究［J］.城市发展研究，2020，27（5）：18-22.

［21］钱永平.论非遗生产性保护与包容性经济发展的结合之路：以山西省灵尚刺绣为例［J］.文化遗产，2019（1）：20-25.

（指导老师：孙业红，北京联合大学旅游学院）

基于利益相关者理论的乡村旅游高质量发展组织模式研究——以雄县为例

王亚洁 杨贵迎 韩 莹[*]

[摘 要] 近年来，乡村旅游发展不断提速，市场不断繁荣，特别是受新冠疫情影响后，乡村旅游逆势发展，成为率先复苏的旅游市场。本文以距离白洋淀景区约30千米的雄县为调研中心，选择了其下属的雄州镇黄湾村、马蹄湾村，鄚州镇李广一村、李广二村，以及张岗乡王家村五个村落开展重点访谈与实地调研，发现雄县不同村落的旅游资源差异性明显，且发展速度存在较大差别。走访发现，每个村落的旅游发展目前都还处于起步阶段，阻碍其发展的因素有很多，例如白洋淀景区引领示范作用未充分展现、旅游产品有效供给不足、要素支撑亟待完善、市场活力有待加强等。雄县的乡村旅游涉及多方利益主体，所以要想促进乡村旅游高质量发展，必须有效地协调好不同利益主体之间的关系。我们通过分析调查问卷和访谈，研究出雄县在乡村旅游发展过程中的利益相关者主要有地方政府、旅游企业和当地村民。基于此，我们分别从地方政府、旅游企业和当地村民三个角度提出相应的措施，以期解决当地乡村旅游发展存在的问题，促进乡村旅游高质量发展。

[关键词] 旅游资源；高质量发展；乡村旅游；白洋淀；利益相关者

引言

"十四五"时期是我国全面建成小康社会、实现第一个百年奋斗目标之后，乘势而上开启全面建设社会主义现代化国家新征程、向第二个百年奋斗目标进军的第一个五年，是雄安新区大规模开发建设和承接北京非首都功能疏解的关键五年。[1]雄安新区自设立以来，坚持"世界眼光、国际标准、中国特色、高点定位"，紧紧围绕北京非首都功能疏解初心，各项工作有力有序有效推进[2]。雄安新区旅游业呈现稳中有

---

[*] 王亚洁、杨贵迎、韩莹，北京联合大学旅游学院旅游管理系本科在读。

进、繁荣向好的态势，在旅游资源开发、旅游产业发展、旅游基础设施和公共服务水平、旅游市场秩序、人才队伍建设、文旅资源普查等方面取得重要阶段性成果，为推动"十四五"旅游高质量发展打下了坚实基础。

"十四五"时期我国全面进入大众旅游时代，旅游业发展处于重要战略机遇期，但机遇和挑战都有新的发展变化。进入新发展阶段，旅游业面临高质量发展的新要求。全面建成小康社会后，人民群众的旅游消费需求从低层次向高品质和多样化转变，由注重观光向兼顾观光与休闲度假转变。大众旅游出行和消费偏好发生深刻变化，线上线下旅游产品和服务加速融合[3]。

本文基于以上历史因素和现实情况，选择了靠近白洋淀的雄县进行实地走访、问卷调查，开展了关于探究白洋淀周围村落乡村旅游高质量发展情况的研究，具体了解了雄县乡村旅游资源数量、发展经营情况以及各利益相关者对旅游发展的诉求与展望。

1. 研究背景与研究意义

1.1 研究背景

1.1.1 政策背景

2018年中央一号文件《中共中央 国务院关于实施乡村振兴战略的意见》提出乡村振兴战略，要求加快推进农村现代化建设，建设美丽乡村。在此背景下，乡村旅游高质量发展成为推动农村经济发展的重要途径之一。中央一号文件中多次提到了乡村旅游发展，由此可以看出，发展乡村旅游可以为乡村振兴赋能助力。为加快推动雄安新区旅游高质量发展、实现产业转型升级和跨越式发展，雄安新区政府于2022年7月出台了《河北雄安新区旅游高质量发展"十四五"规划》。

1.1.2 实践背景

自雄安新区设立以来，特别是《河北雄安新区规划纲要》（中共河北省委、河北省人民政府2018年发布）公布以后，大量政府、社会机构、商务参观访问考察团呈激增态势，游客接待量从2015年的234.92万人次，提高到2019年的556.46万人次，年均增长约24.06%；旅游总收入从2015年的10.23亿元，提升至2019年的约34亿元，年均增长约35.02%。雄安成功举办了河北国际工业设计周、雄安马拉松、环白洋淀国际自行车赛、雄州文化艺术节等系列活动，多维度展示新区创新活力风尚，新区城市吸引力和关注度明显提升。

1.2 研究意义

1.2.1 理论意义

研究乡村旅游的高质量发展可以丰富和完善旅游理论体系。传统意义上的旅游研究多侧重于城市旅游，对于乡村旅游的理论研究还处于较为初级的阶段。因此，研究乡村旅游高质量发展有助于拓展旅游理论的研究领域，提供更为全面的理论指导。

1.2.2 实践意义

研究乡村旅游的高质量发展可以推动中国乡村旅游的实际发展。乡村旅游作为支撑农村经济发展和精准扶贫的重要手段，已经被列入国家发展规划中。然而，乡村旅游目前仍然存在着一些问题，如乡村旅游资源开发不平衡、乡村旅游产品单一化等。通过深入研究乡村旅游的高质量发展，可以为乡村旅游的实际发展提供有力的支撑和指导，进一步提升乡村旅游产业的发展水平[4]。

2. 文献综述

2.1 利益相关者理论

利益相关者理论是一种重要的公共治理理论，它认为政府在公共事务中应该考虑到所有相关方的利益，并与他们建立良好的关系。政府的利益相关者包括广大民众、企业、社会团体、非政府组织、利益集团等，涵盖了各个社会领域的利益主体。利益相关者理论主张政府应该通过多元化的参与和协作机制，建立与利益相关者的密切联系和互动，以此实现各方的共赢和社会的高质量发展。从旅游市场治理角度看，利益相关者理论认为旅游市场的治理需要考虑到各类利益相关者的利益，与他们建立良好的关系。旅游市场的利益相关者包括旅游从业者、游客、旅游企业和相关政府部门等，各方在旅游市场中都发挥着不同的作用和影响。

旅游利益相关者理论主要关注的是旅游发展中各利益方的关联和影响，这个理论基于旅游业的多重性质，包括政治、经济、社会和文化方面的影响。旅游利益相关者包括旅游者、旅游企业、当地社区、政府机构、专家和学者以及社会团体等[5]。这些利益相关者之间存在复杂的关系和互动，他们的利益诉求和行动会影响旅游业的整体发展。因此，在发展旅游业时，需要充分考虑他们的需求和影响，以实现高质量发展的目标。

2.2 高质量发展

党的十九大报告提出，中国经济已由高速增长阶段转向高质量发展阶段。改革开放40多年来，中国经济持续较快发展，中国在多个方面步入世界前列，所取得的历史性成就标志着中国已经站到新的起点上。现阶段，中国社会的主要矛盾是人民日益增长的美好生活需要和不平衡不充分的发展之间的矛盾。高质量发展是中国当前和今后一个时期确定发展思路、制定经济政策、实施宏观调控的根本要求，必须深刻认识、全面领会、真正落实。

从高速度发展到高质量发展是由量变到质变的转型过程。这一转变使得经济运行更有效率、产业结构更加合理、企业提供的产品和服务具有更高品质，最终实现经济发展更高质量、生态环境更加绿色、社会分配更加公平[6]。高质量发展归根结底是民生导向，是满足人民日益增长的美好生活需要的发展。总之，高质量发展应能够满足人的多层次需求，既为人民提供高质量的产品和服务以满足人的基本需要，也要保障公平正义，为人的自我实现创造社会环境和基本条件。

我国经济高质量发展包含乡村旅游高质量发展，经济高质量转型带动乡村旅游高质量转型，乡村旅游高质量发展又促进经济高质量发展，两者相互作用[7]。

3. 研究设计

3.1 研究对象

为了更好地了解白洋淀周围县内乡村旅游高质量发展情况，研究小组选择了距离白洋淀景区约30千米的雄县作为调研中心，在其下属的雄州镇黄湾村、马蹄湾村，鄚州镇李广一村、李广二村，以及张岗乡王家村五个村落开展访谈与调研。调研形式以与村内干部、书记开展座谈会为主，以与村民代表进行访谈为辅，深入了解旅游资源发展情况。

3.2 研究内容

与村内干部进行座谈会，主要目的在于了解村内基本情况、旅游资源发展情况和旅游现状，通过五个村村干部提供的信息了解到，如今这几个乡村发展乡村旅游主要是采取以文化为切入点的文旅融合发展策略，通过当地的红色故事、历史遗迹打造独特的旅游吸引物；同时，乡村旅游也面临着资金支持力度不够、难以宣传、交通不便等固有问题。通过问卷询问当地村民关于参与旅游发展的自身态度、对旅游资源的满意度、旅游资源的保护程度等针对村民个人的问题。通过与当地村民的对话，我们对白洋淀周围村落的乡村旅游发展情况形成了初步认识，为接下来实地考察旅游景区提供了良好的样本内容。

此次研究深入乡村旅游资源，实地考察了各村发展程度较高的旅游景区，如黄湾村的民宿聚落、马蹄湾村的梨水湾景区、雄县高端果蔬示范园和张岗乡石雕文化产业园。在景区通过进一步与村民对话，发现了旅游资源发展中新的问题以及新的思路，对当地旅游资源发展情况有了更加鲜活的认识。

3.3 研究方法

本文采用问卷调查法、实地考察和访谈法相结合的方法。问卷调查对象为黄湾村、马蹄湾村、李广一村、李广二村、张岗乡王家村的村干部、村民代表及普通村民，累计约23人，对他们进行了平均时长15分钟的访谈，回收有效问卷18份，整理后形成3000多字的访谈记录。根据研究目的，对调查数据中体现乡村旅游高质量发展现状及存在问题的资料进行了梳理与对比分析。

表1　针对村民的问卷信息汇总

序号	访谈时间	性别	年龄（岁）	所属村落
1	2023-05-21	女	50	黄湾村
2	2023-05-21	女	60	黄湾村
3	2023-05-21	女	58	黄湾村
4	2023-05-21	男	65	黄湾村
5	2023-05-21	男	63	马蹄湾村
6	2023-05-21	女	21	马蹄湾村
7	2023-05-22	女	60	李广二村
8	2023-05-22	男	60	李广二村
9	2023-05-22	男	70	李广二村
10	2023-05-22	男	64	李广二村
11	2023-05-22	男	51	王家村
12	2023-05-22	男	65	王家村
13	2023-05-22	男	70	张村
14	2023-05-22	女	55	张村
15	2023-05-22	男	65	张岗乡村

3.4 案例地介绍

3.4.1 雄安新区雄县村落概况

（1）黄湾村村落概况

全村农户数量3000多户，从事旅游行业的有800多人。开展入淀游，游客主要为自驾型。全村年游客接待数旺季的时候可达200万人，集体收入大约2000万元，全村最大游客接待量为4万人/日（五一假期），位居保定市第一、河北省第四。政府也在资金和政策方面给予支持，大力促进本村旅游业发展。发展的主攻方向为农业＋文旅、自然生态＋历史。历史文化底蕴丰厚，典型符号有鄚州、李广、古栈道、红色旅游、电影《小兵张嘎》拍摄地等，连续举办了两届文化艺术节。

（2）马蹄湾村村落概况

全村共有村民3315人，其中党员108人，党员呈现老龄化状态，65岁以上者居多，全村的旅游从业人员为80多人，目前有增加的趋势。全村年游客接待人数约为25万~30万人，4月10日至5月18日这个时间段接待人数占总数的2/3，全村最大游客接待量为4万人/日。1969年引梨树苗，1970年开始种植，先种了二十多亩，发展不错便让村民联产承包，形成了如今以梨为主打的水果产业，培育了水晶梨、皇冠梨等13

个品种，旺季每天能向外销售 1 万吨。现在村民基本都以种梨树为生，村落有专门保存梨的冷库，村民自产自销，将梨发往全国各地。

（3）李广一村、二村村落概况

全村农户数量 1800 多户，旅游从业人员有 100 多人，主要是 50 岁以上的老人，其余的大部分人外出打工，少部分做餐饮开超市。全村的最大游客接待量是 2 万人/日（五一假期），游客以当地人居多。船餐是个人与当地的饭店交谈形成合作，不同开船人提供的船餐和价格等存在一定的差异性，游船的维修费、保险费以及有关游船的一切花销都由自己负责。

（4）张岗乡王家村村落概况

全村农户数量 2100 户，10% 的村民参与旅游业。全村年接待游客 8000 人左右，五一假日期间达 1000~2000 人，省内游客多，省外游客少；游客主要是来买铜钱、花瓶等工艺品，工艺品价格处于中上水平。

张岗仿古石雕源于宋辽边境贸易，经过当代几十年的恢复发展，当地仿古石雕、竹雕、木雕、瓷器、铸铜、古砚等仿古工艺品方兴未艾，当地已成为中国最大的仿古石雕产业基地之一。2014 年 3 月张岗乡被中国文联、中国民间艺术家协会命名为"中国仿古石雕文化之乡"。

以上村落旅游相关组织及运营管理模式不尽相同，具体如表 2 所示。

表 2　雄安新区代表村落旅游相关组织和运营管理模式

代表村落	黄湾村	马蹄湾村	李广一村、二村	王家村
旅游相关组织	女子民兵连、旅游公司集体企业、文娱组织	梨花湾旅游服务有限公司、女子民兵连、志愿者服务队	政府组织成立的旅游公司	无
运营管理模式	村集体+旅游公司	村企合作	旅游公司	农户个体经营

3.4.2 雄安新区雄县旅游发展诉求

（1）黄湾村旅游发展诉求

黄湾村发展旅游需要进行顶层设计，挖掘更深的属于黄湾村的特有的文化故事，打造深层的文化底蕴，类似陕西袁家村，将游客吸引过来，留住游客；需要进行现代化包装，新旧结合、远近结合，打造老街新村，可计划在黄湾码头设立三个碑，在街的一侧恢复曾经摆放的古道长画；保留"土味"的乡村旅游，将黄湾步道、黄湾码头等历史遗迹和小兵张嘎的故事与旅游相结合，发展有特色的旅游资源。

(2)马蹄湾村旅游发展诉求

资源上需要引进人才；需要在北京、天津等周边城市进行宣传推广；准备建造民宿、太空舱和高级游乐场，打造集美食、娱乐、民宿和露营于一体的旅游模式；要吸收外来投资；加强旅游业宣传，吸引大量人群。

要发展文化旅游。利用马蹄湾村宋朝抗辽时形成的水长城进行文化定制，打造水长城旅游景点。在梨水湾景区内打造游乐设施、太空舱等。

(3)李广一村、二村旅游发展诉求

进行文化创意设计，设计芦苇画等文化创意产品。打造水上乐园；端午节邀游客一起包粽子；解决村民提出的保险费上交次数多、上级政府的资金支持没有落到村民个人、游船管理费用过高、养老保险金太少等问题；加强政府资金支持，为老百姓的生活做好保障；为旅游业提供标准化服务。

(4)王家村旅游发展诉求

将石雕文化产业园与非遗文化相结合，让游客进行非遗体验参观。利用石雕文化资源，让游客进行手工体验。将生态森林资源与非遗文化结合，如可以打造森林音乐节等。

表3 雄安新区代表村落目前旅游资源汇总

代表村落	较为成熟的旅游资源	在建旅游资源
黄湾村	温泉酒店 巾帼共享农场 雄山文化主题公园 民宿聚落 公园休闲资源	步行街夜市经济
马蹄湾村	万亩梨园 梨花艺术文化节 梨水湾生态观光园	燕南长城遗址公园 水长城古栈道
李广一村、二村	游船 荷花观赏	水上乐园、水上表演
王家村	德韵博物馆 石雕文化产业园 张岗仿古石雕 九州艺术节 雄文书院	森林露营基地 森林研学基地

4. 雄县乡村旅游高质量发展瓶颈

4.1 资金支持力度较小，缺乏发展空间

笔者针对雄县代表村落发展旅游的社会环境设置了相应的问卷，在对代表村落进

行问卷调查、实地走访后得出结果（见图 1，1~5 表示非常不满意—满意）。

就具体村落而言，李广一村、二村的游船经营者认为在筹建资金方面面临困难，他们需要自己承担游船的保养费、维修费等费用，船餐的品质和价格也由他们自己和饭店企业进行协商，并且这种协商导致他们的收入极不稳定。这种不稳定的收入使得船餐的标准和品质各不相同。研究表明，饭店经营者在管理自己的收入时会根据不同的要求和策略来指定船餐的价格和品质水平，这可能会导致船餐标准的不一致性和不稳定性。在中国的餐饮服务行业中，食物和服务的质量对于顾客的满意度有着重要的影响。因此，对于提供船餐的企业来说，企业应该重视提高船餐的品质，以满足顾客的需求，提高顾客的满意度。然而由于缺乏银行和政府的资金支持，他们无法及时对游船和船餐品质进行升级，导致缺乏发展的空间。资金是制约高效率开发、高标准建设、高水平配套发展的关键因素，同时也是地方经济发展的瓶颈之一。缺乏足够的资金投入不仅使项目实施过程出现困难，还限制了地方经济的高质量发展。高效率开发和高标准建设需要大量的资金支持，以满足工程建设的需求。此外，高水平配套发展需要充足的资金保障，以提供完善的基础设施和公共服务。然而，资金来源的不确定性和局限性导致了地方经济发展遭遇阻力与挑战，没有资金的支持，所设想的一切发展都是纸上谈兵。

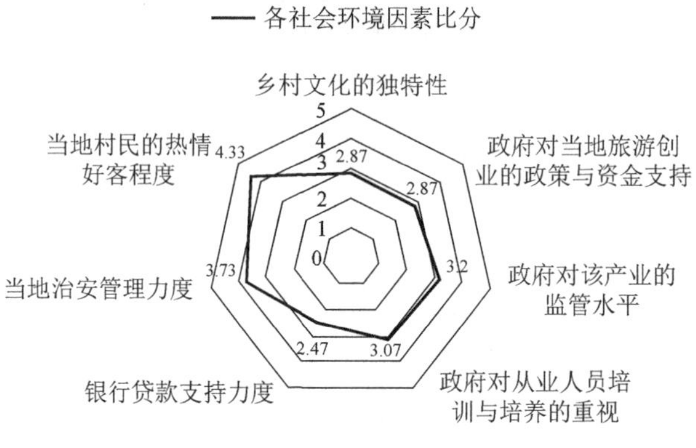

图 1　雄安新区代表村落旅游的社会环境因素比分

4.2　旅游资源缺乏特色，旅游业发展受到阻碍

笔者经过走访调查发现，当地景观的知名度、奇特度以及当地旅游资源的开发程度都非常低。其中黄湾村的亲子乐园、温泉酒店和夜市虽然是周边旅游资源中具有特色的一方面，但相对于其他相同类型的旅游产品而言缺乏特色。研究发现，旅游资源的特色是提升旅游目的地竞争力的重要因素之一。然而，雄县目前的旅游资源缺乏特色，这限制了旅游业的发展。

调查结果显示，超过73%的游客只在当地逗留一天，这说明当地的旅游资源吸引力不足。研究发现，游客在选择旅游目的地时，会考虑目的地的吸引力和可供游客体验的景点和活动。如果当地旅游资源无法满足游客的需求，缺乏吸引力，游客自然会选择更有吸引力的目的地。此外，游客的旅游决策受到各种因素的影响，包括旅游目的地的文化、自然和娱乐资源等。综上所述，由于当地旅游资源的特色不足以满足游客的需求，因而给当地旅游业的发展造成了阻碍。

4.3 营销渠道单一，缺乏知名度

笔者通过访谈发现，大多数游客来自当地和周边地区，只有极少数人是被当地旅游资源在网络上的声誉吸引而来的。虽然大多数旅游从业者拥有自身的宣传和售卖产品的渠道，例如通过抖音、小红书等自媒体进行宣传，然而当地旅游产品几乎从来没有在美团、携程等知名旅游平台进行销售。单一的营销渠道和知名度较低的旅游产品对当地旅游业的可持续发展会产生很多不利影响。首先，这会降低公众对旅游目的地或旅游产品的认知和兴趣。公众对于没有知名度的旅游产品往往缺乏信任，可能会选择更熟知的旅游品牌或目的地。这将导致知名度较低的旅游产品无法吸引足够的游客，从而影响旅游业的发展和经济效益。其次，旅游产品知名度不足也会影响其市场竞争力。旅游产品知名度的提高有助于增强产品的市场知名度和品牌形象，提高其在市场上的竞争力。知名度较低的旅游产品往往无法与知名品牌产品或目的地相抗衡，无法在众多选择中脱颖而出。另外，旅游产品的知名度也会影响游客的旅游体验。知名度较低的旅游产品通常缺乏相关的口碑和评价，游客很难获得对该产品的真实评估和意见。这可能导致游客对旅游产品的期望与实际体验存在较大差距，甚至可能导致他们对旅游产品的质量和价值感到失望。综上所述，旅游产品缺乏知名度对旅游业的不利影响体现在公众认知和兴趣降低、市场竞争力削弱以及游客旅游体验不理想等方面。

4.4 旅游人才稀缺，缺乏专业支持

分析调查问卷（见表4）可知，当地33.33%的旅游从业者为农民，只有6.67%的被调查者以前从事企业或事业管理工作，13.33%的被调查者从事过服务销售商贸；当地从业者中，高中及以下学历的从业者占到86%（见图2）。由调查可见，无论是旅游从业者还是旅游管理者，以前从事过旅游相关行业的人员少之又少，旅游人才匮乏导致当地旅游企业在人员招聘、培训和发展方面遇到了困难，缺乏专业的旅游人才不仅增加了企业的招聘成本，还可能影响其业务的正常运作。在培训发展方面，缺乏旅游人才可能对企业的运营和发展带来一系列的挑战。在旅游业中，员工的技能水平直接影响服务质量和客户满意度。员工缺乏专业的服务技能和专业知识，从而影响企业的服务质量和竞争力，进而限制旅游业的发展。此外，在参与人员文化素质较低的情况下，乡村旅游的服务质量不稳定，存在明显的质量参差不齐的问题。初级管理人员对

于乡村旅游的经营和管理缺乏全面系统的认识，无法很好地参与其中，进一步加剧了这些问题的不利影响。出现这种不理想的情况可能是因为管理人员缺乏对当地乡村旅游特点与潜力的深入了解和掌握、策划与执行能力不足，从而影响了乡村旅游的持续发展和当地提高经济效益的潜力。另外，乡村旅游的成功与否在很大程度上取决于服务提供者对于当地及企业文化和社会背景的敏感度，文化素质低的人员可能无法考虑这些方面，从而导致产生服务质量存在差异的现象，无法满足消费者日益增长的需求。

表4 被调查者职业统计表

被调查者职业	人数（人）	比例（%）
公务员	1	6.67
企事业管理人员	1	6.67
专业/文教技术人员	0	0
服务销售商贸人员	2	13.33
工人	0	0
农民	5	33.33
军人	0	0
学生	0	0
离退休人员	4	26.67
其他	2	13.33

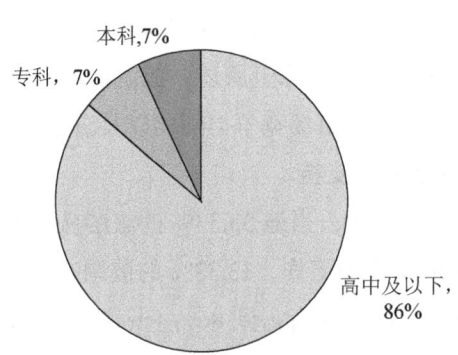

图2 被调查者受教育程度

4.5 白洋淀景区引领示范作用未充分展现

白洋淀景区作为国家AAAAA级旅游景区，拥有丰富的生态资源和独特的文化价值，但景区在运营管理上还存在不足，其产品更新和业态发展尚未能充分满足多元化的市场需求，品牌效应也未充分彰显，因而对当地旅游消费、就业创业、居民收入等的带动效应尚不显著。目前,白洋淀景区的引领示范作用未得到充分发挥,这可能会导致出现多方面问题。首先,可能导致生态环境遭到不可逆的破坏。缺乏有效的引领示范机制和措施,可能导致过度开发和过度利用自然资源等问题,进而导致景区生态系统的衰退和生物多样性的丧失[8]。其次,可能限制白洋淀景区的高质量发展。文献研究表明,旅游业的高质量发展依赖于引领示范作用的充分发挥。白洋淀景区未能充当引领示范的榜样,相关的可持续发展策略和实践就无法在该地区得到广泛推广和应用,从而使得白洋淀旅游业的可持续性受到威胁。最后,未充分展现引领示范作用还可能导致白洋淀旅游产业竞争力不足。引领示范作用的发挥能够促进旅游业内的知识共享和经验交流,提高旅游业者的竞争力。然而,在白洋淀景区,相关的管理经验和创新实践无法有效传递和分享,从而影响了其在整个旅游产业中的竞争地位。综上所述,白洋淀景区的引领示范作用未充分展现的不利后果不仅涉及生态环境的风险,还可能影响其旅游业的可持续发展和竞争力的持续提高。

4.6 旅游产品有效供给不足

雄安新区现有旅游产品整体竞争力弱,产业体系不完善,距离满足人民对美好生活的新期待还有一定差距,旅游需求尚未充分释放。在新型城镇化战略推进和居民游憩休闲需求日益提升的现实背景下,游憩空间与居住空间交互作用已构成人们日常生活体系的重要内容。新区住宿、餐饮、购物等产业要素的配套程度不高,缺少满足多元化市场需求的度假酒店、精品民宿、美食街、文创街、文旅商综合体等产品业态,旅游及相关行业的整体服务水平和质量有待提高。当旅游产品的有效供给不足时,旅游行业将面临多重挑战和问题。首先,这将导致游客难以获得满意的旅游体验。缺乏足够的旅游产品供给将限制游客的选择余地,可能导致他们无法找到心仪的旅游目的地或活动。这将降低游客的满意度,并可能导致他们不再选择该地区作为旅游目的地。其次,旅游产品有效供给不足还会导致旅游业收入的损失[9]。旅游业的盈利主要依赖于旅游者的消费。如果旅游产品供给不足,那么游客在该地区消费的机会将减少,这将直接影响旅游业的收入。最后,供给不足还可能引发旅游业务的不平衡发展。旅游产品的供给不足可能导致某些地区旅游业务过度发展,而其他地区则无法充分利用其旅游资源。这将使旅游产业集中在少数地区,进而导致区域间的经济差距进一步扩大。综上所述,旅游产品有效供给不足对旅游业产生了一系列不利后果,包括游客满意度下降、旅游业收入减少以及旅游业务发展不平衡等。

5. 利益相关者视角下雄县乡村旅游高质量发展对策

5.1 基于地方政府利益角度的治理对策

5.1.1 加强组织领导

各级政府、各相关部门要把乡村旅游发展摆到重要位置，落实目标任务，加强协调配合，形成各方支持、广泛参与、共建共享的乡村旅游发展良好局面。各级文化和旅游行政管理部门要制定务实高效的管理措施，探索建立与旅游相关的部门共同促进乡村旅游发展的协作和联动机制。政府可通过多种手段来管理和发展乡村旅游产业：一种措施是政府加强对乡村旅游规划和政策制定的管理。政府可以通过相关的研究和调查，了解乡村旅游发展的现状和潜在问题，并制定相应的规划和政策来引导乡村旅游的发展，充分发挥白洋淀的引领示范作用，借鉴其先进经验。政府应该制定明确的规划，包括乡村旅游资源的保护和开发、旅游基础设施建设以及旅游服务质量和安全管理等方面，以解决雄县旅游基础设施不完善，旅游服务质量参差不齐，新区住宿、餐饮、购物等产业要素配套程度不高等问题。另一种措施是政府加强对乡村旅游市场监管的管理。由于雄县餐厅和游船等产品由经营者自主定价，一些经营者可能会为了争夺客源，采取低价竞争的策略，导致市场价格体系紊乱。为了解决上述问题，当地政府要建立健全的监管机制，加强对乡村旅游企业经营行为的监督和检查，确保其合法合规经营，维持正常的市场秩序，促进乡村旅游市场的健康发展。

5.1.2 加大资金支持

首先，在基础设施建设方面，通过投资修建交通设施、改善供水供电条件等，提升乡村旅游景区的基础设施水平，这是最基本的保障。其次，当前雄县旅游业的发展还处于初期，其发展模式尚不完善、发展路径尚不明确，由此导致当地居民对旅游业的参与度较低。加之，由上述实际走访调查可知，雄县银行对当地旅游业的贷款支持力度较小，政府对创新创业的政策与资金的扶持力度也不足。针对上述现象，政府有必要也必须在保障其最基本需求的基础上采取一系列措施。例如，对于新开办的乡村旅游饭店、民宿或游船租赁等业务，根据其规模和投资金额给予一定比例的补贴资金，从而吸引更多群众投身于旅游业中。此外，政府也应该支持金融机构为乡村旅游发展提供信贷支持，开发专属金融产品，鼓励和引导民间投资通过 PPP、公建民营等模式参与乡村旅游基础设施建设和运营[10]。

5.1.3 加强人才培养

针对雄县旅游人才匮乏导致旅游企业在人员招聘、培训和发展方面存在困难的问题，地方政府应该加强乡村文化和旅游从业人员培养。鼓励涉旅高等院校和旅游研究机构开展培训。支持开展形式多样的技术交流和竞赛活动，提高乡村旅游管理、从业人员的素质和技能。当地从事过旅游相关行业的人员少之又少，这种经验的匮乏导致在旅游项目的开发与运营过程中无法有效借鉴成功案例，常常陷入重复摸索的困境。因此，政府可以出台优惠政策吸引外部旅游人才，如提供住房补贴、子女教育优惠等。同时，组织本地旅游从业者与引进人才的交流活动，让本地从业人员能够学习到先进的旅游发展理念和管理经验。鼓励专业机构和专业人才参与乡村旅游产品规划设计、提高产品质量。为了内部人才的培养，当地应该建立完善的乡村旅游发展专家库，加强乡村旅游策划、规划、建设、营销、培训等重点环节业务指导。王建伟等指出，应实施乡村旅游驻村辅导员计划，开展"送教下乡"活动，促进富民强村；鼓励专业机构和专业人才参与乡村旅游产品规划设计、提高产品质量[11]。指导各地开展乡村旅游创客行动，吸引大学生、文艺工作者、创意技术人才参与乡村旅游创新创业。培养一批乡村旅游职业经理人、乡村工匠、文化能人、非遗传承人、工艺制作人，不断提高乡村旅游专门人才服务保障能力，不断壮大适应新时代乡村旅游高质量发展要求的人才队伍[12]。

5.2 基于旅游企业利益角度的治理对策

5.2.1 加强宣传力度，拓宽营销渠道

针对雄县单一的营销渠道和旅游产品知名度较低的问题，应继续发挥自媒体优势，深化内容创作。除了简单的景点介绍，制作更具深度的旅游攻略、体验式视频，如"雄县三天两夜深度游""跟随《小兵张嘎》足迹游黄湾村"等，引导游客全面了解雄县旅游资源。用大众乐意接受的方式来宣传当地的旅游资源，从而增加用户访问量。此外还可以加强与携程、途牛等旅游平台的合作，打造雄县旅游官方品牌形象，统一宣传口号、标识。对个体农户的旅游产品进行整合，推出组合套餐，并利用旅游平台的用户和品牌优势增强宣传力度，以达到交易的目的。多样化的营销渠道可以提高产品的曝光度和品牌知名度，从而吸引更多的消费者关注和购买。在当前数字化时代，由于互联网和社交媒体的普及，旅游企业将继续使用传统媒体、互联网、中间商等多种渠道进行营销[13]。此外，旅游企业还可以与其他相关行业合作，共同开展市场推广活动。与航空公司、酒店、景点等旅游供应商的合作可以带来更高的品牌曝光率和更多的市场份额，从而增加产品的知名度和销售量。

5.2.2 打造土味旅游，振兴乡村发展

土味旅游是一种强调当地文化、自然环境和生活方式的旅游方式。土味旅游在吸引游客、推动乡村经济和改善居民生活质量方面具有巨大潜力。为了实施土味旅游策略，雄县应深入挖掘和利用当地的历史文化资源，针对每个村落的具体情况，发挥其优势资源，打造核心竞争力。例如，利用黄湾村是电影《小兵张嘎》的拍摄地这一独特性，开发情景式游览路线，让游客参与角色扮演等活动。

同时，鼓励旅游企业开发以当地农产品为基础的旅游商品，由于马蹄湾村梨产品

丰富，可以制作与梨相关的美食、饮品，打造以"梨花"为主题的民宿，以此增加旅游产品的附加值。俗话说"高手在民间"，我们要充分保护民间的传统手工艺人，避免王家村的石雕工艺失传。同时，可以开放石雕工坊，让游客参与简单石雕制作，体验传统工艺，以使其发扬光大。由于雄县各村落之间的差异性，在制定市场推广策略时，应注重挖掘乡村特色并与游客需求相结合。然而，在推动土味旅游发展的过程中，需要考虑到环境保护和社区参与的问题，土味旅游可能会对乡村的自然和文化资源造成不可逆转的损害。因此，在开发土味旅游项目时，应采取可持续发展的策略，鼓励游客尊重当地文化和环境，避免过度开发。

5.3 基于当地村民利益角度的治理对策

5.3.1 保障当地村民优先就业

雄县作为一个拥有丰富旅游资源潜力的地区，农户群体庞大，总数达 1 万人。然而，当前从事旅游业的当地居民仅有 1100 人，这一比例明显偏低，反映出旅游产业在吸纳本地劳动力方面存在严重不足。为了解决上述问题，政府应该出台激励政策，鼓励旅游企业优先录用当地居民。对于积极响应的企业，可以给予税收减免、财政补贴等优惠措施。确保当地居民优先参与乡村旅游发展，政府可以通过鼓励和支持当地村民创办旅游企业，制定旅游业就业的数量和比例目标，加强监督和反馈机制，提供相关培训和资金支持以及就业信息和咨询服务，帮助他们更好地参与到乡村旅游中来。同时，对于有意从事旅游业但缺乏启动资金的农户，政府可以设立专项小额贷款项目，简化贷款手续，降低贷款利率。为新入职的当地居民提供一定期限的生活补贴，帮助他们度过适应期，减轻生活压力。

5.3.2 提升村民参与度，鼓励返乡创业

在参与旅游业的方式上，农户呈现出多样化的特点。一部分农户直接以提供劳动的方式获取劳务报酬，例如在景区内从事保洁、保安、餐饮服务等基础工作。另一部分农户则采取了一边在外打工、一边以房屋出租分红的方式参与到旅游业中。然而，这种模式也存在一定的局限性，比如农户对旅游业务的参与度不高，对之缺乏深入了解。对此，应拓宽村民参与旅游业务的渠道。除了现有的劳动和房屋出租分红方式，鼓励村民参与旅游产业链的其他环节。同时，支持村民利用自家房屋开展农家乐、民宿等经营活动，对符合条件的给予一定的资金奖励和政策优惠。

对当地 1100 名从事旅游业的人员构成进行分析，会发现其中 50 岁以上的老人占据多数。然而，随着年龄的增长，他们的体力和精力有限，难以满足旅游旺季高强度的工作需求。因此，政府应该加强宣传力度，通过多种渠道向在外打工的村民宣传家乡旅游产业的发展前景和就业机会，吸引更多的年轻人回乡创业，他们可以在照顾家庭成员的同时保证工作的稳定。同时，也要鼓励旅游企业为返乡员工提供培训和晋升

机会，对于表现优秀的给予表彰和奖励，让他们在返乡就业后能够实现自身价值，获得良好的职业发展。研究指出，吸引年轻人回乡创业的因素包括但不限于：家乡的文化环境以及亲情纽带的作用，政府提供的创业政策支持，以及当地市场的发展潜力。在这种情况下，年轻人可以在回乡创业后获得更好的工作保障和家庭支持。

5.4 基于外来游客利益角度的治理对策

5.4.1 提升旅游资源的品质和丰富度

在旅游资源的多样性方面，研究表明，提升旅游资源的丰富度对于吸引更多的游客具有重要意义。通过增加旅游景点的数量和类型，旅游目的地能够提供更多的选择和体验，对于雄县特有的旅游资源，可以在现有的黄湾村的亲子乐园、温泉酒店和夜市基础上，进行差异化改造。亲子乐园内可增加具有雄县地方特色的游乐项目，如以本地传说或民俗为主题的游戏设施；温泉酒店可以融入本地特色养生元素，如开发与当地农产品相关的温泉浴配方；夜市则应重点打造雄县特色小吃和手工艺品，避免与其他地方夜市同质化。与此同时，注重打造统一的雄县旅游品牌，设计具有代表性的品牌标识和宣传口号，也不失为一种明智的决策。

此外，改善旅游资源的质量和服务水平也可以增加其丰富度。相关企业应该通过优化游船业务和规范船餐供应，解决从业者收入不稳定的问题，保障旅游产业链中这一环节的可持续发展，减少因经济压力导致的服务质量下降等问题。同时通过成立餐饮协会或与饭店企业联合制定行业规范，确保船餐品质稳定且价格合理。

5.4.2 建立互动平台，获取反馈信息

伴随雄县旅游产品宣传渠道单一而来的是其知名度较低、难以维持长期稳定发展的问题。因此，当地应该建立互动平台、游客反馈机制，通过在线问卷、评论回复等方式收集游客意见，目的地管理者和旅游业者可以从游客的评论和评分中获取对旅游产品和服务的反馈，这样不仅可以解决其初期发展的调研成本，而且可以通过分析游客的旅行偏好和需求，定制个性化的旅游推荐和建议，帮助游客更好地规划行程。

此外，通过建立雄县旅游社区，让游客分享旅游经历、照片、攻略等，可以让游客了解其他旅游者的感受，更好更全面地了解当地的旅游信息。旅游社区可以增强游客之间的互动并增加黏性，形成良好的口碑传播效应，这对解决当前雄县旅游业知名度低的问题至关重要。总之，建立一个互动平台，让游客了解更全面的旅游信息，可以通过构建基于社交网络的旅游信息分享平台来实现。

参考文献

［1］河北雄安新区党工委管委会党政办公室.河北雄安新区旅游高质量发展"十四五"规划［EB/OL］.（2022-07-23）［2023-06-13］.http：//www.xiongan.gov.

cn/2022-07/23/c_1211669860.htm?_refluxos=a10.

［2］王东峰.深入学习贯彻习近平总书记重要讲话精神举全省之力开创京津冀协同发展新局面［J］.时事报告（党委中心组学习），2019（3）：115-128.

［3］孟慧.后疫情时代德州市文化旅游产品开发研究［D］.济南：山东师范大学，2022.

［4］刘迎华.美丽乡村建设与乡村旅游耦合互动发展研究［J］.文化产业，2020（29）：143-144.

［5］杨阿莉，陈新如，辜友骞，等.旅游利益相关者低碳环境责任行为及相互影响研究：基于动态演化博弈的分析［J］.西北师范大学学报（自然科学版），2024，60（5）：68-78.

［6］赵剑波，史丹，邓洲.高质量发展的内涵研究［J］.经济与管理研究，2019，40（11）：15-31.

［7］张译宁.全域旅游背景下重庆铜梁乡村旅游高质量发展评价研究［D］.桂林：桂林理工大学，2022.

［8］贺泽娇.兴义万峰林山地旅游景区绿色发展路径研究［D］.贵阳：贵州民族大学，2024.

［9］李世霖，王宏丽.基于游客重游意愿的五莲县白鹭湾乡村旅游影响因素研究［J］.智慧农业导刊，2024，4（20）：45-49.

［10］杜永善，王其猛.乡村振兴战略下金融支持新疆乡村旅游发展的思考［J］.特区经济，2021（11）：113-118.

［11］王建伟，申冰浩.江苏乡村旅游高质量发展问题与建议［J］.广东蚕业，2022，56（7）：154-156.

［12］唐双福.绘山水田园 赋巴渝乡韵 推动重庆乡旅农业发展［J］.前进论坛，2018（10）：38.

［13］廖祯严，陈伟文，刘成彧.基于大数据的旅游企业精准营销策略研究［J］.现代营销（下旬刊），2024（9）：46-48.

（指导老师：孙业红，北京联合大学旅游学院）

北京四合院旅游意象感知研究

杨宇晴　孙业红[*]

[摘　要] 随着我国城市建设进入高质量发展新时代，地方传统建筑成为高品质旅游景观名片和城市文化名片等的重要作用逐渐凸显。基于游客感知来评价传统建筑的保护与利用效果具有重要作用。旅游意象是旅游目的地研究和地方实践的重要内容，对旅游发展有着重要影响。北京四合院作为北京的传统建筑，其本身的旅游意象对北京的旅游发展起着十分关键的作用。本文以北京四合院为例，通过文献调查、实地调研、问卷调查等方式对北京四合院的景观意象进行分析，解读游客对北京四合院的认知意象、情感意象感知差异，进而解析整体景观意象特征，以识别影响旅游体验的核心景观意象维度与要素。

[关键词] 北京四合院；旅游意象；游客感知；传统建筑

引言

传统建筑意象是当地传统建筑的缩影，由一些地方性、传统性景观表现出来。北京传统建筑、生活方式、民俗这些景观蕴含着丰富的传统文化，它们共同烘托出北京传统文化意象。建筑本身不单是一个视觉现象问题，它还反映着产生这一建筑的时代、社会及生活于其中的那群人的社会生活。[1] 由此可见，建筑文化是地方传统文化的一个很重要的方面。旅游业作为一个具有高度融合、强带动性特点的朝阳产业，已被列入我国的重要战略产业，同时它也是拉动经济与人文增长的重点之一。传统建筑的旅游开发可以为传统建筑带来新的活力，同时也能促进地方经济的发展。随着我国进入推动高质量发展与创造高品质生活的新时代，传统建筑对于强化自身文化认同与提升文化自信，以及提供高品质旅游地与创造经济价值，都具有重要意义。科学合理地保护与利用这些关键性的传统建筑旅游意象，是彰显其历史价值、文化价值、旅游价值与经济价值的关键环节，也是城市规划的重要任务。然而如何做到科学与合理地保护，

---

[*] 杨宇晴，北京联合大学旅游学院旅游管理系本科在读。孙业红，北京联合大学旅游学院副院长。

不仅取决于关键性传统建筑的保护质量,还取决于游客对其感知程度。因而,研究游客对传统建筑旅游意象的感知度是传统建筑名城保护与利用规划的关键环节。

有关旅游资源的相关研究认为,"凡是能够造就对旅游者具有吸引力的环境的自然因素、社会因素或其他任何因素,都可构成旅游资源"[2]。由此可见,旅游意象本身就是一项极为重要的无形的旅游资源,鲜明的旅游意象会引发游客强烈的出游意愿。北京是高速发展的大城市,也是一座历史悠久的古城,其旅游意象本身就如同一幅古朴大气、充满变化的卷轴作品,极具风格的现代化、恢宏大气的皇家气息和充满烟火气息的胡同文化互相交织,这些意象能够激发游客前往北京找寻自己想寻找的文化气息。因此,不难分析出,北京四合院作为旅游意象对向往老北京文化的游客来说具有强大的吸引力,是吸引游客前去旅游的强大动力。目前针对北京四合院旅游意象的研究不够全面,对其内涵的分析不够全面。因此,本文基于北京四合院对旅游意象感知进行研究,以期对旅游意象感知的研究进行补充。

本文以北京四合院为例,通过文献调查、实地调研、问卷调查等方式对北京四合院的景观意象进行分析,解读游客基于社交网络而产生的对北京四合院的认知意象、情感意象的感知差异,进而解析整体景观意象特征,识别影响旅游体验的核心景观意象维度与要素,以便北京传统建筑四合院管理部门能更好地了解旅游者的感知。本研究有以下考虑:一方面,研究有助于管理方了解游客的价值认知和旅游需求,从而调整措施以使赴北京四合院游玩的游客实现心理预期,感受到北京传统四合院建筑所独具的价值,获得一次完整的旅游经历或旅游体验。另一方面,有助于北京四合院根据自身价值,针对游客对北京四合院旅游意象传递的感知,选择游客喜闻乐见的传播方式,将不同类别产品背后所蕴含的不同价值传递给游客。同时,也期望本研究能为北京四合院系统化推进建筑景观保护和开展旅游合理利用提出对策与建议。

1. 国内外研究现状

"意象"一词最早见于美国著名城市规划与设计专家凯文·林奇(Kevin Lynch)出版的《城市意象》一书。在该书中作者指出,城市对大众来说,具有"可印象性"和"可识别性"特点,城市所具有的这种独特的感觉形象,即所谓的城市"意象"。[3]然而,这一说法并未得到旅游学界的认同。国内旅游研究文献大都将旅游地之"形象"与英文之"Image"做对等使用[4][5][6][7]。

1.1 国内研究现状

1.1.1 旅游意象研究

国内对于"Image"一词多是从形象进行的界定,学者庄志民提出意象是人们在观察客观世界后留下的主观印象,被称为心理图景。[8]随着研究的深入,国内学者开始关注到"意象"与"形象"的不同并进行区分研究。王磊等学者分别对旅游目的地形象的概念及形成过程和生命周期进行研究，为后续研究提供了理论基础。[9]多数学者表示意象倾向于从游客视角表述，而形象更多是从目的地视角进行的表述。学者赵刘运用现象学方法对旅游意象的本质和类型进行研究，指出旅游意象是一种意识，其形成过程是用客观事物及感性材料对想象意向进行补充转化。[10]人类在旅游过程中通过认知体验活动会自觉地进行个人经历完善和个人能力发展，[11]从而在旅游活动中对接触的旅游信息进行加工重构，使形成的主观印象不断丰富[12]。因此国内外大多数学者均表示旅游意象具有一定的主观性，是游客对旅游地人文社会及自然风景的物象感知、游客个人情感感知和旅游地的整体感知。

近年来，随着旅游网络评价文本的丰富，基于网络评价的词频分析、语义分析、情绪倾向分析成为评价游客对空间要素感知度的有效方法，并已被运用于多类型旅游目的地的形象感知研究中。[13][14][15]魏梅通过研究认为，在"认知—情感—整体"三维意象中，认知意象研究运用相对更广且研究更细化。该学者认为游客对贵阳夜间旅游的认知意象，具体而言是指旅游者在贵阳亲身参与相关夜间旅游活动后，结合旅游前的想象感受，在思维空间中形成的对贵阳夜间景观、地方人文、夜游活动、服务设施等方面的印象感知。[16]

从研究内容上看，国内研究主要集中于旅游意象感知的属性构成影响因素[17]，旅游意象与游客行为意图的关系[18]；从研究方法上看，非结构化的定性研究方法如内容分析法和扎根理论等逐渐被应用[19][20][21]。

1.1.2 旅游意象的维度研究

国内有关旅游意象的大多数研究是在借鉴国外研究理论基础上构建模型进行定量研究。钱梦婷用结构方程模型研究了凤凰古镇旅游地意象、地方依附和游客行为意愿之间的关系。[22]闫晓梅以丽江古城民宿旅游意象为研究对象，并分析了其与地方依恋、满意度及行为意向之间的影响机制。[23]由此可知，旅游意象多被作为前因变量，用于解释其与情感态度、行为意愿之间的关系。除此之外，国内学者谢彦君基于网络游记文本内容，从心理意象、空间意象、社会意象、时间意象、内容意象五大维度构建了旅游地意象框架。[24]田逢军等认为城市旅游地意象由评估性意象和结构性意象组成。[25]周永博等从地脉属性、文脉属性及功能属性方面构建了江南古镇旅游意象的三维耦合结构。[26]彭丹、黄燕婷则运用网络文本分析法将丽江古城旅游地意象划分为景观意象、文化意象、地方意象和情感意象四个维度。[27]吴儒练以"珠江夜游"为例，用扎根理论将城市夜间旅游意象要素归结为都市夜间景观、城市夜游活动、地方人文氛围、夜游服务体验及夜间旅游设施五个维度。[28]

1.2 国外研究现状

1.2.1 旅游意象研究

国外自1970年开始对旅游意象的概念进行讨论，冈恩（Gunn）认为人们在选择旅游目的地时的主观体验即旅游意象，冈恩（Gunn）还将旅游意象分为原始意象和诱发意象两种类型[29]；亨特（Hunt）则提出旅游意象是人们对不同于居住环境的一种主观感受[30]。随后巴洛格鲁（Baloglu）等认为旅游意象包括认知意象、情感意象和总体意象三部分[31]；法基（Fakeye）等进一步引申出复合意象的概念，即旅游者在旅游活动结束后对目的地形成的感知意象[32]；塔什彻（Tasci）提出旅游意象存在认知意象、情感意象与行为意象三个维度。[33]近年来，部分学者也对此开展了实证研究。李浚赫（Lee Jun Hyuk）通过探索性因子分析和结构模型分析，研究体验经济因素对认知意象和情感意象的影响以及它和旅游意象的关系[34]。亨特（Hunter）探究了毛主席对湖南省旅游意象的影响[35]。

1.2.2 旅游意象的维度研究

国外对于旅游意象的维度测量研究有通过语义差异量表开展的结构性测量，有访谈、文本分析、手绘地图、图片拍摄等非结构性测量方法，还有运用李克特量表进行的定量研究分析。在具体维度中，法基和克朗普顿（Crompton）将其划分为原始类意象、诱发类意象和复合类意象。[36]学者加特纳（Gartner）提出的"认知—情感—意动"三维意象被学者巴洛格鲁（Baloglu）和麦克利里（McCleary）拓展改进为"认知—情感—整体"三维意象后，该维度划分得到了广泛运用。[37]埃希特纳（Echtner）和里奇（Ritchie）将旅游地意象从"特征—总体""功能—心理""一般—独特"三方面建立了"三大连续体"结构理论。[38]学者贝利（Beerli）和马丁（Martin）认为，旅游者对旅游地意象的感知要素包括自然旅游资源、旅游设施及服务、社会旅游环境、地方人文氛围以及情绪情感等。[39]

1.3 研究综述

经过阅读、分析国外相关文献后发现，中外文文献在旅游意象感知研究方面存在以下问题。在国外研究方面，第一，国外研究通常过于依赖传统的方法和理论，缺乏更新颖、更适应现代旅游发展需求的研究视角。第二，存在文化差异性，国外的理论和方法可能不完全适用于中国文化背景下的旅游地意象研究。在实际运用方面，国外的理论成果可能需要进一步做本地化调整，以更好地适应各个不同国家的实际情况。除此之外，随着旅游业的快速变化和新兴旅游形式的出现，国外的研究可能需要更新其理论框架以适应这些变化。国内研究同样存在些许问题。首先，实证分析的案例不够全面，缺乏对北京四合院和特殊旅游景观等类型传统建筑的研究。其次，国内的研究数据缺乏科学合理性，这可能会影响研究结果的准确性和可靠性。再次，研究内容不够深入，需要进行更加系统和详尽的探究。最后，过度依赖国外的研究方法和手段，没有形成具有中国特色的旅游研究体系，且研究成果的应用价值和实践运用价值有待提高，尤其是在国际性标准和应用方面。相较于国外，国内的研究在旅游地游客感知意象方面还相对落后，需要开展更多的深入探讨；同时，缺少对游客旅游地感知意象影响因素的研究，特别是在传统建筑的语境下。

2. 理论基础与研究方法

2.1 理论基础

1971年亨特（Hunt）提出 Tourism Image 这一概念，掀起了国内外旅游目的地意象的研究热潮。截至目前，关于旅游目的地意象的学术研究已经开展了50多年，然而，对于旅游意象的定义，学术界至今还未达成统一的认识。总体看来，大部分研究中都把旅游目的地意象定义成印象、观感或者心理表象。因此，在这里我们将沿用研究者魏梅对旅游意象的定义：旅游意象具有一定的主观性，是游客对旅游地人文社会及自然风景的物象感知、游客个人情感感知和旅游地的整体感知。林奇（Lynch）认为，能够吸引个人对陌生环境产生认识的最初因素，绝不是历史景点的背景，而是人对独特景色的兴趣。人们会通过对环境的熟悉程度来评估对地方的认知程度，并产生情感作用。人对地方的感知意象是一种经历了心理作用过程后所反映出来的知觉表现。不论对地方的熟悉是由媒体信息提供还是受人与人之间口耳相传的影响，人都会主动或被动地接收并对其感知意象的形成产生影响。这能帮助外地游客对于旅游地进行初步的认识和了解。在查阅国内外针对旅游意象感知方面的问卷设计，并且考察过北京四合院实地情况后，本研究得出如下结论：北京四合院旅游意象是游客对北京四合院人文社会及自然风景的物象感知、游客个人情感感知和旅游地的整体主观感知。

2.2 旅游意象感知相关概念

感觉和知觉是心理学研究中的概念，二者合称为感知觉，简称感知。感知是指人体感知器官受到当前客观事物直接作用，人脑中形成的对客观事物形象的直观反映。[40]关于旅游感知概念的定义，国内外相关研究大体一致。黎洁等通过对游客的调查研究，认为旅游感知是指人类通过感官获取旅游信息的心理过程。[41]白凯等认为，旅游感知是指旅游者在常住地或旅游目的地将旅游信息接收后与已有旅游经验进行对比，从而形成的关于旅游目的地的认识和评价。[42]阿兰·德克洛普（Alain Decrop）将旅游者感知定义为：将外部世界的旅游信息转换为我们每一个人都会经历的内部思维世界的过程。[43]经过翻阅关于旅游感知相关的研究，可以看出，游客对旅游目的地的感知，包括对该地环境的感知和人文的感知。前者是人与地的关系感知，主要影响游客的感官感受，尤其是视觉感受；而后者则是人与人的关系感知，会深刻地影响游客的心理感受，乃至整个旅游经历的满意度。人与地的感知是游客感知的核心内容，对游客旅游体验具有重要影响，而人与人的感知是对游客感知满意的一种补偿，也不能忽略。

综上所述，旅游意象感知就是游客针对旅游地人文社会及自然风景的物象感知、游客个人情感感知和对旅游地的整体的认识和评价。

2.3 研究方法与数据来源

2.3.1 研究方法

（1）文献研究法

在中国知网、万方、维普、ProQuest数据库平台等资料库进行文献检索，对与本研究相关的传统建筑、旅游意象、景观意象感知研究等方面的研究进行脉络梳理、整理归纳。同时，阅读大量书籍、文献，针对关键词进行细化研究，掌握课题研究的手段，从游客的视角对北京四合院旅游意象感知进行研究。

（2）实地考察法

通过走访北京胡同内的传统四合院建筑，了解北京四合院建筑的实际情况。

（3）问卷调查法

对前来北京四合院旅游的游客和旅游者进行深度访谈和问卷调查，并根据回收数据获得游客对该旅游意象的感知程度，解读旅游意象感知的维度，深入了解游客旅游动机。

2.3.2 数据来源与分析方法

本次问卷调查共计发放问卷247份，回收247份：在南锣鼓巷发放78份，回收78份；在牛街发放56份，回收56份；在清河地铁站发放33份，回收33份；在大兴机场发放52份，回收52份；在北京北站发放28份，回收28份。总计有效回收247份，有效率为100%，问卷回收效果优异，信度较高。但由于发放问卷时间临近年节，发放问卷数量较少，对问卷的发放回收以及数据分析有一定的影响，但不影响问卷的可靠性及真实性。

本文以问卷调查的方式收集数据，并用SPSS 25.0软件对数据进行统计分析。本文使用描述性分析、信度分析、因子分析、方差分析等数据分析方法。描述性分析将针对问卷数据进行频率描述统计分析；信度分析将对问卷可信度进行检验，评估数据的可靠程度；因子分析用于检验变量间的偏相关系数；方差分析得出对地方感变量有显著差异的个人特征，从而对其进行分析研究。

2.3.3 问卷的设计与调查

在查阅国内外针对旅游意象感知方面的问卷设计，考察过北京四合院实地情况后，得出如下结论：北京四合院旅游意象是游客对北京四合院的印象、知觉、偏好、主观想法。

在设计问卷的过程中，本文参考了已有文献综述的量表维度指标内容，同时对北京四合院进行实地考察，结合北京四合院旅游特色及旅游者的访谈情况，设计出初始问卷，最后确定了调查问卷的主要内容。通过文献参考和实地考察，问卷建立了符合北京四合院旅游意象的测量量表，具体而言是通过物质意象、精神意象、功能意象三个维度进行问卷设计，总问卷内容包含以下五个部分。

第一部分为游客的基本信息及背景资料。第二部分是旅游意象维度测量，针对物质层面、精神层面、功能层面3个维度一共设置12个问题。第三部分是游客感知调查，共设计9个问题，对游客的旅游意象感知进行研究。第四部分为游客意愿测量，分为游客参与意愿和行为意愿，各设置5个问题。参与意愿主要围绕参与保护、参与旅游经营、参与旅游宣传设计；行为意愿围绕保护意愿、旅游消费意愿、旅游分享意愿3方面设计。第五部分针对游客满意度进行调查，围绕游客满意度分别从对保护的满意度、对旅游的满意度和综合满意度角度设计了5个问题。

对问项的测量采用李克特五点量表，即每个问项有5个答案项供游客选择，分别是非常同意、很同意、一般、不同意和很不同意，这5个答案选项相应赋值为1、2、3、4、5；同时采用李克特量表测量感知均值，1~2.4表示赞成；2.5~3.4表示中立；3.5~5表示反对。

3. 研究过程

3.1 问卷分析

3.1.1 信效度检验

（1）信度检验

Cronbach's alpha 分值衡量调查结果的一致性，一般认为分值高于0.9即为非常可靠，分值介于0.8~0.9即为相当可靠，分值介于0.7~0.8即为可靠，分值介于0.6~0.7即为中等可靠，分值介于0.5~0.6即为可疑可靠。如果得分低于0.5，则表明调查表可能需要进行重大修改。在我们的研究中，Cronbach's alpha 分值为0.898，表明调查具有较高的可靠性。

（2）效度检验

在衡量抽样充分性的KMO值中，高于0.9的值被认为是"极好"的因子分析值；0.8~0.9为"优"；0.7~0.8为"良"；0.6~0.7为"一般"；0.5~0.6为"差"；低于0.5则表明数据可能不适合进行因子分析。KMO值表示变量之间的共同方差程度，这对因子分析非常重要。在巴特利特球形度检验中，显著性水平小于0.05则拒绝零假设，表明变量之间存在相关性，适合进行因子分析。如果不拒绝零假设，则意味着变量可能是独立的，因此可能不需要进行因子分析。本次检验结果为衡量抽样充分性的KMO值为 0.878，表明变量之间的共同方差处于优秀的水平，适合进行因子分析。此外，巴特利特球形度检验显示了非常显著的 P 值，从而拒绝了零假设。这一结果表明，变量之间存在明显的相关性，数据适合进行因子分析。

3.1.2 研究样本人口统计学特征

本次研究共收集 247 份有效数据样本，调查客源地分布均匀，北京本地和北京周边人员最多。通过描述性统计分析可以看出，本次调查男女比例均衡，年龄主要为 26~35 岁，学历主要为专科和本科，大多数北京周边地区人员到北京旅游过 2~4 次，月收入多为 4000~8000 元。

3.2 北京四合院旅游意象要素

3.2.1 北京四合院旅游意象要素构成

本部分使用 SPSS 25.0 软件进行描述性统计分析，对问项的测量采用李克特五点量表，对应到文本，"赞成率"指问卷中"非常同意"与"很同意"，"中立"对应问卷选项"一般"，"反对率"对应"不同意"和"很不同意"。

问卷调查显示，不同的人对旅游意象的认知会存在不同的差异，但总体的定义趋向于主体对北京四合院旅游意象的主观认知：在北京所有四合院建筑中，最具代表性的是什刹海区域。北京什刹海区域旅游接待设施（如餐饮、住宿、交通、游乐、购物、娱乐设施）完善。北京四合院建筑凸显了北京的城市特色。北京四合院形制规整、标准、对称，十分美观，景观特色十足，具有吸引力，体现了北京的旅游个性和风格。北京四合院格局规整，装饰精致，寓意美好，具有十分厚重的文化底蕴，充分展现了中国传统建筑的艺术魅力。北京四合院的空间布局与中国传统哲学思想有着密切联系。由此可见，北京四合院不仅是人们居住的建筑，更是北京文化的载体。

从结果来看，针对北京四合院旅游意象维度的问题中，"赞成率"都在 60% 以上，可以看出游客对北京四合院旅游意象的赞同率很高。

3.2.2 北京四合院旅游意象要素特征

问卷调查发现，北京四合院包含以下多个意象要素特征。

（1）历史文化底蕴丰厚

四合院是中国传统建筑形式之一，具有悠久的历史，代表着古老的北京文化。这些庭院建筑通常承载着丰富的历史故事和文化内涵，体现着中国传统建筑的独特魅力。

（2）建筑结构与布局精妙

北京四合院通常由一个庭院四周被房屋围合而成，体现了中国传统建筑注重天地人和谐的设计理念。北京四合院坐北朝南，采光好，通风好，十分适宜居住。北京四合院庭院内常有假山、花木以及精美的廊柱，展现出对自然的独特理解和利用。

（3）文化氛围与生活方式突出

体验北京四合院可以让游客感受古老北京的生活方式，了解当地人的日常生活和当地传统文化。游览途中可以参与传统手工艺品制作、品尝地道的老北京小吃等活动，亲身感受当地文化的魅力。

（4）艺术表现与装饰风格独特

北京四合院内的建筑装饰常常融合了中国传统的绘画、雕刻等艺术元素，展现出独特的审美价值。其墙壁上的彩绘、木雕、砖雕等装饰艺术呈现出中国传统文化的精髓，吸引着游客的目光。

（5）现代功能与传统韵味相辅相成

一些北京四合院已经转型为文化艺术中心、民宿等现代功能空间，在保留传统建筑的同时赋予了它们新的生命力。这种结合传统与现代的特点，使得游客在体验中既能感受古老文化，又能体验现代生活的便利。

这些要素特征共同构成了北京四合院作为旅游景点的独特魅力，吸引着游客们前来探寻古老北京的历史与文化。

3.3 北京四合院旅游意象要素分类

通过问卷调查及实地考察，本文根据北京四合院旅游意象要素的特点和吸引力，将之分为物质意象、精神意象、功能意象三个维度。

其中物质意象包含了北京四合院整体外观、建筑特色、建筑功能；精神意象包含了北京四合院的文化意象、寓意意象；功能意象包含了北京四合院的居住功能意象、文化功能意象、服务设施意象。

4. 研究结果分析

4.1 游客对北京四合院旅游意象感知的描述性统计

4.1.1 游客类型

分析调查结果发现，来北京四合院旅游的游客类型多种多样，根据问卷中的游客兴趣、目的和特点可以将他们分为：文化历史爱好者、艺术品味者、文化体验者、家庭游客、学生团体、商务旅客、摄影爱好者。

这些不同类型的游客会因个人兴趣、需求和目的而选择来北京四合院旅游，共同构成了对这一历史文化遗产的基于不同角度的探索和体验。

4.1.2 游客对北京四合院旅游意象熟悉度描述性统计分析

从结果来看，游客对北京四合院旅游意象感知的赞成率在65%左右，其中赞成率最高的题项是"我感觉北京四合院建筑特色突出"，为68.82%。赞成率最低的是"我感觉北京四合院对北京游览路线起到重要作用"，为61.13%。

反对率在20%左右，其中最高的是"我感觉北京四合院的历史文化与北京的历史文化紧密相连"，反对率为23.48%。反对率最低的是"我感觉北京四合院建筑充分体现了北京本地的风土人情"，反对率为17.81%。可以看出，北京四合院建筑充分体现了北京本地的风土人情。

从均值来看，游客对北京四合院旅游意象感知的均值在2.50左右，其中均值最高的是"我感觉北京四合院的历史文化与北京的历史文化紧密相连"，均值在2.39。可以看出北京四合院的历史文化是与北京的历史文化紧密相连的，北京四合院的历史是十分深远大气的。可以看出，游客对北京四合院旅游意象的熟悉度较高。

数据显示游客对北京四合院旅游意象的感知是十分清晰的，游客认为北京四合院建筑特色突出，文化氛围浓厚，功能分类齐全，增强了北京的文化内涵和氛围；同时，北京四合院充分体现了北京本地的风土人情，也充分体现了该地的个性和风格。

分析问卷调查结果发现，在认知层面，游客认为，在北京所有四合院建筑中，最具代表性的是什刹海区域，北京什刹海区域旅游接待设施（如餐饮、住宿、交通、游乐、购物、娱乐设施）完善。

北京四合院具有十分厚重的文化底蕴，其格局规整，充分展现了传统文化，其布局、装饰及寓意展现了中国传统建筑的艺术魅力。北京四合院落坐北面南，采光好，通风好，十分适宜居住，它不仅是人们居住的建筑，更是北京文化的载体。

综上，问卷结果显示，游客感觉北京四合院建筑充分体现了北京本地的风土人情，北京四合院建筑特色突出、文化氛围浓厚，体现了该地的旅游个性和风格。游客认为北京四合院增加了北京的观赏性、文化性，对北京游览路线起到了重要作用，同时北京四合院的历史文化与北京的历史文化紧密相连，增强了北京的文化内涵和氛围。

4.2 北京四合院旅游意象感知因子分析

对旅游意象维度测量中的12个变量进行KMO和巴特利特球形度检验，KMO的值为0.959，巴特利特球形度检验的相关概率为0.000，小于0.05，观测变量均适合做因子分析。

对这个观测变量进行主因子分析，选取方差最大化正交旋转，结果得到1个公因子，因子累积贡献率为68.425%，能反映原变量的大部分信息。对此公因子，命名为北京四合院旅游意象。

关于游客对北京四合院旅游意象的感知，对测量中的9个变量进行KMO和巴特利特球形度检验，KMO的值为0.951，巴特利特球形度检验的相关概率为0.000，小于0.05，观测变量均适合做因子分析。

对这个观测变量进行主因子分析，选取方差最大化正交旋转，结果得到1个公因子，因子累积贡献率为68.509%。对此公因子，命名为游客感知。

4.3 不同游客对北京四合院旅游意象感知的差异

计算显著性水平是测量感知差异的方法，如果显著性水平小于等于 0.05，检验结果被认为存在显著性差异，如果小于等于 0.01，则表明存在极显著性差异。如果大于 0.05，则表明显著性差异不明显。本文通过 SPSS25.0 对问卷结果进行分析，发现：

（1）不同年龄游客对北京四合院旅游意象的感知存在差异。

（2）不同学历游客对北京四合院旅游意象的感知差异不明显。

（3）不同职业游客对北京四合院旅游意象的感知存在差异。

4.4 对北京四合院旅游意象，游客的参与度与满意度分析

4.4.1 游客参与意愿测量与分析

首先是参与意愿，根据结果，赞成率在 65% 左右，可以看出游客对参与保护、参与旅游经营、参与旅游宣传设计有较高的意愿。其中赞成率最高的是"我愿意呼吁周围人参与到保护北京四合院的行动中来"，赞成率高达 65.99%。除此之外，"我愿意参与到保护北京四合院的行动中去"和"我愿意来参观北京四合院建筑"，这两个题项的赞成率也十分高。

反对率在 22% 左右，其中"我愿意参与到保护北京四合院的行动中去"题项的反对率最低，说明游客参与到保护北京四合院的行动中去的意愿较高。反对率最高的是"我愿意主动加入到北京四合院的讲解员行列中去"，可以看出大家对加入北京四合院讲解员行列这一参与活动的意愿较低。

游客参与意愿均值很高，在 2.30 左右，可以看出游客对北京四合院旅游的参与意愿非常高。

4.4.2 游客行为意愿测量与分析

关于游客的行为意愿，根据结果可以看出赞成率也十分高。其中赞成率最高的题项是"我愿意将在北京四合院旅游的感受体验分享给他人"，赞成率为 67.20%。除此之外，"我愿意购买与北京四合院相关的旅游纪念品（包括集章）"这一题项的反对率较高，为 26.72%，由此可以看出游客对购买与北京四合院相关的旅游纪念品（包括集章）的意愿没有其他几项高。反对率最低的是"我愿意付出实际行动保护北京四合院建筑"，反对率为 17.41%。

通过数据分析可以看出，游客对北京四合院的保护意愿、旅游消费意愿、旅游分享意愿十分高涨，游客很乐意实施这些行为。

4.4.3 游客总体意愿分析

游客意愿包括参与意愿与行为意愿。游客的旅游意愿跟满意度息息相关，上述分析说明，游客对北京四合院旅游活动的参与意愿和行为意愿均较高，其中对参与保护和付诸实施的保护行为意愿最高。

参与意愿调查结果显示，游客普遍愿意来参观北京四合院建筑，同时愿意推荐身边的亲戚、同学、同事、朋友来北京四合院旅游，愿意参与到保护北京四合院的行动中去，同时也愿意呼吁周围人参与到保护北京四合院的行动中来，但是愿意主动加入到北京四合院的讲解员行列中去的人数相较于其他较少。

在行为意愿的调查中发现，游客非常愿意付出实际行动去保护北京四合院建筑，愿意将在北京四合院旅游的感受体验分享给他人，来北京四合院的重游意愿高，但购买与北京四合院相关的旅游纪念品（包括集章）的意愿较低。

调查结果显示，游客对北京四合院旅游活动的参与意愿和行为意愿都非常高，但其中各有略低的因素。其中，愿意主动加入北京四合院讲解员行列中去的人数和愿意购买与北京四合院相关的旅游纪念品（包括集章）的人数相较于其他较少。针对前者，可能原因有：个人的性格原因，以及游客对北京四合院的了解较少。后者可能与纪念品种类较单一有关。

综上所述，就整体而言，游客对北京四合院的评价是正面的，在游览过程中参与性较高，普遍愿意接受并且积极主动地去了解北京四合院有关方面的知识；同时，游客对北京四合院的功能评价较高，各选项均值全部低于2.50分。由此可见，北京四合院的景观及文化价值引起了游客的高度重视。

4.4.4 游客满意度分析

通过调查问卷分析，我们可以得出游客对北京四合院旅游意象满意度较高的结论，"我认为在北京游览四合院传统建筑景观所花费的时间、金钱和精力是值得的"这一题项赞成率最高，达到70.04%，可以看出游客对本次旅游的满意度很高，对北京四合院景点的满意度较高，对什刹海区域的旅游治安管理状况感到满意，对旅游的综合满意度也很高。但是，游客对北京四合院的保护措施赞成率较低，只有59.92%，还没有达到60%。可见游客对目前北京四合院的保护措施满意度不高，旅游地应该对北京四合院的保护措施进行改善。

5. 结论与建议

5.1 结论

本文通过调查问卷的方式对游客对北京四合院旅游意象的感知进行研究，通过SPSS25.0软件对问卷进行分析，解析北京四合院旅游者的认知意愿和行为意愿情况，以探究旅游中旅游意象与行为意愿之间的影响关系。本文主要研究结论如下：

（1）北京四合院旅游意象的要素构成与特征

经过分析，本文认为，北京四合院旅游意象要素的特征是：历史文化底蕴丰厚，建筑结构与布局精妙，文化氛围与生活方式突出，艺术表现与装饰风格独特，现代功能与传统韵味相辅相成。

通过问卷调查及实地考察，根据北京四合院旅游意象要素的特点和吸引力，本文将北京四合院旅游意象分为物质意象、精神意象、功能意象三个维度。

（2）游客对北京四合院旅游意象的感知

北京四合院是中国传统建筑的代表之一，对游客来说，它们代表着中国悠久的历史和文化。根据问卷调查可知，通过在北京四合院旅游景区的游览，游客可以感知到北京四合院的外观、建筑特色，并结合历史文化背景和文学著作感知到北京四合院的精神意象。同时，在游览过程中，游客也可以感知到北京四合院作为居住建筑的功能意象。北京四合院是中国传统的庭院式建筑，通常有着悠久的历史，游客在这里可以感受到古老的建筑风格、传统的文化氛围。

在研究的过程中，我们还发现不同年龄和职业的游客对北京四合院旅游意象的感知存在差异。

总的来说，北京的四合院对游客来说可能代表着中国传统、历史、文化和生活方式的集合，是了解北京地方传统文化和建筑的重要窗口。

（3）北京四合院旅游客源市场结构

通过问卷分析我们发现，北京四合院游客年龄群体构成多以青年为主，说明北京四合院旅游市场偏年轻化，客群文化素质偏高；同时，客源地分布广泛但本市游客占比略多；外地游客到北京旅游的次数大多在1~4次，出行方式也多选择与亲朋好友一起。

（4）游客行为意愿与其对旅游意象的感知有着很大关系

通过问卷分析我们发现，游客对旅游意象的感知对游客的行为意愿影响很大。问卷显示，游客对北京四合院旅游意象的物质层面的熟悉度最高，而对精神层面和功能层面的熟悉度较低。这说明旅游意象中最能给人留下印象的是物质意象。

5.2 建议

研究认为，游客对目的地的旅游意象感知与游客的旅游动机有着密切联系。本文根据游客对北京四合院景观意象感知的特点，对参与经营管理的政府单位、旅游企业提出以下几点建议，以期更好地为北京四合院的景观地的旅游发展、北京四合院的景观保护和知识普及提供参考。

（1）增加资金投入，加大对北京四合院景观的宣传与保护力度

研究发现，游客来北京多数是为参观天安门、故宫、圆明园等景点，他们对什刹海区域的四合院景观了解度较低，针对此现象，有关部门应该增加资金投入，加大对北京四合院的宣传力度。应该增加在网络平台、书籍报刊、旅游宣传册等平台上的宣传力度。北京四合院本身就是充满着深厚文化底蕴的旅游景点，十分具有吸引力，增

加资金投入、加大宣传力度，可以方便游客系统地了解北京四合院的旅游景观，同时有助于地方不断开发出更好的旅游产品。

来北京四合院旅游景点旅游的游客，对目前北京四合院保护措施的满意度比其他方面的满意度要低。对此，有关部门应该增加对北京四合院的保护力度。保护北京四合院应"去其糟粕，取其精华"，使四合院在保存古色古香风韵的同时，适应现代人的生活理念与要求。

（2）加强普及北京四合院相关的文化知识

问卷调查发现，游客对北京四合院景观外观的评价普遍较高，但是对北京四合院的文化内涵没有很多的认识。其实不仅是对北京四合院，大家对很多传统建筑的文化内涵及形成历史了解得都不是很深入。本文认为，针对此现象，应该加大对以北京四合院为代表的中国传统建筑的知识普及力度。同时，增加介绍牌和志愿讲解岗位，让游客可以更多地了解北京四合院的文化，让他们不仅能欣赏到美丽的景观，更能在游览的过程中丰富自己的精神世界。

（3）增强北京四合院文创产品的创意性和美观性

在调查研究中我们发现，游客对北京四合院纪念品的购买意愿较低，针对这一现象，本文认为应该丰富现有的文创产品的种类，创新文创产品的设计，增加北京四合院文创纪念品的美观性。

参考文献

[1] 王昀. 浅谈社会民俗对院落式建筑型制的影响[J]. 华中建筑，1991（4）：61-62.

[2] 李天元，王连义. 旅游学概论[M]. 天津：南开大学出版社，1991.

[3] 凯文·林奇. 城市的印象[M]. 项秉仁，译. 北京：中国建筑工业出版社，1990.

[4] 李蕾蕾. 旅游地形象策划：理论与实务[M]. 广州：广东旅游出版社，1999：29.

[5] 李小波，于希贤. 昆明世博园规划的主题升华与城市旅游形象[J]. 旅游学刊，2001（6）：61-63.

[6] 郑胜华，刘嘉龙. 世界休闲之都：21世纪杭州城市形象定位[J]. 旅游学刊，2002（1）：36-39.

[7] 谢超武，黄远水. 论旅游地形象策划的参与型组织形式[J]. 旅游学刊，2002（2）：63-67.

[8] 庄志民. 论旅游意象属性及其构成[J]. 旅游科学，2007（3）：19-26.

［9］王磊，刘洪涛，赵西萍.旅游目的地形象的内涵研究［J］.西安交通大学学报（社会科学版），1999（1）：27-29.

［10］赵刘.图像抑或意识：旅游意象的本质直观［J］.旅游科学，2020，34（2）：76-89.

［11］白凯.旅游目的地意象定位研究述评：基于心理学视角的分析［J］.旅游科学，2009，23（2）：9-15.

［12］宋欢，喻学才.城市旅游意象的解构与重构：兼论旅游形象与旅游意象的异同［J］.地域研究与开发，2017，36（1）：91-96.

［13］曾真，张丹，林润泽，等.基于网络文本分析的旅游地意象及感知特征研究：以扬州个园为例［J］.西南大学学报（自然科学版），2022，44（1）：194-201.

［14］王永明，王美霞，李瑞，等.基于网络文本内容分析的凤凰古城旅游地意象感知研究［J］.地理与地理信息科学，2015，31（1）：64-67.

［15］谭红日，刘沛林，李伯华.基于网络文本分析的大连市旅游目的地形象感知［J］.经济地理，2021，41（3）：231-239.

［16］魏梅.贵阳夜间旅游意象与游客行为意愿的研究［D］.贵阳：贵州师范大学，2023.

［17］李瑞.城市旅游意象及其构成要素分析［J］.西北大学学报（自然科学版），2004（04）：494-498.

［18］尚晓丽，罗芬，石敦兵.基于游客满意度的森林公园型旅游意象对游客行为意图影响研究：以张家界国家森林公园为例［J］.中南林业科技大学学报（社会科学版），2017，11（5）：58-62+95.

［19］郑群明，龙文丽，曹灵.休闲街区型夜间旅游产品旅游意象研究：以黄兴南路步行街为例［J］.内江师范学院学报，2023，38（10）：110-118.

［20］陈思樾，邓鹏飞.旅游形象与旅游意象感知差异研究：基于图式理论的探索性分析［J/OL］.经营与管理.［2023-12-22］.https：//doi.org/10.16517/j.cnki.cn12-1034/f.20230912.001.

［21］苏聪慧，钟楚欣，陈怡，等.山地休闲度假旅游意象要素感知与维度构建：基于UGC数据［J］.中国集体经济，2023（19）：111-115.

［22］钱梦婷.古镇旅游地意象、地方依附和游客行为意愿的关系研究［D］.长沙：湖南师范大学，2018.

［23］闫晓梅.民宿旅游意象对游客行为意向的影响研究［D］.大连：东北财经大学，2016.

［24］谢彦君.旅游目的地意象感知的维度辨识：基于网络游记的文本分析［J］.

旅游论坛，2016，9（3）：27-36.

［25］田逢军，沙润，汪忠列．南昌市旅游地意象分析［J］．资源科学，2009（6）：1007-1014.

［26］周永博，沙润，余子萍．旅游目的地意象三维耦合结构：基于江南水乡古镇旅游者的实证分析［J］．地理科学进展，2010，29（12）：1590-1596.

［27］彭丹，黄燕婷．丽江古城旅游地意象研究：基于网络文本的内容分析［J］．旅游学刊，2019，34（9）：80-89.

［28］吴儒练．城市夜间旅游意象要素感知及其维度建构：基于UGC数据［J］．地域研究与开发，2022（4）：114-119.

［29］GUNN C A.Vacationscape：Designing tourist regions［M］.New York：Van Nos trand Reinhold，1988.

［30］HUNT J D. Image as a Factor in Tourism Development［J］.Journal of Travel Research，1975，13（3）：1-7.

［31］BALOGLU S，MCCLEARY K W. A model of destination image formation［J］.Annals of Tourism Research，1999，26（4）：868-897.

［32］FAKEYE P C，CROMPTON J L. Image differences between prospective，first-time，and repeat visitors to the Lower Rio Grande Valley［J］.Journal of Travel Research，1991，30（2）：10-16.

［33］TASCI A D A，GARTNER W C，CAVUSGIL S T.Conceptualization and Operationalization of Destination Image［J］.Journal of Hospitality & Tourism Research，2007，31（2）：194-223.

［34］LEE J H. Effects of Experience Economy Factors on Tourism Image and Customer Satisfaction：Focus on the Tourists of N Hotel and Haeundae area in Busan［J］.지역산업연구，2021，44（2）：353-374.

［35］HUNTER W C. China's Chairman Mao：A visual analysis of Hunan Province online destination image［J］.Tourism Management，2013（34）：101-111.

［36］FAKEYE P C，CROMPTON J L.Image differences between prospective，first-time and repeat visitors to the Lower Rio Grande Valley［J］.Journal of Travel Research，1991，30（2）：10-16.

［37］BALOGLU S，MCCLEARY K W.A model of destination image formation［J］.Annals of Tourism Research，1999，26（4）：868-897.

［38］ECHINER C M，RITCHIE J R B.The meaning and measurement of destination image［J］.Journal of Tourism Studies，1991，2（2）：2-12.

[39] BEERLI A, MARTIN J D.Tourists characteristics and the perceived image of tourist destinations: Aquantitative analysis a case study of Spain［J］.Tourism Management, 2004, 25（5）: 623-636.

［40］中国大百科全书总编辑委员会《心理学》编辑委员会普通心理学编写组. 中国大百科全书·心理学·普通心理学［M］.北京: 中国大百科全书出版社, 1987: 13.

［41］黎洁, 赵西萍. 美国游客对西安的感知研究［J］.北京第二外国语学院学报, 2000（1）: 51-56.

［42］白凯, 马耀峰, 游旭群. 基于旅游者行为研究的旅游感知和旅游认知概念［J］.旅游科学, 2008（1）: 22-28.

［43］DECROP A .Marketing for leisure and tourism［J］. Tourism Management, 1998, 19（4）: 393-395.

"云上中轴"虚拟旅游的游客感知价值研究

张梦蕊　周泽鲲*

[摘　要] 近年来,虚拟旅游的市场不断扩大,人们对于虚拟旅游的需求也在不断增加,虚拟旅游的场景越来越丰富,诞生了许多的虚拟旅游平台,为当代旅游业增加了别样的色彩。本文从虚拟旅游入手,以"云上中轴"小程序为例,采用问卷调查法从感知价值的六个维度和虚拟旅游满意度这两大方面对游客的感知价值进行调查,开展信息采集工作。通过分析得来的调查数据,发现了"云上中轴"小程序存在的一些问题:(1)虚拟旅游体验的真实性较差、体验者再次体验的意愿较低;(2)虚拟旅游景区信息完整度较差、体验者分享欲不佳;(3)虚拟旅游景区特色不强,无法为体验者提供相应的情绪体验价值。最后,将问题深化,延伸至中轴线虚拟旅游的游客感知价值上,并针对问卷数据反映的结果提出相应的修改建议。中轴线虚拟旅游相关产品的开发要先了解产品的主要受众群体,并且清楚地了解他们对于该旅游项目的需求,进而提高体验者的感知价值,优化虚拟中轴线的建设,达到拓宽更大市场的目的,同时,也有助于中轴线旅游获得更多的市场认可,助推中轴线申遗进程。

[关键词] 虚拟旅游;遗产旅游;北京中轴线;游客感知价值

引言

随着时代的飞速发展,虚拟旅游的形式受到了越来越多人们的关注,让更多的人接触和体验到了极为便捷的旅游方式,足不出户便可畅游各地的名胜古迹。虚拟旅游打破了时空的界限,让人们能够随时随地畅游世界,不受时间和空间的限制。虚拟旅游成本相对较低,避免了交通、住宿等费用的支出,经济实惠。虚拟旅游操作便捷、

[项目资助] 本文受北京市教委社科一般项目"数字化背景下北京中轴线文旅价值提升机理研究(SM202311417003)"、北京联合大学科研项目(ZK20202209)资助。

* 张梦蕊,北京联合大学旅游学院旅游管理系毕业生。周泽鲲,北京联合大学旅游学院旅游管理系教师。

安全可靠，能为人们带来全新的、丰富多样的体验，让人们领略平时难以企及的美景与文化。人们可以通过虚拟旅游提前预览目的地，更好地规划实际旅行。同时，虚拟旅游还具有一定的教育意义，能让人们更深入地了解景区的历史以及相关知识。虚拟旅游对环境更加友好，减少了旅行对环境的影响。

虚拟旅游市场日益壮大，人们对于虚拟旅游的需求也不再只是满足于图文信息。因此，虚拟旅游也暴露出了一些弊端，很难完全满足体验者对虚拟旅游的需求。所以，本文在梳理前人对虚拟旅游和感知价值的研究后，进一步探究游客的感知价值。本文借助"云上中轴"小程序的感知价值调研和研究结论，了解虚拟旅游目前存在的一些弊端，并进行分析，以达到有效提升体验者对虚拟旅游的感知价值的目的，为中轴线虚拟旅游提供有效建议。

1.国内外研究综述

1.1 感知价值

自20世纪90年代以来，越来越多的学者开始对游客感知价值进行研究，游客感知价值的概念也在不断完善。关于感知价值的定义，学者普遍性认为感知价值包括两大方面，即感知付出与感知收获。同时，消费者通过对不同感知的对比，能够对目标商品或服务做出理性判断[1]。感知价值是人们在购买产品或享受服务的过程中，用户感知到的价值与付出的成本之间权衡的结果[2]，即人们基于所感知的得失对产品或服务的效用做出的总体评价[3]，是用户对于购买的产品或服务在功能、认知、社会和情感等方面的价值进行反馈的总和[4]，是企业提升竞争力、促进行业的可持续性发展的重要动能[5]。感知价值也是满意度评测的重要指标之一，但由于满意度评价中存在"期望"因素这一项，导致两者在具有紧密联系的情况下，又存在着本质性差异[6]，即不同用户在相同价值体验水平情况下，期望值越高，满意度越低[7]。游客可以通过感知价值对旅游产品和旅游服务权衡利弊，做出整体的评价。目前感知价值已经成为旅游企业稳固竞争优势的依据，[8]也是顾客基于对竞争企业的价格进行比较而对所购买商品或服务质量的整体评价，是游客出发前的选择、在旅游过程中的体验、结束后自身的感受，是研究游客行为的重要主题[9]。游客感知价值在旅游业发展中的实践应用，能够有效提高景区的市场认知度和游客满意度。感知价值对旅游者的品牌满意度和品牌信任有着显著的正向影响[10]，是塑造旅游实践过程中遗产认同的重要因素，研究游客价值感知对遗产认同的原理，有利于指导遗产意义的再生产，充分发挥遗产在当代的功能[11]。近年来，感知价值理论逐渐被用于分析数字化用户的付费意愿和采纳行为[12]。

综上所述，自20世纪90年代以来，学者对感知价值的界定较为完善，诸多学者表示感知价值是游客对整段旅行的整体评价,能反映出游客在整段旅行或整段体验中的情感和心理感受,在市场竞争和吸引市场以及提升游客满意度方面有着很大的作用。因此,本文通过对"云上中轴"小程序的使用人群的感知价值测量问卷进行分析,得出人们对于该小程序的感知价值和满意度的分析,进而深层次地探讨人们对于虚拟旅游的感知价值,从而对中轴线虚拟旅游提供提升建议。

1.2 虚拟旅游和文化遗产旅游

伴随着时代的飞速发展,虚拟旅游的相关研究不断涌现,人们对于虚拟旅游业越来越关注。在过去,虚拟旅游研究聚焦于虚拟现实技术在旅游行业中的应用。近些年来,诸多学者开始研究虚拟旅游刺激旅游者的旅游行为意向的内在机制[13]。作为现实旅游的发展新形式,虚拟旅游中的沉浸式体验会调动旅游者的积极情感[14][15]。当个体在虚拟旅游中感到时间似乎过得比较快时,更容易唤醒他们轻松愉悦的情感体验[16]。此外,当虚拟仿真环境在视觉冲击上更强时,体验者更能够获得与现实旅游相似的体验,从而实现触觉和内心的双重沉浸[17]。虚拟旅游使得人与景的关系由静态变为动态,让游客置身于"实景"中,获得独一无二的感受,这些都为旅游者评价遗产价值提供了重要的基础[18]。良好的虚拟旅游景区形象会吸引潜在的游客前往实地进行观光旅游[19],也为游客了解景区信息提供了重要的平台,能帮助游客深度了解景区背景和历史等相关信息。旅游景区可借助虚拟现实处理实现游戏用户与旅游景区实地景观的良好交互[20]。

综上所述,虚拟旅游的应用越来越广泛,它能够使体验者有沉浸式的体验,仿佛置身于景区实景内,从而获取双重体验感。虚拟旅游的出现可以带来巨大的经济效益,利用非遗数字化技术将景区内的照片、历史、声音直观地输送给接受者,提高景区的知名度、旅游价值,能吸引更多的消费者,从而获得更高的旅游收益。同时,虚拟旅游可以进一步增强对传统文化的传承。但虚拟旅游的传播效果受地区人员接受度的影响较大。由于太过直观的表述,可能会对旅游者造成错误的引导,使他们形成先入为主的心理暗示,进而可能使旅游者无法全面了解景区特色及文化。

通过对"云上中轴"小程序的体验,游客能够清楚地了解到中轴线内各个景点的相关信息。进入小程序导览模块,中轴线的全部地标被精准地排列在此界面内,可以根据上面的地标进行点击。除了中轴线,还有能够满足不同需求的路线供旅游者进行选择。同时,小程序还有其他相关活动如"一起走中轴"等,可满足旅游者们的参与感和体验感。

文化遗产旅游是指以文化遗产资源为基础,在特定的历史地点和遗产文化氛围中开展的一种旅游活动[21]。文化遗产是人类在社会实践中创造的重要财富,是旅游中的重要吸引物[22]。"十四五"时期,人们的旅游消费逐渐趋向多样化和高品质化。在文旅融合大背景下,挖掘非遗旅游文化内涵成为旅游景区品质提升的重要手段[23]。因此，文化旅游的出现带动着相关旅游产品的发展。遗产旅游能够充分彰显景区内的非物质文化遗产的价值，使人们更加了解该景区或旅游目的地，能够创造物质财富和经济价值，还能够有效地促进精神家园建设[24]。在中轴线申遗的时间阶段内，文化遗产旅游市场的扩大，更好地推动了市场，增加了景区的曝光度，让越来越多的人了解北京中轴线的历史和文化底蕴。

2. 研究方法与研究过程

2.1 研究方法

2.1.1 文献分析法

本篇论文充分运用了文献分析法，查阅并搜集大量与北京中轴线、虚拟旅游、感知价值、遗产旅游相关的书刊、杂志等材料，对搜集到的文献进行整理、分类，分析文献中的文字信息，进而总结出本文中的设计思路和灵感，并学习文献中提及的适合本课题的调研方法。

2.1.2 问卷调查法

本文主要采用问卷调查法获取数据。问卷主要包括三大部分：基本信息、感知价值测量、满意度测量。该问卷采用了美国社会心理学家李克特提出的5分制量表，有非常同意、同意、不一定、不同意、非常不同意五种回答，分别记为5分、4分、3分、2分、1分。每个被调查者的态度总分就是他对各道题的回答所得分数的加总，这一总分可以说明他的态度强弱或他在这一量表上的不同状态。在第一部分基本信息中，设计了五个问题，包括：被调查者的性别、年龄、职业、月收入和学历。

问卷的第二部分是感知价值测量，包含六个维度：情感体验价值、服务质量感知价值、社会体验价值、降低成本、虚拟旅游体验真实性、虚拟旅游产品感知信任。每个维度包括3~7个题项，作为调查感知价值的重要数据支持（见表1）。

表1 感知价值测量问卷题项及来源

维度	题项	题项来源
情感体验价值	1."云上中轴"使用过程中，我觉得轻松愉悦	刘瑞，2019 钟丽娟，2022
	2."云上中轴"使用过程中，带给我真实的旅游体验	
	3."云上中轴"有很强的特色	
	4."云上中轴"的体验令我印象深刻	
	5."云上中轴"使用过程中，我喜欢上了该景点	
	6."云上中轴"使用过程中，我感觉自己站在时尚前沿	
	7."云上中轴"的使用为我带来了更好的体验感	

续表

维度	题项	题项来源
服务质量感知价值	8. "云上中轴"使用十分便捷	钟丽娟，2022
	9. "云上中轴"中的景区信息完善	
	10. "云上中轴"的界面设计整洁	
	11. "云上中轴"能够满足我对于中轴线的旅游需求	
	12. "云上中轴"提供了反馈景区问题的平台	
社会体验价值	13. 我会向朋友们分享"云上中轴"并且愿意推荐给他人使用	作者自行整理
	14. "云上中轴"使用过程中，能够直观地感受中轴线建筑的宏伟	
	15. "云上中轴"的使用，增强了我对中轴线文化的了解	
降低成本	16. "云上中轴"这种线上旅游的方式，足不出户，能够减少我的体力消耗	作者自行整理
	17. "云上中轴"这种线上旅游的方式，能够减少远距离交通造成的困扰	
	18. "云上中轴"这种线上旅游的方式，能够有效地节省出行费用	
虚拟旅游体验真实性	19. "云上中轴"虚拟旅游体验真实性比较强烈	Wagler, et al., 2018 Tan, et al., 2014
	20. 作为一名老玩家，我对"云上中轴"虚拟旅游体验产品的体验真实性感到满意	
	21. "云上中轴"虚拟旅游体验时的真实性感知能够激发我的再次体验意愿	
	22. "云上中轴"虚拟旅游体验真实性超过同类型的虚拟旅游产品体验	
虚拟旅游产品感知信任	23. 作为一名老玩家，我对"云上中轴"虚拟旅游体验产品感到相当信任	McCole, 2012 Chellappa, et al., 2012 Sharma, et al., 2021
	24. 作为中轴线的官方体验产品，"云上中轴"虚拟旅游体验产品比同类型的虚拟旅游体验产品更看重形象和声誉	
	25. "云上中轴"虚拟旅游体验产品的技术值得信赖	
	26. "云上中轴"虚拟旅游体验产品提供的体验服务值得信赖	
	27. "云上中轴"虚拟旅游体验产品的品牌值得信赖	

第三部分是满意度测量，包含四个题项，以反映游客对"云上中轴"虚拟旅游体验产品的质量、服务、技术支撑、教育方式的满意程度（见表2）。

表2 满意度测量问卷题项及来源

维度	题项	题项来源
虚拟旅游体验满意度	1. 对"云上中轴"虚拟旅游体验产品质量感到满意	Petrick, 2004 Zabkar, et al., 2010 Balhara, et al., 2022
	2. 我对"云上中轴"虚拟旅游体验产品服务感到满意	

续表

维度	题项	题项来源
虚拟旅游体验满意度	3. 我对"云上中轴"虚拟旅游体验产品的技术支撑感到满意	
	4. 我对"云上中轴"虚拟旅游体验产品的教育方式感到满意	

2.2 研究过程

2.2.1 问卷发放

本问卷于 2024 年 3 月 14 日上午在问卷星发放，截至 3 月 22 日停止发放。在此期间采用问卷星线上发放的方式进行信息采集，回收问卷 200 份，其中没有无效问卷，有效问卷为 200 份。

2.2.2 信效度检验

对问卷信度进行检验后仍需检验问卷效度。效度用于测量定量数据设计是否合理，通过验证性因子分析方法进行验证。通过数据分析，显著性 < 0.05 则说明该问卷数据适用于做因子分析。然后看 KMO 值，如果此值高于 0.8，则说明效度质量高；如果此值介于 0.7~0.8，说明效度较好；如果此值介于 0.6~0.7，则说明效度可接受；如果此值 < 0.6，说明效度不佳。结果如表 3 与表 4 所示，显著性 < 0.001，符合显著性数值要求，该问卷可应用于因子分析，同时 KMO 值为 0.891，> 0.8，说明研究数据效度较高。

表 3 信度检验

KMO 取样适切性量数		0.891
巴特利特球形度检验	近似卡方	609.607
	自由度	630
	显著性	0.000

2.2.3 样本人口特征统计表

本问卷共围绕体验者的性别、年龄、职业、学历、月收入几个方面的人口特征进行调查，调查结果如表 4 所示。

表 4 样本人口特征统计表

题项	选项	频率	百分比
性别	男	118	59.0
	女	82	41.0

续表

题项	选项	频率	百分比
年龄	18 岁以下	32	16.0
	18~25 岁	96	48.0
	26~40 岁	48	24.0
	41~60 岁	12	6.0
	60 岁以上	12	6.0
职业	学生	75	37.5
	公务员或企事业单位人员	28	14.0
	公司职员	43	21.5
	私营业主/个体户	18	9.0
	退休员工	8	4.0
	自由职业	23	11.5
	其他行业	5	2.5
学历	初中及以下	24	12.0
	高中或中专	56	28.0
	本科或大专	79	39.5
	研究生及以上	41	20.5
月收入	1500 元以下	24	12.0
	1500~3000 元	47	23.5
	3001~5000 元	72	36.0
	5001~10 000 元	40	20.0
	10 000 元以上	17	8.5

从月收入来看，大部分人的月收入集中在 1500~5000 元，这个范围的人数占比达到了 59.5%，占比最高，而月收入在 1500 元以下的人数相对较少。较低收入人群较多，说明大部分的体验者可能没有太多的休闲时间去实地参观旅游。

2.2.4 感知价值调查

（1）情感体验价值

根据第 2 小题的调查数据可以发现，题项"'云上中轴'使用过程中，带给我真实的旅游体验"的平均分在本量表内最低，这种情况表明"云上中轴"无法给体验者带来如实景一般的旅游体验。分析原因，可能是文字和图片的描述无法使体验者有身临其境的感觉。这表明该小程序缺乏与体验者的互动，让体验者没有参与感。在实景旅游中，人们往往会接触到旅游目的地给人们带来的实景体验，人们会通过拍照和触碰以及查询资料等来获取更好的体验价值。但"云上中轴"小程序仅仅是通过对景区的文字介绍和音频、视频介绍等视觉和听觉的直接输出让人们体验中轴线，减少了网上搜集资料的过程，虽然便捷，却失去了在这一段旅程中通过自我学习才能得到的体验感，无法使体验者获取去旅游所想要获得的自由感。对于第3小题，部分体验者表示"云上中轴"没有很强的特色，这种情况表明，该小程序的体验者对于本次体验的印象不深刻，说明在体验过程中，小程序缺乏吸引体验者的亮点和特色。相较于其他小程序而言，中轴线的虚拟旅游固然是一种很特殊的体验，但人们会对其需求更高，简单的体验不能够给人们留下深刻印象，甚至会使人在体验后毫无触动。第7小题的调查结果显示平均分为2.93分，表明该小程序给游客带来了很好的体验感，让人们仿佛身临其境，感受到中轴线的历史底蕴和魅力。这不仅丰富了人们的知识，也让更多人对传统文化产生了浓厚的兴趣。第5小题的平均分数在本量表内是最高的，表明小程序以独特的呈现方式，让体验者在使用过程中深深被吸引，进而喜欢上了中轴线。这也充分说明了它的吸引力和感染力。

调查结果显示了"云上中轴"的优势，它能够给游客们带来轻松的虚拟体验。这正是虚拟旅游存在的优势，可以让工作繁杂的体验者，利用闲暇时间来体验中轴线的文化，通过对景区相关信息的深入了解，达到虚拟旅游的目的。

（2）服务质量感知价值

调查显示，服务质量感知价值这一量表的总体平均分较低。根据第9小题的数据，我们可以看出被调查者对"云上中轴"中的景区信息完善这一题项的平均分最低。这表明小程序在景点的历史、特色、故事方面的设计可能有些欠缺，单运用图片、视频等方式呈现景区风貌，无法让体验者对该景点有更多的了解。通过第11小题的数据，我们可以发现体验者对"云上中轴"是否能够满足个人对于中轴线的旅游需求这个观点的评分较低。这说明该小程序仅能满足小部分人对于中轴线旅游的需求，大部分人的需求没有得到满足，说明"云上中轴"功能的设定可能存在不全面等缺陷，使得有其他旅游需求的人们不能获得相应的体验价值。针对当代年轻人，可以通过对于热点的调查，了解当下较为火爆的事件和活动，融合中轴线文化，以贴近年轻人的想法，更好地优化小程序。第12小题，"云上中轴"提供了反馈景区问题的平台，该小题的平均分为2.97分，在该量表内属于中等分数，说明该小程序有可供体验者反馈实际景点问题的平台，但缺少反馈该小程序问题的平台。第10小题的平均分在该量表内是较高的，平均分为3.08分，表明小程序的界面设计符合市场的需求、符合大部分使用者的审美标准。

问卷第 8 小题,"云上中轴"使用十分便捷,数据表明本题目的平均分最高,为 3.1 分,说明简单的操作更能够吸引人们浏览的兴趣,人们可以通过点击每一个板块、每一个中轴线内景点的方式,了解相关的景区信息,这也表明中轴线虚拟旅游小程序的操作难度越低,越能够吸引体验者的关注,越容易吸引他们去体验。

(3)虚拟旅游体验真实性

调查显示,虚拟旅游体验真实性这一量表的总体平均分最低,为 2.75 分。本量表内的第 20、22、19 小题,平均分为 2.57 分、2.57 分、2.76 分,表示在感知真实性这一维度中,"云上中轴"的表现都不太好。"'云上中轴'虚拟旅游体验真实性比较强烈","作为一名老玩家,我对'云上中轴'虚拟旅游体验产品的体验真实性感到满意",这两道题项的结果,说明该小程序无法带给体验者真实的旅游体验。第 21 小题的调查结果说明,该小程序无法让体验者产生再次体验的意愿,该小程序没有能够吸引体验者再次体验的亮点和活动。第一次体验的不如意,造成了体验者难以产生再次体验的想法。所以,可以尝试去增加一些与实景联动的手段,增加虚拟旅游体验的真实性,从而使体验者能够有更真实的体验感,并且能够促使他们进行再次体验。

第 22 小题——"云上中轴"虚拟旅游体验真实性超过同类型的虚拟旅游产品体验,该题项平均分较高,为 3.11 分。小程序通过先进的技术手段,还原了中轴线上的景观风貌,将体验者带入虚拟景区内。小程序对场景的呈现和丰富的中轴元素,都使得体验者能够更加真切地感受中轴之美。此外,"云上中轴"还注重对历史文化的挖掘和呈现,让体验者在虚拟体验中不仅能欣赏美景,还能深入了解其背后的故事和文化内涵,这种全方位的真实性塑造使其在众多虚拟旅游产品中独具魅力。

(4)虚拟旅游产品感知信任

数据显示,第 24 小题和第 27 小题,"作为中轴线的官方体验产品,'云上中轴'虚拟旅游体验产品比同类型的虚拟旅游体验产品更看重形象和声誉","'云上中轴'虚拟旅游体验产品的品牌值得信赖",这两道小题的平均分数分别为 3.19 分、3.17 分,表明体验者认为中轴线小程序更看重形象、声誉,对"云上中轴"小程序的品牌感知信任程度很高。这说明中轴线作为在国内有重要地位的标志性建筑,在小程序的设计上应更加注重形象和声誉,尽可能地把所有的重要信息都设计在小程序中,使得体验者能够更便捷地使用该小程序。第 23、26、25 小题,"作为一名老玩家,我对'云上中轴'虚拟旅游体验产品感到相当信任","'云上中轴'虚拟旅游体验产品提供的体验服务值得信赖","'云上中轴'虚拟旅游体验产品的技术值得信赖",这 3 道小题的分数都较高,分别为 3.09 分、3.1 分、3.2 分。这表明,"云上中轴"细致入微地展现了中轴线的历史风貌和文化底蕴,让体验者仿佛亲身感受到了中轴线的魅力。无论是精美的画面,还是丰富的内容,抑或流畅的操作体验,无不彰显着其专业与用心。在虚旅游的过程中，体验者能够感受到产品团队的用心与专注。精致的画面、逼真的场景，仿佛将中轴线的历史与文化真实地呈现在眼前。丰富的内容和巧妙的互动设计，更是让体验者沉浸其中，不仅满足了用户对实景旅游的期待，更让用户在虚拟世界中收获了知识与乐趣。"云上中轴"无疑是虚拟旅游领域的优秀代表，值得去体验和探索。

由于中轴线的地位重要，在虚拟中轴线这一方面的项目上，就一定要注重产品的形象和声誉，不能辜负体验者对于文化遗产的喜爱和支持。在市场中，树立良好的品牌形象有助于吸引人们的兴趣，并且有助于小程序和中轴线景区的发展。

（5）社会体验价值

调查显示，社会体验价值这一量表的总体平均分为2.96分。第13小题"我会向朋友们分享'云上中轴'并且愿意推荐给他人使用"，该题项的分数在本量表内的分数最低，为2.69分。这表明"云上中轴"小程序的特色不是很明显，无法驱使体验者产生分享欲。第14小题，"'云上中轴'使用过程中，能够直观地体现中轴线建筑的宏伟"，这道题的平均分为2.76分，在本量表内的平均分数较低。这说明"云上中轴"提供的信息只存于平面上，无法以立体的效果呈现，体验者很难通过文字的描述去联想到实际的建筑情况。在这一方面，文字和图片甚至是视频的冲击力都是不够的，所以，或许能够增加一些立体的建筑设计图，让人们能够更加直观地了解和观察中轴线建筑的特色。

第15小题，"'云上中轴'的使用，增强了我对中轴线文化的了解"，这一问题的平均分最高，为3.43分。这表明该小程序内设计的景区信息很完善，能够满足体验者了解中轴线文化的需求，中轴线的介绍、景观的分段介绍以及中轴线的价值等方面，信息都很全面，能够减少体验者搜索各类信息所需要的时间和精力。它能够以一种独特的方式让体验者更深入地了解中轴线文化，通过虚拟旅游的体验方式，让体验者感受到中轴线的历史底蕴和魅力，不仅丰富了体验者的知识，还让更多的体验者对传统文化产生了浓厚的兴趣。

（6）降低成本

第18小题，"'云上中轴'这种线上旅游的方式，能够有效地节省出行费用"，调查数据平均分为3.43分，这表明体验者认为线上旅游的形式能够节省来往的路程费用，并减少了交通堵塞造成的不便。如今，足不出户的旅游形式能够广泛地被人们所接受，其大部分原因在于小程序的使用能够有效地避免现实旅游中可能会遭受的一些因素的影响，同时也可以使所有人都能去体验。本题项也反映出了中轴线旅游的一大特点，即能够有效地节省时间成本、降低交通成本和金钱成本。

第16、17小题，"'云上中轴'这种线上旅游的方式，足不出户，能够减少我的体力消耗"，"'云上中轴'这种线上旅游的方式，能够减少远距离交通造成的困扰"，这两道小题的平均分为 2.9 分、3.13 分。这表明这种独特的旅游模式，让我们即便足不出户，也能尽情领略中轴线上的美景与文化，同时大大减少了体验者的体力消耗。无须长途跋涉，无须经受风吹日晒，体验者便能在虚拟的世界中畅游，感受历史的沉淀与时代的变迁。同时，它让体验者远离了远距离交通带来的种种烦恼，比如堵车、疲惫的旅途等，可以轻松地在家中通过线上平台畅游中轴线上的各个景点，享受便捷与舒适的同时，也能更深入地了解和感受中轴线文化的博大精深。

相较于传统旅游，"云上中轴"无须体验者支付交通、住宿等高额费用，大大节省了旅行开支，这使得更多人能够以更经济的方式体验旅游的乐趣，拓宽了旅游的受众群体。同时，这种线上旅游方式也在一定程度上降低了对社会资源的消耗，体现了可持续发展的理念。

（7）满意度调查

第 1 小题的调查数据显示，体验者对于虚拟旅游产品的服务质量这一小题的打分最低，平均分为 2.59 分。这表明在体验"云上中轴"小程序的过程中，体验者没有感受到虚拟旅游的服务。在体验过程中，体验者或许会有些疑问，在现实旅游中，能够向导游或其他相关人员询问，但在虚拟旅游体验中，体验者的问题无法得到解答。所以，应该增加在线客服，或者是增加问题反馈的模块，让体验者能够有更好的旅游体验。

第 2 小题，我对"云上中轴"虚拟旅游体验产品质量感到满意，该小题的平均分为 2.94 分。这表明从操作的便捷性到互动的流畅性，"云上中轴"小程序在各处细节方面都处理得恰到好处。

第 3 小题，我对"云上中轴"虚拟旅游体验产品的技术支撑感到满意，该小题平均分为 2.98 分。这表明其运用先进的技术手段，将中轴线上的美景与文化栩栩如生地呈现于眼前，虚拟场景的构建精细入微，细节之处尽显其高超的技术水平。

第 4 小题，我对"云上中轴"虚拟旅游体验产品的教育方式感到满意，这道小题的平均分最高，为 3.42 分。这表明虚拟旅游作为如今比较火爆的旅游形式，更加能够吸引体验者的兴趣。同时，小程序的界面包含了许多具有特色的设计。在文字方面，介绍了中轴线上各个地标的详情，包括历史与发展、建筑与景观等，各个方面的文化知识介绍，有利于培养人们保护文化的意识。"云上中轴"将教育与娱乐完美融合，使体验者能在轻松愉悦的氛围中汲取知识。

3. "云上中轴"游客感知价值提升建议

3.1 提升虚拟旅游体验真实性

（1）提升再次体验的意愿

不断推出新的景点、活动或故事，保持新鲜感。根据体验者的喜好提供个性化的体验。设计更多有趣的互动环节，让体验者更有参与感。允许体验者分享体验、交流心得，增强社交互动。设立积分、奖励等活动，激励用户再次体验。同时，可以提供增值服务，如特别视角等，以提升体验价值。要重视体验者的意见，不断改进和完善。

（2）提高虚拟旅游的真实性

还原真实场景，细致地构建景区的每一个细节，包括建筑外观、内部装饰、植被等。添加真实音效，录制景区的真实声音，如风声、水声、鸟鸣声等环境音，增强身临其境的感觉。模拟真实天气，根据实际天气情况，在虚拟旅游中模拟相应的天气变化。鼓励用户分享体验感受，根据反馈不断优化和改进虚拟旅游的真实性。

3.2 提升服务质量感知价值

确保虚拟景区的画面清晰，浏览顺畅；提供丰富、准确的景区信息，让体验者深入了解。定期增加一些互动环节，如打卡、分享等活动，提升体验者参与感。增设反馈问题的平台，及时处理体验者的意见和建议，让体验者感受到被重视。根据体验者的浏览历史和偏好，提供个性化的游览路线。增加增值服务，如提供虚拟纪念品、专属福利等，增加体验者的获得感。

3.3 提高体验者对虚拟旅游的分享欲

首先，提供与众不同、令人向往的虚拟旅游体验，让体验者觉得有分享的价值。其次，设置激励机制，例如通过积分或奖励等方式，鼓励体验者分享虚拟旅游经历。可在程序中自动生成精彩瞬间的截图或视频，方便体验者分享。再次，设置社交互动功能，让体验者能够与他人交流分享。最后，强调虚拟旅游中的亮点和特色，让体验者在虚拟旅游中产生情感触动，从而更有分享的欲望。

也可以根据体验者的喜好和行为，推荐他们可能感兴趣的虚拟旅游内容，激发他们的分享欲。

3.4 提高体验者情感体验价值

深入挖掘中轴线的独特文化元素，将其融入虚拟旅游体验中。为体验者提供个性化的旅游路线选择，满足他们的不同需求。设置各种互动环节，让体验者更深入地参与其中。精心设计具有特色的虚拟场景，如神秘的古迹、独特的自然景观等。围绕中轴线编写引人入胜的故事，为虚拟旅游增添趣味性和神秘感。建立虚拟旅游与现实景区的联动机制，让体验者感受到真实与虚拟的融合。

3.5 提高虚拟旅游体验满意度

（1）提高虚拟旅游体验产品服务的满意度

不断优化中轴线虚拟旅游的体验内容，使其更加丰富、精彩，满足不同用户的需求和兴趣。同时，要注重细节，打造逼真的场景。及时、专业地解决体验者遇到的问题，给予体验者充分的关注和支持，让他们感受到被尊重和重视。设计有趣的互动环节,让体验者能够积极参与其中,增加他们的体验乐趣和参与感。同时,保障虚拟旅游的流畅性,减少卡顿、延迟等问题也是提高虚拟旅游体验产品服务满意度的方法。此外,强化品牌形象,让体验者对虚拟旅游产品服务产生信任感,也是提高满意度的重要环节之一。

(2)提高虚拟旅游体验产品质量的满意度

不断改进中轴线虚拟旅游的内容和功能,以适应市场需求和用户期望的变化。通过先进技术,尽可能真实地还原旅游场景,增强用户的沉浸感。让更多用户了解和体验虚拟旅游的优势和特色,提高用户对产品质量的满意度。

4. 结论

本文在梳理相关文献的基础上,以"云上中轴"虚拟旅游的感知价值为研究主题,通过查阅文献资料、问卷调查等方法了解"云上中轴"虚拟旅游小程序使用者的感知价值和满意度情况。根据对"云上中轴"体验者的感知价值问卷结果的分析,深入探究游客对于虚拟旅游的感知价值。本文主要得出以下研究结论:第一,"云上中轴"小程序的体验者以中青年群体为主,其中,18~25岁年龄段的人最多;受教育程度为本科或大专学历的人居多;月收入集中在1500~5000元,这个范围的人数占比达到了59.5%。

第二,通过体验者感知价值测量的分析可以看出,在感知价值测量这一量表内,虚拟旅游体验真实性这一维度的平均分为2.75分,服务质量感知价值的平均分为2.88分,社会价值的平均分为2.96分,情感体验价值的平均分为2.97分,虚拟旅游产品感知信任的平均分为3.15分,降低成本的平均分为3.15分。数据表明,"云上中轴"小程序在虚拟旅游真实性方面略有欠缺,无法给体验者带来真实的旅游体验。在降低成本方面的分数较高,表明虚拟旅游能够帮助体验者节省时间和精力,减少时间成本和体力成本的消耗,获得更好的市场。

第三,通过体验者虚拟旅游体验满意度的分析可以看出,该维度的平均分数为2.98分。这表明虚拟旅游能够提供体验者所需要的信息,引起体验者的兴趣,而便捷的操作和良好的体验也是重要因素,顺畅的流程、清晰的指引,能让体验者更加享受整个过程。

根据调查结果,本文提出相应对策,在虚拟旅游再次体验的意愿、虚拟旅游的真实性、虚拟旅游景区信息完整度、体验者对虚拟旅游的分享欲、虚拟旅游的特色、虚拟旅游体验产品服务的满意度、虚拟旅游体验产品质量的满意度这些方面给出相应的建议,以期助推中轴线的实业发展。

参考文献

[1] 王光琴.感知价值视角下同侪效应对顾客消费意向的作用机制[J].商业经济研究,2023(21):68-72.

[2] 卢长宝,许陶然.网红餐厅游客感知价值的维度及焦点:基于网络文本分析的实证研究[J].美食研究,2021,38(1):33-42.

[3] ZEIFHAML A V. Consumer perceptions of price, quality, and value: a means-end model and synthesis of evidence[J].Journal of marketing,1988,52(3):2-22.

[4] 王长旭,潘倩倩,郭锦墉.农村居民消费观念和社会影响对网络购买意愿的影响:基于价值感知的中介效应[J].商业经济研究,2023(20):53-56.

[5] 林嗣杰,卢长宝.在线短租游客幸福感对重宿意愿的影响研究:感知价值的多重中介作用[J].江汉大学学报(社会科学版),2023,40(5):38-49+126.

[6] 邓苏霞.个人手机银行顾客满意度影响因素分析[D].南昌:江西财经大学,2019.

[7] 吕洁,陈东田,黄露,等.基于游客满意度的潍坊十笏园文化街区空间品质提升途径研究[J].山东农业大学学报(自然科学版),2017,48(4):497-503.

[8] 何彪,谢灯明,朱连心,等.免税购物游客感知价值的量表开发与实证检验[J].旅游学刊,2020,35(4):120-132.

[9] 任婕,高秀云.陕甘宁红色旅游游客感知价值研究[J].宁夏社会科学,2023(2):207-216.

[10] JIAN L .Impact of tourists' perceived value on brand loyalty: a case study of Xixi National Wetland Park[J].Asia Pacific Journal of Tourism Research,2021,26(3):262-276.

[11] 何银春,张慧仪,曾斌丹,等.文化遗产地游客价值感知对遗产认同的作用机理研究[J].旅游学刊,2023,38(12):71-85.

[12] 陈琴,许凯渤,唐建荣.感知价值何以影响数字化公共服务公私合作?:以C市P社区智慧居家养老服务为例[J].中国行政管理,2023(03):45-53.

[13] 黄勇灵,李向东,梁启越,等.虚拟旅游与游客行为意向的相关性分析[J].西部旅游,2023(19):22-24.

[14] WEI W, QI R, ZHANG L.Effects of virtual reality on theme park visitors' experience and behaviors: a presence perspective[J].Tourism management,2019(71):282-293.

[15] KIM M J, LEE C K, JUNG T.Exploring consumer behavior in virtual reality

tourism using an extended stimulus-organism-response model [J].Journal of travel research, 2020, 59 (1): 69-89.

［16］WU C H J, LI H J, CHIU C W.Understanding consumer responses to travel websites from online shopping value and flow experience perspectives [J].Tourism economics, 2014, 20 (5): 1087-1103.

［17］郑鹏，马耀峰，李天顺.虚拟照进现实：对虚拟旅游的研究内核及范畴之思考［J］.旅游学刊，2010（2）：13-18.

［18］张环宙，吴茂英，王龙杰，等.国际游客对大运河遗产价值的感知：基于跨地方主体性的视角［J］.地理研究，2022，41（12）：3183-3198.

［19］曹凯凯，汪晓岗.虚拟旅游与游客行为意向关系研究［J］.绿色科技，2023，25（10）：276-280.

［20］付尧.虚拟现实技术在虚拟旅游中的应用［J］.开封教育学院学报，2018，38（4）：293-294.

［21］朱尖，柏松.高句丽世界文化遗产旅游研究进展综述［J］.资源开发与市场，2015，31（1）：121-125.

［22］岳菊，戴湘毅.区域文化遗产与旅游发展耦合机制及协调效应：基于京津冀地区的实证分析［J］.经济地理，2024，44（1）：230-240.

［23］刘利娜，邱燕.文旅融合背景下舟山非物质文化遗产旅游产品开发研究［J］.经营与管理，2024（3）：130-135.

［24］桂榕，杨琪.遗产旅游与中华民族共有精神家园建设［J］.中南民族大学学报（人文社会科学版），2024，44（3）：87-94+184-185.

新华银器小镇非遗旅游开发研究

苏晓宇　石美玉[*]

[摘　要]随着文旅融合的不断发展，非遗特色小镇作为非遗与旅游融合发展的产物，备受学界、旅游界和政府的关注。云南省鹤庆县凭借深厚的民族文化、得天独厚的地理位置与自然资源，发展了银器锻制技艺。2014年，鹤庆银器锻制技艺获评国家级非物质文化遗产，2019年，鹤庆建设了新华银器小镇。新华银器小镇以银器锻制技艺为主要文化依托发展旅游业。本文主要采用文献研究法、实地调查法、访谈法以及问卷调查法等研究方法，通过一系列考察调研活动，收集鹤庆银器锻制技艺的历史文化渊源、非遗与旅游融合发展状况、旅游消费者偏好等信息，研究新华银器小镇非遗旅游发展的现状以及存在的问题，并从不同利益相关者的角度提出非遗旅游可持续发展的建议。

[关键词]非物质文化遗产；非遗旅游；非遗特色小镇；鹤庆银器锻制技艺

引言

非物质文化遗产（以下简称非遗）是历史长河中人类创造、传承和发展的宝贵的文化遗产，是指各族人民世代相传，并视为其文化遗产组成部分的各种传统文化表现形式，以及与传统文化表现形式相关的实物和场所[1]。非遗的保护与传承是国家文化发展中的重要内容，而非遗与旅游的融合是传承发展非遗的重要手段。为深入贯彻落实党的二十大精神和习近平总书记关于非物质文化遗产保护工作的重要指示精神，2023年2月17日，文化和旅游部发布了《关于推动非物质文化遗产与旅游深度融合发展的通知》，指出非物质文化遗产是我国文化中不可分割的部分，能够作为旅游资源，增强旅游业的活力和吸引力。"特色小镇"是近年来文旅成功融合发展的典型模式，而"特"字就来源于该地区独有的非遗文化，即以非遗为核心打造一个文化产业链条。例如，云南省鹤庆县的"新华银器小镇"，凭借其深厚的民族文化、得天独厚的地理位置

---

[*] 苏晓宇，北京联合大学旅游学院旅游管理系毕业生，现就职于云南博万项目管理有限公司。石美玉，北京联合大学教师发展中心教师。

与自然资源,发展了银器锻制产业。随着文旅融合的不断深化,非遗特色小镇作为非遗与旅游融合发展的典型代表,正日益受到学界、旅游界和政府的广泛关注。在这一背景下,云南省鹤庆县积极发展了银器锻制产业。2014年,鹤庆银器锻制技艺被评为国家级非物质文化遗产;而新华村作为该技艺的主要传承地,于2019年建立了新华银器小镇,将银器锻制技艺作为核心文化资源,探索文旅融合发展的新路径。

本文旨在通过文献研究、实地调查、访谈和问卷调查等多种研究方法,以新华银器小镇及其核心地区新华村为主要研究对象,探究鹤庆银器锻制技艺在非遗旅游发展中的作用与影响。通过与国家级传承人、研究员以及当地企业管理人员进行深入访谈,以及亲身体验银器锻制工艺,旨在全面了解新华银器小镇非遗旅游的发展现状、存在的问题以及未来的发展方向。

通过本文的研究,我们希望能够为新华银器小镇及类似地区的非遗旅游发展提供有益的借鉴和建议,有效推动当地非遗的传承、保护与创新发展,并在此基础上促进旅游业发展。

1. 国内外研究综述

1.1 非遗与旅游融合发展研究

从历史的角度来看,国外于1970年前后开始对非遗旅游进行研究。20世纪80年代之前,对于非遗旅游的研究仅有一篇由科恩(Cohen)编写的文章,主要把"文化"、"真实性"和"旅游"三者结合起来研究。到了90年代,人们依然将研究重心放在真实性身上。进入21世纪,学者们对非遗旅游这一领域的关注度不断提升;而在国内,非遗旅游研究起步较晚。联合国教科文组织于2003年发布的《保护非物质文化遗产公约》中提出了"非物质文化遗产"概念。随着这个概念的提出,非物质文化遗产的主要功能、作用对象及其主体都得到了明确的解释,同时还包含了主体对对象的价值判断[2]。

从研究主题的角度来看,国外非遗旅游与真实性、民族认同、文化紧密相连。近年来,学术界对"地方认同""旅游开发""可持续发展"等主题的关注也逐渐增加。国内对于非遗旅游的研究主题主要有资源开发、利弊研究、开发模式、利益相关者研究、社区参与、保护与开发矛盾研究等。王磊磊从有关旅游开发中"真实性"问题的理论研究展开,探寻适合我国非遗旅游发展的可持续道路[3]。梁学成等学者从我国非遗与旅游融合发展的实际出发,提取出政府扶持、企业主导、需求升级、文化传承、社会参与、外部环境、融合表现、融合效益8个范畴,并进一步提出由推力、拉力、支撑力、中介力和竞争力组成的驱动五力模型[4]。

然而,国内外非遗旅游研究还存在一些不足之处。如对于非遗保护与利用的研究缺乏整体性,虽然定性研究方面取得了充分的成果,但定量研究仍显不足。

1.2 特色小镇研究

国外对特色小镇的研究主要是研究具有某种特色产业聚集的小镇，它们是在大城市发展之初衍生的小镇，具有明显的产业特色。理查德·R.沙克尔（Richard R.Shaker）和希罗德伍（Sirodoev）（2016）认为要注重新型城镇的可持续发展，应根据每个地区的实际发展情况，构建一个地方可持续发展综合指数[5]。阿奇·戴维斯（Archie Davies）和米尔顿·桑托斯（Milton Santos）（2019）立足于空间共享理论，提出发达地区处于主导地位，而不发达地区则相对处于非主导地位，欠发达地区需要依据自身优势发展，形成某种产业主导的特色小城镇[6]。

从本质上讲，国内特色小镇是以特色文化产业为中心的、具有自身特色的空间，其特色非遗产业是指非物质文化遗产的商业化、市场化、产业化。李浩提出，特色小镇具有明确的产业定位和鲜明的特色[7]。它们是产业富有特色、文化独特、环境优美、生活舒适的小型生产生活空间。张亚明等学者认为特色小镇的发展与全域旅游息息相关，只有立足于文旅融合大背景，正确处理市场与政府的关系，才能促进特色小镇发展[8]。余构雄、曾国军收集全国各省特色小镇评价专家组的特色小镇评价意见，研究得出结论：科学可行的产业规划和构建计划是创建特色小镇的关键[9]。

综上所述，国外研究未定义"特色小镇"，主要关注小型且有特色的镇。国内则重点研究具有独特性、主导产业、较大面积和多功能的小镇。"特色小镇"这一概念是近年来从我国兴起的，并且我国大多数特色小镇正在建设完善中，我国学者主要研究特色小镇的建设路径和作用，但对于非遗与旅游的创新发展研究不足，过于关注传承而忽视发展。

2.研究方法

2.1 文献研究法

本文以"非遗旅游开发""鹤庆银器锻制技艺""新华银器小镇""特色小镇旅游"等为关键词，收集整理相关的资料，为论文写作提供理论基础。同时，查找非遗与旅游融合发展的各类材料，梳理非遗旅游以及特色小镇的开发现状，以此为基础，研究新华银器小镇非遗旅游的开发。

2.2 实地调研法

本文采用了实地调研法作为主要研究方法之一，以深入了解新华银器小镇的建设与旅游开发情况。从2021年3月开始，笔者陆续三次对新华银器小镇进行实地调研。通过实地走访，与当地的相关企业代表、非遗传承人以及其他利益相关者进行深入交流，从多个角度获取信息，确保研究的全面性与准确性。

2.3 访谈法

本文制定了针对不同利益相关者的访谈提纲，采用半结构式访谈的形式，分别对非遗传承人、相关企业的总经理、鹤庆县非遗中心的研究员进行访谈（如表1所示）。

表1 访谈对象

编号 Number	姓名 Name	性别 Gender	职业 Occupation	访谈地点 Interview Location	访谈时间 Interview Time
1	寸发标	男	国家级非遗传承人	新华村	2021年3月
2	毕春义	男	鹤庆县月辉集团总经理	新华银器小镇	2021年3月
3	王军	男	鹤庆县非遗中心研究员	鹤庆县非遗中心	2021年3月
4	母炳林	男	国家级非遗传承人	线上	2024年3月

2.4 问卷调查法

根据论文研究的需要，笔者设计了一份消费者问卷，采用线上和线下相结合的方式进行发放。其中，线下主要是在新华银器小镇进行问卷的发放。总共发放了150份针对游客的问卷，其中成功回收了115份有效问卷。通过对游客的问卷调查，全面了解了当前游客对非遗旅游的需求和期望，他们对新华银器小镇的正面和负面评价，以及他们在旅游体验等方面的看法。

3. 鹤庆银器锻制技艺与新华银器小镇概况

3.1 鹤庆银器锻制技艺

鹤庆银器锻制技艺作为我国国家级非物质文化遗产项目，具有悠久的历史和独特的艺术价值。鹤庆银器锻制技艺由云南省鹤庆县申报，是2014年11月由国务院文化部命名的第四批传统技艺类国家级非遗代表性项目之一。

鹤庆县新华村制作银器的历史可追溯至南诏国时代。《鹤庆县志》中提到，鹤庆新华村在明朝中后期就有不少手工艺人，主要从事银器、铜器、木器等的加工与制作。这项技艺融合了多种传统做工和艺术风格。通过錾刻、镌镂、镶嵌等共计十三道传统工艺手法，鹤庆银器展现出精湛的工艺水平和丰富的艺术表现力。

鹤庆银器锻制技艺还吸收了外来艺术的影响并加以融合变通。这种开放包容的态度使得鹤庆银器在创新发展中不断壮大，并且具有强烈的时代感和包容性，反映了中国传统文化与外来文化的交流与融合。

3.2 新华银器小镇概况

鹤庆新华银器小镇坐落在风光旖旎的大理州鹤庆县草海镇，包括新华村、石寨子、黑龙潭以及东西草海片区，是黄金旅游线路上的一颗璀璨明珠。小镇的总规划面积达到3.34平方千米，其中核心建设区域占地1.54平方千米，进而辐射带动了周边14.45平方千米的区域发展。此外，作为公共服务配套的草海集镇片区也被纳入了整体规划中，以丰富小镇的功能设施。

鹤庆银城文化旅游开发有限责任公司携手政府以鹤庆银器传承千年的工艺为核心，立足于现有产业基础和资源特色，共同打造新华银器小镇，致力于挖掘和发展银器产业的潜力。小镇深耕产业链条，促进产业融合，结合当地独特的资源优势，打造出一个引人入胜的旅游目的地。

由大理银城旅游投资公司等企业参与投资的新华银器小镇交流中心三期已经建设完工并投入使用。此外，第四期的主要内容已经规划完毕。同时，小镇的文化产业也迅速发展，三中心一基地（银器手工艺集中研发和设计中心、银器手工艺文化研学和教育培训中心、银器手工艺非遗传承展示中心、重点院校相关专业教学实践基地）装修基本完成，其中非遗传承展示中心已正式对外开放。

4. 新华银器小镇非遗旅游开发现状与问题

4.1 开发现状

2024年3月11日，云南省文化和旅游厅认定100个村为第一批云南省金牌旅游村，鹤庆县草海镇新华银器小镇榜上有名。

4.1.1 小镇规模

据笔者实地调查，2022年底新华银器小镇共引入银器商铺83家、铜器店3家、工具店2家。据鹤庆县人民政府网站介绍，新华银器小镇完成投资5.3亿元，每年接待游客数340.34万人次以上，已经建设成为集风景观光和传统技艺展示与实践为一体的旅游小镇。

4.1.2 非遗旅游体验设施多样

新华银器小镇内集聚各种非遗文化体验场所，主要是让游客深度融入非遗的世界，亲身体验和感受鹤庆银器锻制技艺的魅力和独特之处。目前，新华银器小镇主要的非遗旅游体验设施有"三中心一基地"，推动了新华村银器产业的持续健康发展。此外，小镇还有云南银器博物馆、非遗传习所等体验场馆。

4.1.3 旅游服务设施完备

新华银器小镇的非遗旅游服务设施涵盖了餐饮、住宿、购物、交通、接待、传统文化体验等，形成了一个完整的系统。

旅游服务与接待环节提供了高质量的服务，包括导游、接待员等为游客提供舒适和愉悦的体验。同时，旅游体验与文化交流也是非常重要的一环，游客通过参与各种体验活动和文化交流，深度感受当地的非遗文化，增进了对文化传统的理解和认同。

小镇还设有一家游客服务中心，专门解决游客在旅行过程中可能遇到的问题。

此外，新华银器小镇开创性建立了"一会三中心"旅游市场综合监管模式。"一会三中心"即草海镇新华民族手工艺品协会、鹤庆县旅游购物退（换）货监理中心、鹤庆县旅游服务投诉受理中心和鹤庆县银饰品检验检测鉴定和质量认证中心，把行政管理服务延伸到旅游场所的第一现场，以提升服务能力和服务效率。

新华银器小镇还打造了特色客栈、特色餐厅、休闲文化小院、大师院、银器工坊、特色店铺 6 种类型特色小院，使文化、手工艺、旅游产品和服务等要素功能与院落人文景观紧密融合。

4.1.4 非遗旅游与互联网紧密结合

非遗与互联网的融合，为非遗文化的传承、保护和传播带来了蓬勃的创新与发展机遇。在新华银器小镇，通过多种互联网技术的应用，如在线展示、电商销售、互动体验、社交平台传播以及大数据分析与市场推广等策略，非遗文化焕发出新的活力。

新华村大力发展"互联网+"产销模式，建成"直播+电商+网红带货"拓展销售渠道。2021年，鹤庆新华银匠村电商直播基地成立，快手、抖音直播基地入驻新华银匠村。基地免费提供直播基础培训，一对一进行开店、短视频、直播运营等培训，推动了传统行业转型升级，拓宽了当地匠人的销售渠道，提升了当地就业率。截至2023年底，小镇共有2870户约8000人从事银铜器加工销售，产品远销全国各地和美国、日本、印度、马来西亚等国家。通过数字化传播，非遗文化得以跨越地域和时空的限制，拓展了其影响范围。

4.2 非遗特色小镇旅游消费行为特征

为了解新华银器小镇旅游消费者的行为特征，我们制定了相应的问卷，采用实地调研期间向游客线下发放以及线上发放相结合的形式，最终共回收有效问卷115份，问卷包括游客基本信息概况、游客对新华银器小镇各旅游要素的满意程度以及意见和建议。

4.2.1 问卷人口统计学分析

本文主要采用SPSSAU软件分析调查数据，从问卷调查样本社会人口学统计汇总表（如表2所示）可以看出，共计115份有效问卷，其中男性54人、女性61人。从年龄统计结果可知，18~35岁的人口最多，36~55岁次之，65岁以上与18岁以下人群最少；在职业的分布上，以学生群体为主体，占27.83%，企业及事业单位工作人员次之，占比24.35%；从学历的分布上可以看出，大专或本科人群最多，占比63.48%，初中及以下学历人群最少，占比10.43%；在收入方面，月收入3000~10 000元人群最多，占比52.18%。

此外，被调查者常住地为云南省的人群数量远高于其他省份或地区，旅游辐射面主要是省内地区，说明新华银器小镇的省内知名度远高于省外知名度。

表2 问卷调查样本社会人口学统计汇总

变量 Variable	类别 Category	人数（人） Number of people	占比（%） Proportion
性别	男	54	46.96
	女	61	53.04
年龄	18岁以下	9	7.83
	18~35岁	69	60
	36~55岁	15	13.04
	56~65岁	14	12.17
	65岁以上	8	6.96
职业	政府及党群组织工作人员	20	17.39
	企业及事业单位工作人员	28	24.35
	学生	32	27.83
	农民	5	4.35
	自由职业者	27	23.48
	离休/退休人员	3	2.61
学历	初中及以下	12	10.43
	高中或中专	16	13.91
	大专或本科	73	63.48
	研究生	14	12.17
收入	3000元以下（含无收入）	29	25.2
	3000~5000元	31	26.96
	5001~10 000元	29	25.22
	10 001~20 000元	22	19.13
	20 000元以上	4	3.48

4.2.2 问卷信效度分析（见表3）

表3 信度分析结果

名称 Name	校正项总计相关性 CITC	项已删除的α系数 Deleted α coefficient	Cronbach's α 系数
旅游宣传手册	−0.072	0.908	0.904
互联网搜索	0.080	0.907	
旅游APP	0.035	0.907	

续表

名称 Name	校正项总计相关性 CITC	项已删除的 α 系数 Deleted α coefficient	Cronbach's α 系数
旅游咨询中心	−0.070	0.908	0.904
小红书、微博、抖音等社交平台	0.132	0.906	
电视、广播或报纸杂志等	0.072	0.906	
探索传统文化	0.005	0.907	
寻找独特的手工艺品	0.184	0.905	
品尝传统美食	−0.108	0.909	
感受当地民俗风情	0.047	0.907	
参与传统工艺体验活动	0.139	0.906	
交通	0.723	0.895	
住宿	0.824	0.892	
餐饮	0.651	0.897	
娱乐	0.623	0.898	
导览	0.783	0.893	
其他（厕所、停车场等）	0.651	0.897	
手工技艺体验产品	0.729	0.895	
银器产品	0.698	0.896	
服务质量	0.795	0.893	
传统文化体验（文化氛围、民俗活动等）	0.751	0.894	
传统工艺体验（银器锻制）	0.727	0.895	
环境舒适度	0.718	0.895	
纪念品或特色商品	0.776	0.893	
消费价格	0.655	0.897	
标准化 Cronbach' α 系数：0.854			

从表 3 数据可看出：信度系数值为 0.904，大于 0.9，所以信度质量好。

表 4　效度分析结果

名称 Name	因子载荷系数 Factor loading coefficient						
	1	2	3	4	5	6	7
特征根值（旋转前）	8.513	1.908	1.750	1.453	1.294	1.148	1.045
方差解释率%（旋转前）	34.054	7.633	6.998	5.811	5.174	4.591	4.180
累积方差解释率%（旋转前）	34.054	41.687	48.685	54.496	59.670	64.261	68.441
特征根值（旋转后）	8.462	1.669	1.591	1.449	1.420	1.402	1.117
方差解释率%（旋转后）	33.848	6.677	6.365	5.795	5.682	5.606	4.469
累积方差解释率%（旋转后）	33.848	40.525	46.890	52.685	58.366	63.972	68.441
KMO 值	0.817						
巴特球形值	1397.601						
df	300						
p 值	0.000						

效度数据分析结果（见表 4）显示，KMO 值大于 0.6，为 0.817，说明研究项符合研究目的；选取的研究项共同度数值都在 0.4 以上，可以看出各项均能提供有效信息。此外，在上表的 7 个因子中，将其累积的方差解释率旋转后，所得数值为 68.441%，大于 50%，由此可见所有研究项的信息都可以被有效利用。

4.2.3 非遗的认知

分析问卷数据结果可知，游客对鹤庆银器锻制技艺非常了解和比较了解的人数在一半以上，但也有 27.83% 的游客不太了解或不了解。实地调研中发现，新华银器小镇的游客大多数都知晓小镇的银器产品，但也有部分游客知晓银器产品，但并不知晓其制作技艺是非遗。

关于游客了解新华银器小镇的渠道，研究发现，游客大多数是通过旅游 APP 或互联网搜索得知新华银器小镇的情况，通过电视、广播或报纸杂志等渠道了解情况的游客较少。由此可知，游客对传统媒体的关注度较低，对新兴网络媒体的关注度较高。

4.2.4 旅游动机

在分析游客选择新华银器小镇旅游的原因时发现，游客多数是因为寻找独特手工艺品、品尝传统美食以及感受当地民俗风情这三个原因，而选择新华银器小镇作为旅游目的地。这说明新华银器小镇的工艺品、民俗风情对游客吸引力较大。

4.2.5 旅游预算

根据问卷调查结果，游客对于新华银器小镇的旅游预算大多为500~2000元，此预算占比为57.39%，其次是500元以下，占比为24.35%，预算为2000元以上的游客占比最少，为18.26%。说明游客选择新华银器小镇作为旅游目的地时，普遍考虑了经济因素，该数据显示新华银器小镇旅游市场对于经济实惠和性价比较高的旅行产品的需求较大。

4.2.6 游客满意度

对游客满意度进行分析后发现，对基础设施中的住宿和导览，非常满意和比较满意的游客人数较多，这可能是因为新华银器小镇的住宿设施提供了舒适和便利的条件。游客对服务质量和交通的满意度相对较低，可能是由于服务质量不稳定、专业性不强、服务态度不好以及其他的服务细节不到位。问卷调查中，超过一次到新华银器小镇旅游的"回头客"游客约占七成，游客可能已经在之前的旅行中参观了主要景点和热门景点，他们可能对更深入和独特的体验感兴趣，或者游客乐于重温喜欢的景点或体验。这说明景点对游客的吸引力较大（见表5）。

表5 交叉（卡方）分析结果

题目	名称	您的年龄					总计	x^2	p
		18岁及以下	18~35岁	36~55岁	56~65岁	65岁以上			
您对新华银器小镇旅游的整体满意度如何？	非常满意	22.22	26.09	53.33	35.71	50.00	32.17	43.987	0.000**
	比较满意	0	37.68	40.00	64.29	37.50	38.26		
	介于中间	0	20.29	6.67	0	12.50	13.91		
	不太满意	33.33	5.80	0	0	0	6.09		
	非常不满意	44.44	10.14	0	0	0	9.57		
总计		9	69	15	14	8	115		

*$p < 0.05$，**$p < 0.01$

本文利用卡方检验（交叉分析）进一步研究不同年龄游客对于新华银器小镇的整体满意度。从上表可以看出：不同年龄样本对于新华银器小镇的整体满意度共1项呈现出显著性（$p < 0.05$），意味着不同年龄样本对于新华银器小镇的整体满意度均呈现出差异性。

从问卷数据可知，年龄在18~35岁的游客占比较高，而根据交叉分析结果可知，对新华银器小镇非遗旅游不太满意及非常不满意的群体均分布于18岁及以下人群和18~35岁人群中，说明年轻群体对新华银器小镇非遗旅游的满意度较低，而年长群体则相对较高。这说明新华银器小镇应多关注年轻群体市场。

4.3 存在问题

根据问卷，结合多次实地调研的结果，可得出新华银器小镇非遗旅游存在以下问题。

4.3.1 非遗传承模式单一

鹤庆银器锻制技艺目前的传承模式主要是师徒传承或者非遗传承人到各大高校开展讲座教授相关知识，存在时效短、实践性不足的问题。且部分学徒为了追求经济收入或传承人为了满足订单需求，倾向于只培训某一特定工序，而非让学徒学习完整的制作流程。这种培训虽然满足了各方的经济需求，但是却忽略了银器锻制技艺的传承需求，会导致学习者学艺不精、技艺传承不善的局面出现。

4.3.2 传统工艺创新力低

鹤庆银器锻制的工艺技术和制作方法一直保持相对稳定，这种传统思维方式使得创新变得困难。鹤庆银器锻制技艺在旅游产业中主要以银器产品和技艺体验产品的形式出现，因此会导致问卷中游客提出的"活动单一""体验感与参与感不足"的问题。这些问题导致非遗产品竞争力不足，经济发展受阻，文化价值逐渐流失，地方产业转型面临挑战。

4.3.3 文旅融合有待加强

新华银器小镇存在文旅融合不够深入的问题。首先，银器产品以及非遗技艺体验融合方式过于生硬，缺乏创新性，导致文化传承可能受阻。其次，银器旅游产品同质化严重，因为未能将非遗文化更具特色地融入产品设计中，缺乏差异性和竞争力。同时，文化因素若不纳入旅游规划和管理，可能使旅游资源被过度开发、破坏，影响当地生态环境和社会经济可持续发展。若银器旅游产品无法体现当地文化特色和非遗传统，游客体验可能变得单一乏味，从而影响满意度和回头率。

4.3.4 过度商业化开发

非遗产品进入市场在一定程度上推动了鹤庆银器锻制技艺的发展，但通过实地走访发现，新华银器小镇内对非遗文化的商业化开发过度，新华银器小镇内随处可见银器商品店铺，且店内商品大同小异，过于商业化与同质化。这会使消费者产生审美疲劳，也难以下定消费决心。

4.3.5 旅游宣传不到位

在新华银器小镇的非遗旅游开发中，面临着旅游宣传不到位的问题。在问卷调查中发现，游客多数来自云南省，说明新华银器小镇的推广营销主要定位于云南省或鹤庆县周边地区，导致宣传推广不足。在实地调研时也发现，游客多数为本地人。这些问题的存在导致了新华银器小镇知名度不高、客流量较低、旅游创收低等问题。

4.3.6 服务质量有待提升

新华银器小镇非遗旅游业中的服务质量问题主要包括缺乏专业性、基础设施陈旧或不完善、信息不透明、服务态度差、缺乏个性化服务以及保护不到位等方面。在实地调研中发现，部分银器售卖商铺存在价格不透明、服务态度差的问题，同时也有极个别导游存在强制游客购买银器产品的问题。

5. 新华银器小镇非遗旅游开发建议

5.1 创新保护与传承理念创新

在非遗与旅游融合过程中，必须将保护和传承理念贯穿于旅游开发过程的始终。除了传统的设立非遗处、宣发处等手段，还可以利用人工智能，通过非遗数字化拓宽传承边界；可以开展师徒传承班，通过言传身教发展非遗传承新力量；也可以吸引高质量企业入驻，延长非遗旅游产业链。利用这些手段能在有限空间内最大限度传承和保护非遗。

可以考虑采取多元化的非遗传承模式，包括但不限于非遗文化创意产品的开发与推广、非遗体验活动的举办、非遗文化交流活动、非遗研学活动、非遗教育和培训的开展等。

5.2 非遗价值再创造

实现非遗旅游活化需要多方面的努力。鹤庆银器匠人们在保护和传承非遗时，应注重创新和技术更新，结合市场需求设计产品，并培养新人才，以推动可持续发展。目标是将非遗打造成吸引游客的文化核心。创新与传承的结合尤为重要。通过现代科技和艺术形式，提升非遗艺术的吸引力和市场竞争力。例如，可以利用虚拟现实展示技艺演变，或将非遗元素融入现代设计。

同时，要平衡非遗传承者、地方政府、旅游从业者和游客的利益，建立共赢机制，确保传承者得到尊重和回报。最终目标是让非遗小镇成为文化和旅游的亮点，焕发新的活力。

5.3 准确把握旅游市场

要确保旅游业成功，需精准把握市场需求。首先，了解目标市场的特点，如文化背景和消费水平。例如，问卷调查显示60%的游客年龄在18~35岁，但这类群体对新华银器小镇的满意度较低，说明现有旅游设施不符合他们的需求。因此，应开发适合年轻人和学生的非遗旅游产品。其次，关注市场动态，加强定位和调研，突出银器文化的独特性，并不断优化产品和服务。建立反馈机制，及时调整改进。同时，利用现代科技和社交媒体加强宣传，提升品牌知名度，吸引更多游客。

5.4 创新非遗产品

实现非遗与旅游产品的共生、共鸣、共融，必须深度挖掘彼此的价值。非遗中蕴含的传统技艺、美术、音乐等元素正是现代全球化背景下所缺乏的独特民族文化基因，是文化创新的重要源泉。

根据问卷调查及实地调研发现，越来越多的年轻群体对非遗产生兴趣，因此可以抓住此机遇，对非遗旅游产品进行创新，例如争取各大深受年轻人欢迎的 IP 形象授权，包括影视形象或二次元形象等，将其与非遗银器产品相结合，打造全新旅游产品。

5.5 加强互动体验

新华银器小镇中游客体验非遗文化的形式主要为参与工艺品制作体验，体验方式过于单一。为此，应加强非遗传承者与文创创作者之间的合作与交流，激发出更多创新的火花，推动非遗与文创的深度融合。同时，借助数字化技术和社交媒体平台，将非遗与文创的故事传播开来，增强公众对这些文化遗产的认知和热爱，从而形成良性循环，推动非遗与文创的共融共生。

设计具有互动性质的非遗游戏和活动，让游客在游玩中了解非遗文化。例如，组织非遗文化知识竞赛、非遗主题寻宝游戏、传统游戏体验等。同时也可以设置与非遗传承人的交流互动环节。如通过座谈会、问答环节、讲座或讲解等形式，让游客更深入地了解非遗文化、传承人的故事和经验。

通过以上措施，可以帮助游客更深入地参与和体验非遗文化，增强他们对非遗文化的参与感和亲近感。同时，也有助于激发游客对非遗文化的兴趣和保护意识，促进非遗传承的传播和发展，也促进新华银器小镇非遗旅游业的发展。

6. 结论

在新华银器小镇非遗旅游开发的研究中，我们深入探讨了鹤庆银器锻制技艺与旅游业的融合发展，取得了一系列重要发现。

首先，新华村拥有悠久的银器制作历史和丰富的非遗资源，具备了开展非遗旅游的优越条件。通过对其非遗文化和旅游资源的调查和分析，我们发现了其独特的文化魅力和潜在的旅游吸引力。

其次，非遗旅游的开发对于新华银器小镇的经济发展和文化传承具有重要意义。通过将银器锻制技艺与旅游服务相结合，可以促进当地经济的繁荣，提高居民收入水平，同时也有利于传统技艺的传承和保护。

在发现的基础上，我们提出了一系列针对新华银器小镇非遗旅游开发的建议和措施。包括非遗价值再创造、准确把握旅游市场、非遗与文创互融、保护理念创新等方面。这些举措有助于提升新华银器小镇在非遗旅游市场中的竞争力，推动其成为地方经济发展的新引擎。

最后，我们强调了未来需要继续关注和支持新华银器小镇非遗旅游开发的重要性。政府部门、企业和传承人等各利益相关者应加强合作，共同推动非遗旅游的可持续发展，实现经济效益和社会效益的双赢局面，为新华银器小镇非遗旅游的长远发展注入新的活力和动力。

参考文献

［1］姜璐旸.韩国非物质文化遗产保护政策探析［D］.上海：上海外国语大学，2021：137-138.

［2］李致伟.通过日本百年非物质文化遗产保护历程探讨日本经验［D］.北京：中国艺术研究院，2014：147-148.

［3］王磊磊.真实性视角下的非物质文化遗产旅游开发研究［D］.上海：华东师范大学，2008：122-125.

［4］鹤庆县人民政府网站.大理鹤庆新华银器小镇：以旅为媒 以旅促融［EB/OL］.（2024-04-26）.http://www.heqing.gov.cn/dlzhqx/c105839/202404/78036339baae4ed6a0cbec5e321157d1.shtml.

［5］SHAKER R R，SIRODOEV I G. Assessing sustainable development across Moldova using household and property composition indicators［J］. Habitat International，2016：55-56.

［6］DAVIES A，SANTOS M. The conceptual geographer and the philosophy of technics［J］. Progress in Human Geography，2019，43（3）：29-32.

［7］李浩.浙江省特色小镇建设的历程、存在的问题及对策研究［D］.济南：山东大学，2018：75-83.

［8］张亚明，何旭，杜翠翠.全域旅游视域下特色小镇发展研究［J］.燕山大学学报（哲学社会科学版），2019，20（1）：83-88.

［9］余构雄，曾国军.中国特色小镇创建机制研究：基于扎根理论分析［J］.现代城市研究，2020（1）：74-80.

北京市女大学生参与对抗类运动的休闲制约研究——以篮球为例

姜 丰[*]

[**摘 要**] 随着我国体育事业的发展，女大学生体育锻炼的意识增强，但在参与对抗类运动时仍受诸多因素制约。本文聚焦于北京市女大学生在参与篮球这种对抗类运动时所面临的制约因素及其协商策略，通过207份有效问卷，实证探讨了影响女大学生篮球运动参与的休闲制约因素和协商策略。研究发现，女大学生参与篮球运动的主要制约因素包括时间和场地限制、技术水平不足、运动伤害风险、性别歧视和社会压力。为克服这些制约，她们采取了寻找篮球场地、组织篮球活动、寻找运动伙伴、提高技术水平、减少运动伤害风险以及克服性别和社会歧视等策略。研究建议，为提高女大学生参与篮球运动的积极性和效果，需增加篮球场地供给、加强技术培训、提高比赛组织水平，并加强对女性参与体育运动的宣传和支持。本文丰富了女性参与对抗类运动的研究成果，也对教育部门如何完善体育休闲教育的具体实践具有一定意义。

[**关键词**] 女大学生；对抗性运动；休闲制约；协商策略；篮球

引言

随着20世纪90时代初西式闲暇课程的引入，国内闲暇科学研究开始发展，重点聚集在闲暇时光、闲暇产品、闲暇课程、闲暇空间、闲暇活动等领域。但是，相关的基础理论分析和实证分析仍然相当有限，尤其是闲暇限制的研究，重点聚集在闲暇产品的限制和闲暇人群的限制上。在休闲行为的限制和磋商方面，国内学者更多地关注特定人群如大学生、老年人、职业女性、户外运动爱好者等的限制因素和磋商策略，但大多数科学研究仅仅是通过描述性统计分析来简单地列举和概括，而缺少对影响休闲行为产生的深层因素及其相互关系的探究，也缺少对休闲参与的影响机制模型的研

---

[*] 姜丰，北京联合大学旅游学院旅游管理系毕业生，现马来亚大学研究生在读。

究。分析表明，西方文化背景下休闲制约协议的角度、原则及模型能否应用于中国社会文化，尚未得到确定，因此，有必要进一步深入探究。

本文尝试将休闲制约、休闲制约协商引入北京市女大学生对抗性球类运动参与的研究中，实证探讨影响北京市女大学生参与对抗性球类运动的制约因素及她们采用的协商策略和协商效能，构建北京市女大学生对抗性球类运动参与的制约协商机制模型，探析休闲制约、协商策略和协商效能等变量对休闲参与的影响机制及各变量之间的相互关系。这种动态思路在一定程度上拓宽了我国休闲参与行为模式的研究思路，有助于丰富国内对抗性球类运动行为领域的研究，形成具有我国自身特色的休闲制约协商研究视角与研究风格，以期丰富中国本土化休闲制约研究成果。

1. 文献综述

1.1 国外休闲制约研究

休闲制约是指妨碍或限制休闲主体参加休闲活动的有关休闲品质、时间、频率等方面的因素，以及其他妨碍主体享受休闲活动的要素。制约主体休闲参与的因素有很多，参考国内外对于休闲制约的分类，本文将其分为个人因素、社会因素和结构性因素。根据调研结果分析，国外有关休闲制约的研究主要包括对中学生、大学生和游客的休闲制约和协商策略的研究。

在关于中学生休闲制约的研究中，郑庆荣（Jung Inkyung）等认为对于中学生的休闲来说，感知到的父亲的养育态度和自我效能感与休闲满意度呈正相关，但与休闲约束呈负相关；并且，自我效能感在父亲的养育态度与休闲满意度或休闲约束之间起部分中介作用。因此，可以通过提升自我效能感作为其协商策略[1]。安东素（An Dongsu）等认为电子信息的获取与对手机的依赖使得大部分中学生焦虑和沉溺其中，这对其造成了休闲制约[2]。

关于大学生的休闲制约研究中，赵东旭（Cho Dongwook）等通过调研国际大学生的体育参与情况发现，在美国，国际学生参加校内运动的人际和结构休闲制约明显较高，而美国国内学生的休闲制约明显较低[3]。玄武松（Hyun Moosung）等利用SPSS软件分析大学生休闲生活方式中的相关因素，认为感官寻求对设施环境、环境缺乏、休闲制约的时间缺失因素有显著的负向影响[4]。

关于旅游游客的休闲制约的研究中，哈格德（Haggard）等认为个体通过参与特定的休闲活动来肯定和强化自己的休闲身份形象，而这一过程对于自我肯定的提升具有潜在的积极作用。参与这种休闲活动不仅能消遣时间，还可能帮助个体在心理上建立起更积极的自我认同和自尊感[5]。乌尔里希（Ulrich）等通过调查研究发现在自然环境中克服休闲制约的效果要好于在都市中，从生理心理学的方面发现这种"暂时逃避"可以有效地减轻压力,而挑战性的娱乐活动可以带来有益的压力[6]。亨德森(Henderson)等通过研究发现:休闲制约不一定是由残疾决定的,而是由环境决定的,但是残疾会影响选择和约束;也就是说,残疾本身并不是对休闲的限制,而是考虑到其他环境因素,残疾是一个促成因素[7]。高成圭(Ko Sungkyu)等利用结构方程模型发现,在马术体验中,休闲活动的约束因素(如时间、经济等)与个体如何通过协商、调整来应对这些约束之间存在相互作用。通过分析,高成圭发现内在、人与结构等积极因素在缓解休闲约束、促进个体参与骑马体验行为中起着重要作用;此外,约束与协商的过程对是否能成功参与骑马体验行为有着重要的预测作用[8]。江进德(Jiang Jinde)等利用休闲制约模型揭示,影响游客参与的制约因素分为结构制约、人际制约和内部制约。在分析游客为什么不参加自然声景体验时,研究认为应该关注如何通过休闲协调策略来解决可能的障碍和问题,最终提高游客的参与度和体验质量[9]。薛岚(Xue Lan)等将空气污染作为休闲制约因素,对游客在旅行过程中的选择进行分析,将游客分为三种类型并提出六种策略,建议将空气污染作为可以被协商的限制,认为通过合理的管控来改善空气质量、提升游客体验[10]。

国外关于休闲制约的研究,包括对许多休闲制约因素的分析,非常具有参考价值。但其中关于女性或女大学生参加对抗性运动(篮球等)的研究较少。本文的意义在于对这方面的研究进行一定的补充。

1.2 国内休闲制约研究

通过查阅文献可知,学界对体育活动的休闲制约因素和协商策略基本上涉及各个方面,针对男女性别差异所造成的休闲制约因素也有研究,但是对于具体的女大学生群体缺少一定程度的关注。

吕树庭等认为体育情感、体育价值观念和闲暇时间是影响女性直接和间接参与体育的主要因素,并且不同年龄和职业的女性在直接和间接参与体育方面存在显著差异[11]。许丽认为休闲是脱离生产后的消遣时间,影响职业女性休闲运动的制约因素包括:时间,经济,观念和人际交往[12]。韩琳琳、郭鲁芳认为男性和女性在家庭中普遍存在"休闲差距",女性休闲的影响因素可能对女性休闲构成正面或负面影响,这些负面影响构成了女性休闲的限制[13]。蒋秀芝、韩二涛认为女性社会地位的提升使女性的休闲意识和观念得到了极大的提升,极大程度上能帮助其克服休闲制约[14]。郑耀星通过调查发现,对于女性休闲市场关注的缺失,是造成福州温泉旅游女性游客稀缺的主要制约因素,但其研究并没有关注到那些针对女性的特有的休闲活动[15]。杨斌等通过调查研究认为,针对职业女性的休闲制约与工作和家庭有很大关联,会直接影响她们的休闲生活质量,因此在城市职业女性中推广休闲健身文化十分重要[16]。陈楠等认为在激励个人参与休闲运动方面,应以人际关系支持的协商策略为主,以营造良好的体育休闲环境、制定相应的规章制度与体育课程计划等为辅[17]。陈楠通过调查研究发现，都市女性的休闲制约因素包括"认知阻碍"、"周边阻碍"、"自身阻碍"和"经济阻碍"，鼓励企业从女性角度出发，重视女性，消除以上阻碍因素[18]。朱志强通过调查认为，休闲的制约因素包含主观制约因素和客观制约因素两大类共五种因素，它们都会影响城市居民的休闲参与；而性别的差异本身不会导致产生不同的休闲制约因素，导致差异的本质其实是因为男女两性的生理特点不同，在家庭和社会中扮演的角色、发挥的职能不同[19]。赵志斌认为，任何影响主题休闲偏好决策和体验而导致不愿意活动或减少体育活动的因素都是休闲制约，而女性之所以参与滑翔伞休闲体育活动的频率更低、数量更少，是因为相较于男性，女性要更受时间和金钱的制约[20]。林泓认为，休闲制约是从根本上限制休闲活动发生的因素；而休闲制约协商致力于打破这种休闲制约壁垒，充分发挥个人的主观能动性，进行协商活动，克服种种对休闲体育活动进行限制的行为。通过调查，他将休闲制约因素分为五大因素，而个人制约因素中包含性别差异，占据中等的影响[21]。朱菊通过调查研究认为，"社会的有色研究"对女性进行体育休闲活动有制约影响，而个体的善意性别偏见也会影响女性对于自身目的的导向；休闲制约对于体育休闲存在显著且直接的负向影响[22]。韩霄通过调查研究发现，休闲制约对休闲参与、休闲满意度产生了很大的阻碍，北京市职业女性对运动类的休闲活动的参与率十分低正是因为受许多方面因素的影响：个人，家庭，企业，政府。其中，主要的影响因素就在于相较于家庭中的"父亲"，作为"母亲"的职业女性承担着更多喂养孩子、打扫家务等工作[23]。牛子悦根据北京冬奥会的热潮分析出不同类型的滑雪体育旅游对于男性和女性的制约因素是有差异的，集中表现在个人心理因素方面；相较于冒险刺激型和技术竞赛型，女性更偏爱休闲健身型滑雪[24]。秦小喆通过实验认为，政策、环境和个人因素对女大学生的体育休闲活动起到的制约作用比较小，而人际关系才是起到制约作用的决定性因素[25]。

1.3 女性参与对抗类运动研究

通过查阅文献资料得知，国内的部分学者在研究中学篮球运动的开展情况时，分析篮球运动重要性的较多，他们认为参与篮球运动能够强壮女大学生的体魄，增强她们的篮球实战水平，还可以为国家篮球事业的持续健康发展不断输送新鲜的血液，提高国家的篮球整体实力。在女大学生中开展篮球运动，是提高国家篮球整体水平的重要渠道，只要对青少年进行培训，就能够挖掘出有潜力的篮球运动员，进而为地方篮球发展乃至整个国家篮球事业的发展做出贡献。也有学者对当前中学的篮球场地建设情况进行了研究，认为部分中学的篮球场地建设落后，需要及时完善篮球场地设施建设，为中学开展篮球运动奠定基础。

还有学者对篮球运动的属性进行了研究，认为篮球运动是一项综合性运动，具备竞技性、娱乐休闲性和健身性等特点，女大学生参与到篮球运动中，对于提高她们的综合素质大有裨益，不仅能够强身健体、磨炼意志，还能够促进她们形成团队精神和合作意识，有助于人格完善。也有学者对篮球运动对地区经济发展的作用和贡献进行了研究，提出篮球运动在一定程度上体现了一个地区或者国家的综合实力，开展篮球运动能够促进区域经济的发展。于振峰在中国篮球竞技后备人才现状调查与培养对策中，通过中国篮球运动员和国外篮球运动员对比说明我国的篮球后备人才少之又少，原因在于篮球运动在中学不怎么普遍，因此于振峰提出扩大女大学生篮球人口规模，强化篮球基本技术，重视篮球在校园中的活动等建议[26]。

同时，有学者对中学篮球教学的情况进行了研究，认为在当前全国如火如荼地开展篮球运动的背景下，女大学生参与篮球运动的人数并没有达到预期的效果，主要是因为她们的身体条件还不能与成年人相对抗，她们的技术还不成熟，无法与社会成员进行比赛，她们除了在学校学习篮球运动之外，在课余时间参与篮球运动的机会较少；并且，中学体育老师在篮球教学环节方面存在不少的问题，比如教学理念落后、教学手段简单化等诸多问题，导致女大学生的篮球技术难以得到本质上的提高。对于以上问题，相关学者提出了一些解决措施，希望从根本上解决女大学生在参与篮球运动时的问题，进而全面推动女大学生篮球运动的发展。

1.4 文献述评

综上所述，相较于国外研究，国内围绕体育活动参与的休闲制约和协商策略的研究起步较晚、研究时间较短。虽然由于近年体育休闲活动在我国大力发展，对于其制约因素和协商策略的研究也飞速发展，但是，针对女大学生群体体育休闲活动参与的国内外研究都比较稀少。国内外的学者们普遍研究的对象是女性，或者站在女性的角度，对女性与男性参与体育休闲活动的情况进行对比，探求其差异背后的影响因素；而将对象细化为女大学生的调查研究普遍将重点放在了媒体传播、社会服务等外界因素和女大学生个人偏好特征影响等内部因素上，忽略了家庭、学校体育课程、体育教师和社会心理方面（从众心理）的影响，因此，这为本文结合当前的社会热点、体育学科改革进行女大学生参加体育休闲活动的制约和协商策略研究指明了方向。

2. 研究设计与数据收集

2.1 测量量表设计

休闲制约是国际休闲研究的重要概念。早期学者使用休闲障碍研究假设——"制约因素是影响人们参与休闲的不可逾越的障碍"。20世纪80年代，学者们开始意识到早期假设的局限性，广泛接受用"休闲制约"一词代替"休闲障碍"。克劳福德（Crawford）等将休闲制约描述成在具体时刻可通过特权和人类意志的结合而克服的障碍，并提出休闲制约因素的 3 种类型：个人内在制约、人际间制约和结构性制约。克劳福德认为，个人内在制约因素来自个人内在心理如焦虑、紧张、压力、害怕、偏好、缺乏兴趣、缺乏技能、自我能力认识等；人际间制约因素形成于人际交往中（如缺乏同伴、同伴时间不允许、与同伴距离较远、异性的态度不同、夫妻意见不统一等）；结构性制约因素泛指在实际参与前遭遇的各种外在因素（如时间、资金、交通、设施、环境、管理、门票等）。为了调查女大学生在参与篮球运动时的制约因素，本文采用 5 分制李克特量表，具体量表题项如表 1 所示。

表 1　女大学生篮球参与休闲制约量表题项

休闲制约因素	具体的休闲制约题项
个人制约因素	兴趣爱好会影响我的篮球运动参与
	心理状况（心情/压力/勇气）会影响我的篮球运动参与
	身体状况会影响我的篮球运动参与
	我的休闲观念与态度会影响我的篮球运动参与
	缺乏相关知识技能限制了我的篮球运动参与
人际制约因素	没有同伴一起，限制了我的篮球运动参与
	家人朋友的态度影响我的篮球运动参与
	学校设立的体育课程和体育老师的指导影响我的篮球运动参与
结构性制约因素	在篮球装备、篮球场馆上所花费用的高低会影响我的篮球运动参与
	学业繁忙使我没有时间和精力参与篮球运动
	学习外的其他课余活动或学生工作使我没有时间和精力参与篮球运动
	身边的篮球氛围、场地、设施会影响我的篮球运动参与
	篮球活动的举办及管理的质量会影响我的篮球运动参与
	到篮球运动场所的便利、通达性影响我的篮球运动参与
	网络媒体上女性篮球运动员知名度的增加会影响我的篮球运动关注与参与
	篮球活动场所的安全状况会影响我的篮球运动参与

2.2 数据收集

问卷设计第一部分是女大学生参与篮球运动情况，第二部分为女大学生参与篮球运动休闲动机类型，第三部分为女大学生参与篮球运动休闲制约类型，第四部分为女大学生参与篮球运动休闲制约协商策略。问卷采用 5 分制李克特量表量化研究对象对具体题项的感知程度（无影响、影响较小、一般、影响较大、影响很大），得分代表特定题项符合调查对象的实际感知程度。本次调研共收集问卷207份，有效问卷207份。

休闲制约初始量表包括个人心理、知识情况、设施服务、可进入性/财务、是否缺乏伙伴、时间和是否有兴趣七个维度，共16个题项。结合女大学生的身心特征、健身休闲参与状况及实地预调研结果，增删和修改题项，设计包括个人心理、人际制约、环境制约、休闲机会和知识与技能等维度在内的女大学生对抗性运动休闲参与制约因素调查问卷。

3. 数据分析与假设验证

3.1 文献综述法

本文通过梳理国内外有关休闲制约研究、休闲制约协商研究和体育健身休闲制约研究等相关文献资料，深入整理国内外相关研究进展及实践成果，认识休闲制约、休闲制约协商、休闲参与等概念、理论、量表、模型与实证研究成果。

3.2 问卷调查法

3.2.1 问卷设计

为了更好地了解北京市女大学生参与以篮球为代表的对抗性球类运动情况，本文首先基于"全国第六次体育场地普查"数据，了解北京市体育健身休闲空间的场地类型、数量、开放情况和接待人数等。其次，结合国内外对休闲制约尤其是体育健身休闲制约因素和休闲制约协商策略的研究，制定北京市女大学生参与以篮球为代表的对抗性球类运动制约协商的研究量表。最后，结合北京市女大学生的实际情况，认真严谨地设计了关于北京市女大学生篮球运动的参与情况调查问卷，深入调查北京市女大学生参与以篮球为代表的对抗性球类运动的参与状况、制约因素和协商因素等。

3.2.2 问卷发放与回收

本文的调研对象是北京市女大学生，通过问卷星APP进行在线问卷发放。本次调查发放问卷数量为207份，实际回收207份问卷后进行问卷数据分析，得出相关结论及策略建议。

3.2.3 信度分析

如表2所示，克隆巴赫系数为0.967，处于0.9以上，说明本问卷信度较高，问卷有效。

表2 信度分析

可靠性统计		
样本数	项数	克隆巴赫系数
207	16	0.967

3.2.4 效度分析

根据表3的数据，KMO值为0.959，大于0.8，表明提取信息的适合度非常合适，而巴特利特球形度试验的结果表明，各题项相互之间有着明显的关系。

表3 效度分析

项目	因子1	共同度
兴趣爱好会影响我的篮球运动参与	0.76	0.577
心理状况（心情/压力/勇气）会影响我的篮球运动参与	0.83	0.682
身体状况会影响我的篮球运动参与	0.76	0.579
我的休闲观念与态度会影响我的篮球运动参与	0.80	0.647
缺乏相关知识技能限制了我的篮球运动参与	0.83	0.697
没有同伴一起，限制了我的篮球运动参与	0.79	0.625
家人朋友的态度影响我的篮球运动参与	0.82	0.676
学校设立的体育课程和体育老师的指导影响我的篮球运动参与	0.86	0.742
在篮球装备、篮球场馆上所花费用的高低会影响我的篮球运动参与	0.82	0.681
学业繁忙使我没有时间和精力参与篮球运动	0.82	0.675
学习外的其他课余活动或学生工作使我没有时间和精力参与篮球运动	0.80	0.638
身边的篮球氛围、场地、设施会影响我的篮球运动参与	0.82	0.674
篮球活动的举办及管理的质量会影响我的篮球运动参与	0.83	0.688
到篮球运动场所的便利、通达性影响我的篮球运动参与	0.84	0.701
网络媒体上女性篮球运动员知名度的增加会影响我的篮球运动关注与参与	0.85	0.717
篮球活动场所的安全状况会影响我的篮球运动参与	0.84	0.704
特征根值（旋转前）	10.70	－
方差解释率%（旋转前）	66.88	－
累积方差解释率%（旋转前）	66.88	－
特征根值（旋转后）	10.70	－
方差解释率%（旋转后）	66.88	－
累积方差解释率%（旋转后）	66.88	－
KMO值	0.959	－
巴特利特球形值	2969.958	－
df	120.000	－
p值	－	－

3.3 北京市女大学生篮球活动认知与参与情况分析

表4 北京市女大学生篮球运动相关认识知识来源

选项	小计（人）	比例（%）
A.体育教师	86	41.55
B.社会体育指导员	120	57.97
C.电视、杂志、媒体等	132	63.77
D.父母或亲属	102	49.28
E.其他	50	24.15
本题有效填写人数	207	

通过表4发现，女大学生对于篮球运动的相关认识主要源自电视、杂志、媒体和社会体育指导员，这在很大程度上表明了社会环境对体育相关新闻和知识的传播发挥着重大的作用；而家庭影响和学校体育教师的影响次之，这也十分符合国内家庭和学校的体育氛围相较于欧美国家不足的情况。

表5 北京市女大学生篮球课参与情况

选项	小计（人）	比例（%）
A.有	113	54.59
B.无	94	45.41
本题有效填写人数	207	

表6 北京市女大学生篮球运动参与情况

选项	小计（人）	比例（%）
A.有	115	55.56
B.无	92	44.44
本题有效填写人数	207	

表7 北京市女大学生篮球运动参与次数

选项	小计（人）	比例（%）
A.1次到2次	73	35.27
B.3次到5次	81	39.13
C.5次以上	53	25.60
本题有效填写人数	207	

表 8　北京市女大学生篮球运动参与持续时间

选项	小计（人）	比例（%）
A.20 分钟以内	61	29.47
B.30 分钟以内	64	30.92
C.30~50 分钟	46	22.22
D.50 分钟以上	36	17.39
本题有效填写人数	207	

由表 5、表 6、表 7、表 8 可以将北京市女大学生的篮球活动参与情况进行一个归纳：多数女大学生在学校上过篮球体育课并且在课余时间也进行过篮球活动，运动次数以每周 3~5 次居多，但是时间普遍不长，多数在 30 分钟以内。一方面，数据从侧面印证了，北京作为体育文化氛围浓厚的城市，北京市内的大学有关三大球的宣传政策较好，篮球活动的参与度较高。但另一方面，数据也说明总的篮球运动时间并不长，多数女大学生是抱着娱乐、练习体育课篮球考试项目的目的进行篮球活动，运动强度普遍较低，以简单的运球、传球、投篮为主要形式，因此达不到增强体质的效果。

表 9　北京市女大学生篮球运动场所情况

选项	小计（人）	比例（%）
A. 收费篮球馆	74	35.75
B. 免费学校体育场所	140	67.63
C. 公共活动场所	106	51.21
D. 公园广场	103	49.76
E. 其他	38	18.36
本题有效填写人数	207	

通过表 9 可知，北京市女大学生参加篮球运动的场所是以免费的学校体育场所为主，而其他的免费公共场所次之，收费的篮球馆选择人数较少。数据表明，对于北京市女大学生选择篮球场所来说，经济因素和时间因素是主要的影响因素。

3.4 女大学生参与篮球活动的影响因素

为了更好地分析北京市女大学生篮球休闲制约与协商策略，本文将重点考察女大学生参与篮球运动的休闲动机。本文采用了心理和社会两个维度来测量女大学生参与篮球这种对抗性休闲活动的动机情况。

3.4.1 心理因素

从表 10 可知，"求新"是影响北京市女大学生参与篮球运动的最大因素。这与北京市的教育环境有很大原因，众多高校的培养与学习环境使得北京市的女大学生更加具有求新欲，更愿意去尝试感兴趣的新技术以实现内心的满足。北京市对于北京高校大学生的体育要求较高，因此众多的女大学生希望通过篮球训练来满足生理需求，增强体质。社交需求较大的影响因素，篮球是团队运动，许多同宿舍或者同班的好朋友们的邀请会提升她们的参与率，也能满足在篮球场上建立友谊的目的。然而自己有篮球运动欲望时，如果没有伙伴陪同，也会降低这种欲望。

表10 心理原因重要程度从大至小排序

选项	第1位	第2位	第3位	第4位	第5位	小计
A.求知：能深入了解篮球运动基本理论知识，学习专业技术动作，以便将来找工作能发挥作用	36（17.39%）	22（10.63%）	66（31.88%）	55（26.57%）	28（13.53%）	207
B.求新：从事感兴趣的新技术或练习，能让生理上和心理上得到满足	25（12.08%）	75（36.23%）	61（29.47%）	39（18.84%）	7（3.38%）	207
C.生理需求：受遗传影响，希望通过后天的训练，获得良好的体态、强健的体质，对后代、对人类发展有积极作用	50（24.15%）	42（20.29%）	59（28.5%）	35（16.91%）	21（10.14%）	207
D.社交需求：通过篮球活动来实现建立友谊和提高社交能力的愿望	65（31.4%）	34（16.43%）	6（2.9%）	66（31.88%）	36（17.39%）	207
E.审美需求：认为从事篮球活动是一种美的享受，可以实现自我价值	31（14.98%）	34（16.43%）	15（7.25%）	12（5.8%）	115（55.56%）	207

3.4.2 社会因素

从表11可知，高校对大学生体育课篮球考试的高要求是影响女大学生参与篮球活动的最大影响因素，表明学校和体制政策的影响对于北京市女大学生篮球运动倾向的影响作用很大。为了通过考试，这些女大学生们才会去花时间进行篮球运动，而通过考试后，这些大学生们可能就不会再参加篮球运动了，因此整体女大学生篮球参与率便会下降，这也是国内体育参与情况与国外体育环境产生区别的主要因素，也印证了"通过篮球运动培养终身体育理念，促进全民健身运动"重要程度最低的情况；而家庭的体育影响与鼓励不够充足，也是导致以上情况出现的主要原因。

表 11 社会原因重要程度从大到小排序

选项	第1位	第2位	第3位	第4位	第5位	小计
A.家庭有体育运动习惯，家长对子女参与篮球运动强身健体积极支持和鼓励	35（16.91%）	19（9.18%）	78（37.68%）	50（24.15%）	25（12.08%）	207
B.高校对大学生体育课篮球考试要求高	41（19.81%）	67（32.37%）	47（22.71%）	37（17.87%）	15（7.25%）	207
C.社会企业有篮球团建活动，更加偏爱会打篮球的毕业生	49（23.67%）	35（16.91%）	59（28.5%）	25（12.08%）	39（18.84%）	207
D.体育文化和大众体育的兴盛激发产生篮球运动动机	49（23.67%）	41（19.81%）	7（3.38%）	79（38.16%）	31（14.98%）	207
E.通过篮球运动培养终身体育理念，促进全民健身运动	33（15.94%）	45（21.74%）	16（7.73%）	16（7.73%）	97（46.86%）	207

3.5 女大学生篮球参与休闲制约分析

据最终模型的因素分析结果，在北京女大学生参与以篮球为代表的对抗性球类运动制约因素中，女大学生参与篮球运动的休闲制约因素主要分为个人制约因素、社会制约因素和结构性制约因素。这些因素对女大学生参与篮球运动的积极性和效果产生了一定的制约和影响。休闲制约因素见表12。

表 12 北京市女大学生参与篮球运动休闲制约量表

题项	无影响（人）	影响较小（人）	一般（人）	影响较大（人）	影响很大（人）	平均分（分）
兴趣爱好会影响我的篮球运动参与	10（4.83%）	15（7.25%）	27（13.04%）	75（36.23%）	80（38.65%）	3.97
心理状况（心情/压力/勇气）会影响我的篮球运动参与	16（7.73%）	12（5.80%）	15（7.25%）	95（45.89%）	69（33.33%）	3.91
身体状况会影响我的篮球运动参与	9（4.35%）	15（7.25%）	23（11.11%）	70（33.82%）	90（43.48%）	4.05
我的休闲观念与态度会影响我的篮球运动参与	7（3.38%）	19（9.18%）	17（8.21%）	80（38.65%）	84（40.58%）	4.04
缺乏相关知识技能限制了我的篮球运动参与	16（7.73%）	14（6.76%）	32（15.46%）	85（41.06%）	60（28.99%）	3.77

续表

题项	无影响（人）	影响较小（人）	一般（人）	影响较大（人）	影响很大（人）	平均分（分）
没有同伴一起，限制了我的篮球运动参与	8（3.86%）	22（10.63%）	24（11.59%）	86（41.55%）	67（32.37%）	3.88
家人朋友的态度影响我的篮球运动参与	23（11.11%）	13（6.28%）	28（13.53%）	75（36.23%）	68（32.85%）	3.73
学校设立的体育课程和体育老师的指导影响我的篮球运动参与	21（10.14%）	14（6.76%）	16（7.73%）	83（40.10%）	73（35.27%）	3.84
在篮球装备、篮球场馆上所花费用的高低会影响我的篮球运动参与	15（7.25%）	19（9.18%）	31（14.98%）	90（43.48%）	52（25.12%）	3.7
学业繁忙使我没有时间和精力参与篮球运动	15（7.25%）	15（7.25%）	24（11.59%）	87（42.03%）	66（31.88%）	3.84
学习外的其他课余活动或学生工作使我没有时间和精力参与篮球运动	13（6.28%）	15（7.25%）	29（14.01%）	91（43.96%）	59（28.50%）	3.81
身边的篮球氛围、场地、设施会影响我的篮球运动参与	11（5.31%）	18（8.70%）	24（11.59%）	82（39.61%）	72（34.78%）	3.9
篮球活动的举办及管理的质量会影响我的篮球运动参与	12（5.80%）	18（8.70%）	23（11.11%）	78（37.68%）	76（36.71%）	3.91
到篮球运动场所的便利、通达性影响我的篮球运动参与	20（9.66%）	13（6.28%）	24（11.59%）	75（36.23%）	75（36.23%）	3.83
网络媒体上女性篮球运动员知名度的增加会影响我的篮球运动关注与参与	12（5.80%）	19（9.18%）	23（11.11%）	78（37.68%）	75（36.23%）	3.89
篮球活动场所的安全状况会影响我的篮球运动参与	15（7.25%）	13（6.28%）	30（14.49%）	85（41.06%）	64（30.92%）	3.82
小计	223（6.73%）	254（7.67%）	390（11.78%）	1315（39.7%）	1130（34.12%）	3.87

3.5.1 个人制约因素

首先,身体状况是影响女大学生参与篮球运动的最大影响因素。当女性在月经期间,腹部会疼痛,这在很大程度上影响了女性外出进行运动的倾向。然而女性的休闲观念与态度也是极为重要的影响因素,当男性在进行篮球运动时,大多数男性会更加专注、认真,希望通过长时间不断的训练打磨技术,来收获身心愉悦和社会认同,而大多数女性只是将篮球运动作为一项休闲活动、社交活动,通过短时的运动分泌多巴胺来收获开心。其次,技术水平和运动能力的不足也是女大学生参与篮球运动的一大制约因素。女大学生在学习和生活压力下,往往缺乏足够的时间和精力去提高篮球技术和运动能力,这也使得她们参与篮球运动的积极性和效果受到一定的限制。最后,运动伤害的风险也是女大学生参与篮球运动的一大制约因素。由于篮球是一项对抗性运动,参与者需要承受一定的身体冲击和伤害风险,女性身体相对较弱,容易受到运动伤害的影响,这也限制了女大学生参与篮球运动的积极性和效果。

3.5.2 社会制约因素

性别歧视、社会压力、时间和场地限制也是女大学生参与篮球运动的制约因素。在中国传统文化和社会观念中,女性参与体育运动往往被认为是不合适和不文雅的行为,加之篮球被认为是一项男性运动,女性在参与篮球运动时容易受到性别歧视和社会压力的影响,因此这些成为女大学生参与篮球运动的主要休闲制约因素之一。

3.5.3 结构性制约因素

时间和场地限制也是女大学生参与篮球运动的制约因素。由于学习和其他活动的时间安排,女大学生的空闲时间相对较少,加之篮球场地的紧缺,很多女大学生很难找到适合的时间和场地进行篮球运动。这也限制了女大学生参与篮球运动的积极性和效果。

3.6 休闲协商策略

我们对八名北京市女大学生进行了线下一对一问答访谈。为了克服休闲制约因素,提高参与篮球运动的积极性和效果,她们采取了一些协商策略。

访谈问题如下:

①当您学习忙碌的时候,您是如何平衡时间去打篮球的呢?

②当您没有足够的资金去购买想要的篮球装备时,您是如何解决这类问题的?

③当您来到篮球场时,发现其他的场地内都是男生且没有空余的场地,您是如何做的?

④篮球运动的比赛规则较为烦琐和复杂,当您想去慢慢地了解篮球规则时,您是如何做的?

⑤当您想要去进行篮球活动但是却找不到同学、朋友时,您的做法是什么?

⑥当您听到一些有关于女性不适合打篮球的社会舆论时,您的想法是什么?

⑦有学者认为"兴趣是学习中最活跃的激素",针对女大学生的篮球兴趣普遍不高的问题,您有什么看法?您觉得有什么提高的办法?

⑧针对现如今女性校园篮球活动的逐渐增多,您有什么期望?

八位受访的北京市女大学生信息见表13所示。

表13 受访北京市女大学生信息

采访者	学校	年龄	访谈时间	访谈地点	持续时间
1	北京联合大学	22	4月3日	北京联合大学	03:09
2	北京联合大学	20	4月3日	北京联合大学	06:50
3	北京联合大学	21	4月3日	北京联合大学	02:04
4	北京联合大学	22	4月3日	北京联合大学	05:03
5	首都师范大学	20	4月5日	首都师范大学	02:50
6	首都师范大学	19	4月5日	首都师范大学	04:27
7	北京体育大学	21	4月6日	清河商业城	03:41
8	北京语言大学	22	4月4日	五道口地铁站	02:59

3.6.1 个人制约因素协商策略

(1)技术水平和运动能力不足协商策略

女大学生通过提高篮球技术水平的方式提高参与的积极性和效果。她们可以通过观看篮球比赛、学习篮球技术、参加篮球培训等方式提高篮球技术水平,从而更好地参与篮球运动。受访者8表示:"校内篮球课的时候,体育教师组织的模拟比赛可以很好地帮助我们掌握篮球规则和提高技术,当我们出现违例情况的时候,体育老师会及时叫停,这时所有同学的注意力会在一瞬间集中在违例情况上,这样便可以加深印象。"

(2)运动伤害风险协商策略

女大学生可以采取一些措施减少运动伤害的风险,比如穿着适合的运动鞋、做好热身准备、注意休息和饮食等,从而更加安全地参与篮球运动。

3.6.2 社会制约因素协商策略

缺乏运动伙伴的协商策略。女大学生通过组织篮球活动的方式吸引更多的参与者,这不仅有利于建立社交网络,还能提高参与者的篮球技术和运动能力,增强其对篮球运动的兴趣和热情。女大学生可以通过微信群、QQ群、校园论坛等途径发布篮球活动信息,邀请感兴趣的人一起参与。

访谈记录:

采访者:"就像很多人喜欢打篮球,但是他的同学、他的舍友不太想去,只有他一个人想去,然后可能很多女生也是这样的情况,那我想问一下如果遇到这种情况你是怎么做的?"

受访者2："第一个对我们来说找找小联帮忙就是啊。如果真的遇到这种情况的话也确实没办法，到特别想打的时候，有一种方式，就是你可以搞搞朋友圈看，以后有同道中人想打的约起来。然后如果说朋友平时很忙，那你可以在你社交的时候找几个对打篮球比较感兴趣的人，就是可以作为长期球友的，我觉得就挺好的，什么时候打球大家一起去。"

3.6.3 结构性制约因素协商策略

（1）性别歧视、社会压力等协商策略

女大学生可以克服性别歧视和社会压力，自信地参与篮球运动。她们可以通过参加女子篮球比赛、组织女子篮球队、宣传女子篮球运动等方式，为女性参与体育运动争取更多的机会和尊重。正如受访者4所说："相信我们国家这种运动中的性别歧视会逐渐消失，营造起良好的体育氛围，树立良好的体育文化，成为真正的体育强国。"

（2）运动场所缺乏的协商策略

女大学生通过寻找篮球场地的方式克服时间和场地限制，她们寻找学校内外的篮球场地，或者与其他校园组织或社会组织合作，借用篮球场地进行篮球运动。

访谈记录：

采访者："当你来到篮球场时，发现所有场地都是男生，也没有空的场地，这时候你是如何做的？"

受访者7："跟他们一起打。"

采访者："跟男生一起打吗？"

受访者7："对，看一看有没有人少的，没有在打比赛的，如果是自己投篮的男生，跟他说一起投投篮。"

采访者："这个方法挺好的。"

4. 研究总结

4.1 研究结论

基于国内外休闲制约因素研究成果，本研究设计了北京市女大学生参与以篮球为代表的对抗性球类运动制约因素量表，采用探索性因素分析与验证性因素分析，对影响北京市女大学生参与以篮球为代表的对抗性球类运动的制约因素进行探究，发现影响北京市女大学生参与以篮球为代表的对抗性球类运动的制约因素主要分为个人制约因素、社会制约因素、结构性制约因素。

4.2 研究启示与建议

研究表明，在中国特有的文化背景下，女大学生参与的对抗性球类运动，如篮球，可以有效地促进休闲制约协商机制的发展，从而为我们提供了一种新的理论模型，以便更好地探索休闲制约协商的机制。不过，在具体的制约协商因素中，人际关系取向和他人取向的特点相比国外更加突出。

当前，北京市女大学生参与的体育健身休闲活动具有多样性、多元化的特点，在场所的选择上则侧重于大众型公共休闲空间。休闲制约、休闲制约协商和休闲制约协商效能共同作用于北京市女大学生参与以篮球为代表的对抗性球类运动活动的行为，激发休闲参与者的协商效能，有利于提高采取协商策略的意愿，在一定程度上也可以减少对制约因素的感知，从而促进体育健身休闲参与行为的发生。依据研究结果，可以在制约因素、协商策略和协商效能上寻找突破口，从学校、政府和家庭三个角度为体育健身休闲参与者创造更多获取协商策略的条件、促进休闲参与提出建议。

4.3 研究不足及展望

第一，本文以北京市女大学生为调查对象，尽管北京市是我国全民健身示范城市，但仅以单个城市为研究案例地仍不够全面，后续研究可选取多个具有不同特色的运动城市为研究地点，扩大调查样本的数量，增强数据获取的客观性。第二，本研究初步选取的体育健身休闲制约协商研究维度和具体题项是在国内外相关研究量表的基础上提出的，具有一定的科学性和普遍性，但由于案例地和受访者的特殊性，还有待进一步完善和验证，后续研究可在量表设计前先对研究群体进行访谈，结合访谈结果进行题项的取舍和增设。第三，本研究尝试二阶模型的构建，涉及的变量包括休闲制约因素、休闲制约协商策略、休闲制约协商效能和休闲参与，后续研究可考虑加入休闲动机变量，增加路径关系，完善休闲参与影响机制模型。第四，本研究从全体女大学生的角度探讨休闲参与的制约协商机制，后续研究可从不同性别、不同职业、不同体育健身休闲空间等角度细化研究对象并做对比。

5. 结论

本文对北京地区女大学生参与以篮球为代表的对抗性球类运动的休闲制约与协商策略进行了探讨。研究发现，女大学生参与篮球运动的休闲制约因素主要包括时间和场地限制、技术水平和运动能力不足、运动伤害风险、性别歧视和社会压力等，女大学生采取的协商策略主要包括寻找篮球场地、组织篮球活动、寻找运动伙伴、提高技术水平、减少运动伤害、克服性别歧视和社会压力等。

为了提高女大学生参与篮球运动的积极性和效果，需要采取一系列措施，比如增加篮球场地的供给、加强篮球技术和运动能力的培训、提高篮球比赛的组织水平、加强对女性参与体育运动的宣传和支持等。同时，需要进一步减少社会对女性参与篮球运动的歧视和压力，为女性参与体育运动提供更加公平和友好的环境。除此之外，女大学生本身也应该通过提高篮球技术水平、寻找运动伙伴、克服心理障碍等方式，积极参与篮球运动，提高自身的体质健康和综合素质。

在今后的研究中，可以结合社会心理学、运动心理学等学科的研究方法和理论，深入探讨女大学生参与体育运动的心理机制和影响因素，进一步完善女性体育发展的政策和措施，促进女性体育事业的健康发展和社会进步。

参考文献

［1］JUNG I K，KIM J H. The effects of perceived father's rearing attitude on leisure satisfaction and leisure constraint in middle school students：the mediating effects of self-efficacy［J］.Korean Home Economics Education Association，2015，27（2）：77-93.

［2］AN D S，YOON Y S.The effect of mobile phone dependency among university students on leisure constrains and leisure boredom［J］. Journal of Sport and Leisure Studies，2015，62：701-712.

［3］CHO D W，TARYN P. Leisure constraints to participation in competitive activities and intramural sports：Comparing international and domestic students［J］.Journal of International Students，2018，8（2）：884-900.

［4］HYUN M S，JOUNG K H.The effects of leisure lifestyle on leisure constraint and career attitude of university students［J］.Korean Journal of Leisure Recreation & Park，2018，42（4）：53-66.

［5］HAGGARD L，WILLIAMS D. Self-identity benefits of leisure activities［M］// DRIVER B，BROWN P，ETERSON G. Benefits of Leisure. State College，PA：Venture Publishing，Inc.，1991.

［6］ULRICH R，DIMBERG U，DRIVER B. Psychophysiological indicators of leisure benefits［M］. State College，PA：Venture Publishing，Inc.，1991.

［7］HENDERSON K，BEDINI L，HECHT L，et al. Women with physical disabilities and the negotiation of leisure constraints［J］. Leisure Studies，1995，14（1）：17-31.

［8］KO S K，KIM M Y，LEE C K. Impact of leisure constraint of horse riding participant on constraint-negotiation and behavioral intention［J］.Journal of Hospitality and Tourism Studies，2019，81（4）：31-44.

［9］JIANG J D，ZHANG J，ZHENG C H，et al. Natural soundscapes in nature-based tourism：leisure participation and perceived constraints［J］.Current Issues in Tourism，2018，23（4）：1-15.

［10］XUE L，GAO J. Negotiating air pollution as a travel constraint：an exploratory study［J］.Journal of Sustainable Tourism，2021，30（1）：185-198.

[11]吕树庭,邢焕峰,车建平,等.长春市女性参与体育的现状调查与分析[J].天津体育学院学报,1998,(3):31-36.

[12]许丽.推动职业女性休闲运动之探讨[J].山西师范大学体育学院学报,2005(20):10-12.

[13]韩琳琳,郭鲁芳.国外女性研究综述[J].经济特区,2006(11):173-175.

[14]蒋秀芝,韩二涛.论女性休闲体育的发展策略[J].广州体育学院学报,2006,26(2):34-37.

[15]郑耀星,李明亮.基于女性休闲视角下的温泉旅游开发模式:以福州市温泉为例[J].福建论坛(人文社会科学版),2013(8):150-154.

[16]杨斌,唐吉平.城市职业女性休闲现状与休闲健身文化的推广[J].上海体育学院学报,2013,37(4):44-47.

[17]陈楠,乔光辉.基于休闲阻碍因素的都市职业女性生活满意度研究:以北京市为例[J].兰州学刊,2010,200(5):103-106.

[18]陈楠.中韩都市女性休闲阻碍因素比较研究:以北京市与首尔市为例[J].现代工商贸工业,2010(21):134-136.

[19]朱志强.北京女大学生参与以篮球为代表的对抗性球类运动制约因素对休闲参与的影响关系研究[D].福州:福建师范大学,2017.

[20]赵志斌.林州滑翔伞体验者休闲制约因素研究[D].开封:河南大学,2018.

[21]林泓.北京女大学生参与以篮球为代表的对抗性球类运动参与的制约协商机制研究[D].福州:福建师范大学,2019.

[22]朱菊.社会性别理论视角下的体育休闲制约和参与研究[D].广州:暨南大学,2019.

[23]韩霄.职业女性休闲参与、制约与满意度影响机制研究[D].北京:北京第二外国语学院,2020.

[24]牛子悦.休闲制约理论视域下影响消费者参与北京市滑雪体育旅游制约因素的研究[D].北京:首都体育学院,2021.

[25]秦小喆.基于社会生态学模型女大学生体育参与干预实验研究[D].开封:河南大学,2022.

[26]于振峰.中国第十届全运会男子篮球比赛进攻重点问题调研报告[M].北京:北京体育大学出版社,2008.

(指导老师:周泽鲲,北京联合大学旅游学院旅游管理系)

研究报告

寻声中轴——北京中轴线声音策划方案

胡钧鑫　李　慧　林晓棋　黄星宇　李浩轩*

[摘　要]北京中轴线是北京城的脊柱与灵魂，是最能体现中国传统城市规划思想的文化遗产之一，其作为世界遗产的文化价值以及所蕴含的文化内涵对于现今以及未来具有重要的意义与影响。自北京中轴线的概念提出以来，各类产品层出不穷，但以北京中轴线上的声音为主题的探索仍处于发展阶段。本研究以声音为研究主题，从微观与宏观角度，通过PEST、波特五力和SWOT分析，分析北京中轴线营销环境；通过访谈法、观察法以及百度指数数据，分析北京中轴线消费者行为；通过百度指数数据等，分析北京中轴线声音旅游市场；最终得出"寻声中轴"系列产品的营销组合策划。本研究探索了北京中轴线声音旅游发展与建设的可能性，为北京中轴线的发展提供了切实方案，对企业与政府具有一定的参考价值与现实意义。

[关键词]北京中轴线；声音；声音景观；营销策划

1.北京中轴线营销环境分析

1.1 市场现状分析

北京中轴线是北京的一条历史文化轴线，自南至北贯穿城市的中心，记录了北京城的历史变迁与独特魅力。近年来，北京中轴线旅游市场不断发展，规模持续扩大。北京市旅游委员会数据显示，截至2022年，北京中轴线年接待游客量已经超过3亿人次；北京市文化和旅游局数据显示，2019年北京中轴线旅游总收入达到203亿元，同比增长9.7%。其中，故宫博物院收入最高，达到63亿元。北京中轴线发展现状表现为旅游资源丰富、基础设施完善、产品多样化、文化旅游融合、产业链完善、市场规模扩大、智慧旅游推进、可持续发展前景好、政策扶持力度大、合作良好等，其发展趋势表现在文化旅游深度融合、智慧旅游、可持续发展、国际化发展、提升旅游品质、

---

*　胡钧鑫，北京联合大学旅游学院旅游管理系毕业生，现纽约大学研究生在读。李慧、林晓棋、黄星宇、李浩轩，北京联合大学旅游学院旅游管理系毕业生。

多元化旅游产品、跨界合作与创新、品牌塑造与宣传推广等多个方面。

北京中轴线旅游发展迅速，丰富的各类资源迅速被开发为产品，并进入旅游市场。声音作为一种重要的文化载体，是北京中轴线珍贵的旅游资源。通过对北京皇城、祭祀、市井这三类文化，以及永定门、天坛、天桥、前门大街、天安门、故宫、景山、钟鼓楼八大建筑的声音进行分类，共收集声音32种，包括：鸽哨、驼铃、儿童喧闹声、风筝线轴声、电车行驶声、公交乘务员播报声、回音壁回声、祭天乐声、飞鸟振翅声、北京雨燕鸣叫声、戏曲乐声、茶馆环境声、快板声、京剧、京油子闲唠声、收废品叫卖声、磨剪子镪菜刀叫卖声、北京晚报贩卖声、铛铛车铃声、弹棉花声、军乐声、礼花鸣响声、阅兵脚步声、欢呼声、国家领导人讲话声、午门正门开门声、宫廷乐声、朝拜声、钟声、画眉鸟叫声、风吹树木声、暮鼓声等。北京中轴线声音资源得到了越来越多的关注与应用，如故宫博物院内的"耳语园"、景山公园内的"鸟鸣径"、天坛公园内的"回音壁"，再如综艺《最美中轴线》等。同时，在北京中轴线建筑群中，具有历史和文化意义的建筑物也开始运用声音技术来进行旅游宣传和文化传承，如鼓楼利用3D立体声模拟曾经铿锵有力的鼓声。综上，声音资源的开发在北京中轴线发展中崭露头角，人们开始通过"听"的方式感受北京中轴线独特的历史文化魅力。

1.2 宏观与微观环境分析

具体分析如表1、表2所示。

表1 宏观分析——PEST分析

P——政治	● 国家鼓励消费，政府大力支持旅游发展，国内旅游市场焕发生机 ● 和平发展之路保证了长期稳定的局势，为旅游业提供良好的外部环境 ● 2022年《北京中轴线文化遗产保护条例》的颁布，优化了北京中轴线的旅游环境，提升了其旅游品质，丰富了旅游产品，促进了北京中轴线保护与旅游的融合发展
E——经济	● 近几年国内旅游业总体营业额飞速增长，居民消费倾向增加，北京中轴线旅游市场增大 ● 国民收入水平的提升，使人们的生活水平显著提高，消费能力显著提升，旅游成为更多人的消费选择 ● 国家与政府的经济政策的大力扶持为旅游业提供了经济支持，也加快了旅游经济的发展
S——社会	● 青年群体对旅游具有娱乐需求，中年群体对旅游具有放松需求，老年群体对旅游具有休闲需求 ● 人们物质生活水平提高，强烈的社交、自尊、信仰、求知、审美、成就等高层次需求增强
T——技术	● 交通技术的进步，降低了出行成本与时间成本 ● 电子商务的发展，方便了旅游者，增加了旅游消费 ● APP媒体的发展，增强了旅游体验与旅游意愿，提供了更多可能性

表2 微观分析——波特五力模型

供应商	北京中轴线的供应商较多，但经营水平和服务质量存在差异，由于供应商较多，因此供应商的议价能力较弱
需求者	北京中轴线的旅游活动需求者越来越多，由于相关产品较少，因此游客的议价能力较强
潜在竞争者	北京中轴线概念提出的时间段，是新旅游企业比较容易进入并在其中进行发展的

续表

替代品	对于中轴线而言，替代品旅游目的地可以是其他文化古城的中轴线，例如西安和南京。但作为中国的文化与精神传承，北京中轴线的底蕴更深厚，因此替代品的替代能力较弱
竞争对手	在北京中轴线的旅游市场中，竞争对手有西安、南京等历史文化名城，作为全国的政治文化中心，北京中轴线的竞争力更强

1.3 SWOT 分析

针对声音为主题的北京中轴线产品开发，本研究从优势、劣势、机会、威胁四个方面展开分析，并提出 SO、WO、ST、WT 应对策略（见表 3）。

表 3　北京中轴线声音主题 SWOT 分析

	优势（Strength） 1. 北京中轴线声音资源丰富：中轴线蕴含着丰富的声音资源，贯穿古今 2. 游客体验的个性化：游客可以自由灵活地选择旅游的时间、地点 3. 声音本身具有独特的魅力：中轴线上的各种声音贯穿古今，跟随声音旅行的主题活动可以更好地吸引游客 4. 丰富的历史和文化资源：声音主题旅游可以使游客更深入地了解历史文化，提高游客的兴趣	劣势（Weakness） 1. 游客的受众限制：相比于传统游览形式，声音旅游对游客的年龄和文化背景有更高的要求 2. 管理以及技术研发成本高：声音主题旅游需要借助先进的 VR 等技术，并不断升级与维护，这需要投入较多的研发资金和技术开发费用 3. 声音模式缺乏创新：中轴线上可收集的声音比较有限，不利于后续新产品的开发
机会（Opportunity） 1. 创新的旅游体验：声音主题旅游充分利用触觉、视觉、听觉等多种感官刺激游客的体验，扩展了旅游行业的产品线和业务模式 2. 促进文化认知逐渐深入全球：声音主题旅游将中国古代历史文化呈现给游客，提高了游客对中国文化的认知 3. 游客的多元化旅行需求增加：随着经济社会的发展，游客追求更加新颖的多元化旅游形式 4. 北京中轴线的各方面条件优秀：《北京中轴线文化遗产保护条例》的推出，以及中轴线良好的文化基础，更能吸引游客	SO 战略 1. 历史与创新结合，给游客以更新奇的旅游体验：用科技等手段，通过视觉、触觉，让游客直观感受历史的声音与场景，身临其境 2. 游客自由创作旅行线路：因为声音主题的个性化，可以先规划一条大致路线，并让游客自行探索与挖掘，创造新的旅行线路供之后的游客参考 3. 进一步开拓声音旅游的市场：记录北京中轴线的各种声音，进行深度挖掘，并开拓其他多元化市场，如文创产品设计、声音旅游路线设计等	WO 战略 1. 扩大受众群体范围：设计和推广适合不同人群的文化和语言的声音主题旅游项目 2. 与知名企业合作，用创新点降低技术研发成本：将创新建议提供给较有实力的旅游企业，并由其代为研发，打造双方共赢的合作成果 3. 持续挖掘声音市场，不断推陈出新：将声音融入其他内容，扩充其他市场，如戏曲、音乐等领域 4. 加大宣传推广力度，扩大声音市场：目前的游客受众群体较窄，可以通过推广宣传，进一步扩大声音市场，拓宽受众群体的范围

续表

威胁（Threat）	ST 战略	WT 战略
1. 宣传不足导致的市场竞争力不足：更多的旅游形式将被开发，声音主题旅游服务供应商和业务模式面临着更大的压力 2. 后阶段可持续发展能力不足：随着产品的开发与深度挖掘，可能出现创新点不突出的问题，从而影响其可持续发展 3. 技术和服务标准提升的不确定性：声音主题旅游需要不断提升技术和服务标准	1. 不断进行创新，向游客与本地群众收集更多的声音资源：可以发起游客创新点咨询政策，以收集更多主题进行创新 2. 加快相关产品的开发与推出，并进行多元化拓展，实现"声音+"的多样化旅游主题 3. 加大市场宣传，普及新的理念：可以通过加大市场宣传，向大众普及声音旅游的新形式	1. 减少技术研发成本：寻找合适的技术服务提供商进行合作，规避高成本技术源的风险 2. 增加游客参与度：通过推广和市场宣传，让更多的游客了解声音主题旅游的新鲜感和差异性 3. 改善维护成本：通过限制开发的项目规模，制定稳定的批量销售标准，控制维护成本，从而使得声音旅游不断保持比较稳定的发展表现

2. 北京中轴线消费者行为分析

2.1 消费者行为分析

2.1.1 市场调研的步骤

确定研究对象：研究对象应是游玩或搜索过北京中轴线的游客，针对其展开采样和研究。

设计访谈提纲：针对北京中轴线相关声音产品设计一份详尽的访谈提纲，以发现调研主题涉及的各个方面的问题。

采集数据：采集数据的方法包括百度指数搜索、深度访谈、观察法等方法。针对北京中轴线设计了科学合理的访谈提纲，确保问题内容清晰明确，能够准确反映游客行为特点；百度指数便于更加全面地收集数据；访谈法和观察法更加直接和贴近实际行为，可以充分调查到游客在实地旅游过程中的需求和体验。

数据分析：对内容和数据进行分类、整理、分析，以发现其中的规律和趋势等信息。

撰写研究报告：根据研究结果，对北京中轴线相关声音的产品调研结果进行分析和解释。

2.1.2 市场调研的方法

深度访谈法：对 7 位不同身份、性别的游客进行深入访谈，倾听他们对北京中轴线相关声音产品的看法和想法，了解他们对北京中轴线声音产品的理解及他们对市场侧重点和趋势、营销推广渠道、可能会遇到的机会或威胁等问题的看法，以及他们对北京中轴线相关声音产品有什么发展建议。

旅游大数据：靠网络技术实现，通过百度指数收集对北京中轴线的趋势研究、需求图谱和游客画像，以了解游客的需求和偏好。

观察法：通过实地观察了解北京中轴线游客群体特征和游玩特点、消费者的购物和使用行为，以及观察游客在购买或选择相关声音产品过程中的做法，从而理解他们的决策过程和行为特点，并确定不同因素的影响程度。

素材分析与数据挖掘：通过分析北京中轴线游客通过搜索引擎查询和浏览的内容以及消费者在网络上留下的评论和反馈，通过大众点评、公众号、小红书等其他社交媒体，了解消费者的行为和喜好。

2.2 消费者市场调研

2.2.1 消费者构成

通过百度指数对收集的北京中轴线数据进行统计，发现北京用户搜索指数较高，其他地区用户搜索指数较低。

如图1所示，被调查对象中，小于20岁用户占10.77%，20~29岁用户占31.41%，30~39岁用户占31.32%，40~49岁用户占18.61%，50岁及以上用户占7.88%，说明青年、中年用户对中轴线兴趣较大。超过半数（61.13%）的用户是女性，男性消费者则占38.87%，女性游客相对来说比例较高。

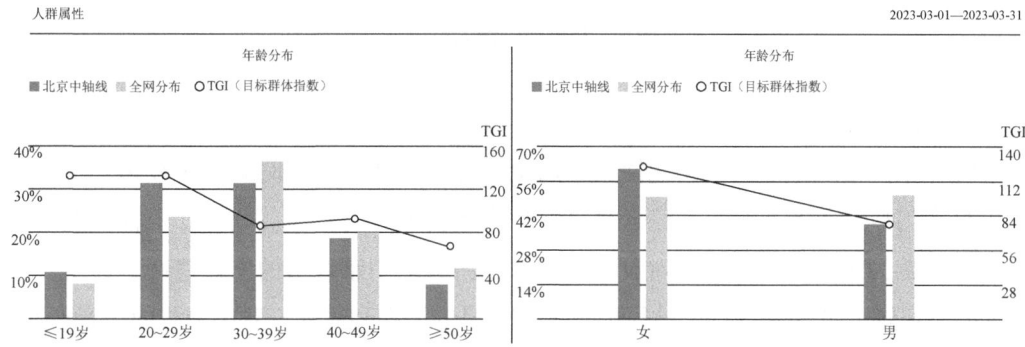

图1 北京中轴线消费者构成年龄与性别分布

2.2.2 消费者行为调查分析

（1）主要消费人群

百度指数数据搜索结果显示，关键词"北京中轴线"的搜索量随着时间的变化呈现出波浪状。其中，游客在周末和节假日的时候搜索量较低；与北京中轴线相关的声音产品"京剧""相声""北京话""民谣""rap""导游+解说"等搜索量都很高。

在百度指数中，通过热度地域分布查询功能搜索关键词"北京中轴线"和"相声"、"京剧"等，了解到大部分消费者主要集中在北京市，同时在广东、山东、河北、上海等地方也有一定的关注度。

在百度指数中，还可通过相关搜索关键词去了解消费者更加精准的搜索习惯和意向，已发现的相关搜索关键词主要有"中轴线""正阳门""永定门"等，这些关键词也呈现了类似的搜索热度趋势。

通过人群属性分析（见图2），可以看出"京剧""相声""北京话""民谣""rap""导游+解说"相关声音产品的受众主要为20~50岁的青年、中年群体，男性、女性占比总体来说差别不大。青年和中年消费者群体是互联网使用率较高，比较注重生活品质、消费体验的消费群体，他们对于北京中轴线声音产品的消费、购买意愿高，他们的消费观念先进、消费口碑传播力强，是北京中轴线声音产品的主要消费人群。

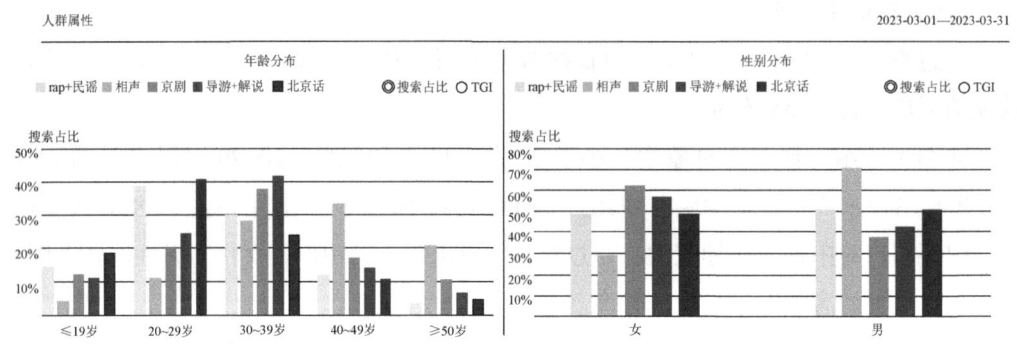

图2 北京中轴线人群属性

（2）消费特点

游客在中轴线主要进行文化探索和历史遗迹的寻访，游览时间相对较短，主要消费项目为门票、餐饮、讲解和纪念品，而住宿和交通相对较少。此外，中轴线上的游客以个人游为主，人均消费相对较低。同时，游客对中轴线上的文化遗产、建筑、声音、民族风情、文物和特色产品等都表现出浓厚的兴趣和需求。对中轴线的声音产品，游客希望获得更加便捷、信息化、智能化的旅游服务，包括电子导览、循声路线、声音地图等。为满足游客对中轴线声音产品的需求，可以在声音产品的数字化技术和声音产品创新升级等方面下功夫，通过加强互联网技术应用、优化游客服务和管理，设计推出更好的声音产品和营销策略，进一步吸引和满足游客的需求和喜好。

2.3 消费者行为影响因素

声音产品本身的质量是影响消费者行为的首要因素，包括讲解质量、语言表达能力、声音的音量/音色等。声音产品的质量可以影响游客的游览体验和评价；声音产品的价格可能是消费者购买的重要考虑因素，尤其是对于那些预算有限的消费者。在制定声音产品的价格时，应综合考虑声音产品的成本、市场需求和消费者的支付能力等因素。要从消费者的角度去发掘和体会，定价要考虑成本，薄利多销，先吸引大众的目光和耳朵。北京中轴线相关声音产品需要采用多样化的宣传方式和营销手段，如广告、社交媒体、营销宣传和活动等，使声音产品渗透到消费者的心智和行为中，将声音变成普通游客可以体验和预订的旅游产品。声音产品最终的目的是提供优质的用户体验，因此，了解消费者在使用声音产品过程中的体验、所得到的效用等，再根据其反馈改进产品，是非常必要的。

综上所述，声音产品的质量、价格、推广和用户体验是影响消费者购买和使用声音产品的重要因素，可以在这些方面做更多的努力，提供更好的声音产品和服务，以便提高消费者的满意度和忠诚度。

3. 北京中轴线声音市场营销策划

3.1 旅游市场细分

3.1.1 确认市场范围

经过对消费者的访谈与中轴线旅游实地调研以及借助百度指数的分析（见表4），我们发现北京旅游的市场范围相对庞大。旅游市场在持续释放积极信号；而北京中轴线始于金代，有着悠久的历史与文化内涵，对国内外游客来说都有相当大的吸引力。因此，我们的市场范围是整个旅游市场。

表4　2023年北京市接待入境过夜游情况

单位：人次

2023年北京市接待入境过夜游情况			
主要客源国（地区）	2023年1—2月		
	游客人数	上年同期	同比增长（%）
合计	51 419	58 092	-11.5
中国台湾地区	3286	1806	81.9
中国澳门地区	834	600	39.0
中国香港地区	8832	4516	95.6
外国人	38 467	51 170	-24.8

3.1.2 列举并分析潜在消费者需求

通过百度指数，对2023年2—4月这几个月进行分析，将北京美食、北京娱乐、北京购物、北京住宿、北京游玩进行对比，从数据可以看出，大部分游客最关心的是北京美食，其次就是北京游玩、北京住宿、北京购物、北京娱乐。

北京游玩能位居第二说明游客对于探索北京文化、历史、古迹有潜在的需求，因此如何提高游客的"游玩体验度"是我们设计北京中轴线主题游的落脚点，因此我们从"听觉"上着手，对中轴线上的声音进行收集与整理，形成一个旅游产品。

3.1.3 初步确定市场细分

我们将北京中轴线旅游扩展到北京旅游，一来排除了用户可能是教育工作者的情况，他们搜索北京中轴线是为了进行申遗研究而非出于旅游需求；二来从北京这一大市场下的宏观角度去思考人口变量特征，更具广泛性。

根据细分市场的原则即可衡量性、可进入性、可营利性、可稳定性，旅游市场的细分变量即地理变量、人口变量、心理变量和行为变量，再结合百度指数的数据分析，我们最终选择了人口变量当中的年龄特征进行市场细分。

从人群属性的年龄分布图（见图3）来看，很明显，30~39岁年龄段的人群占了大多数，高达40%以上，而少年和老年群体占比则低至20%以下。关注"声音"的人大部分在30~39岁，说明中青年人对"声音"元素敏感度更高，这也是我们最终选择该变量来细分市场的原因。

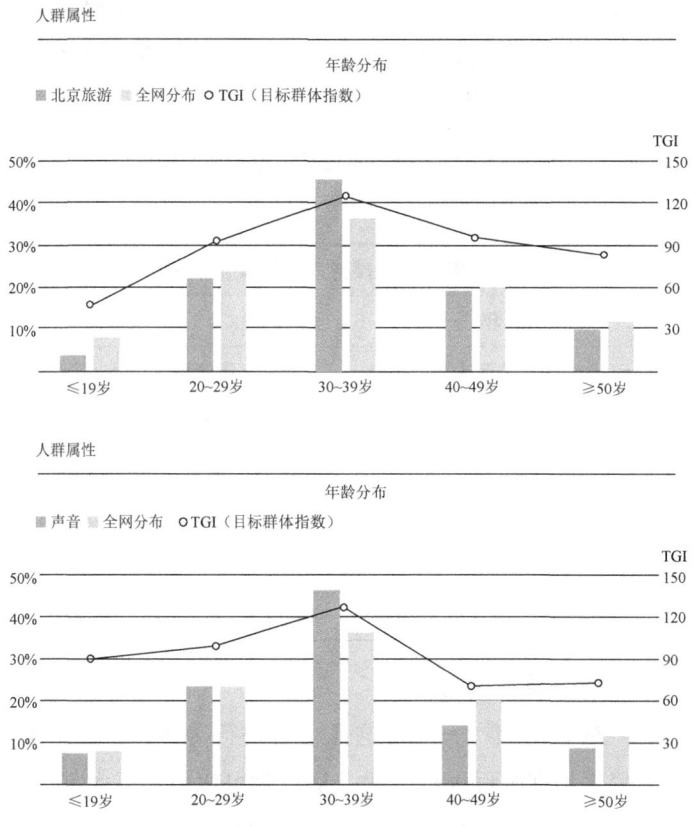

图3 "北京旅游"与"声音"搜索指数年龄分布

3.1.4 分析细分市场的特点和容量

通过关注北京中轴线的人群属性年龄分布图（见图4），可知大部分游客的年龄在

20~40岁，说明北京中轴线的受众群体以中青年为主，和北京旅游人群年龄分布以中青年为主的结果相匹配，再结合北京中轴线旅游景点多、线路较长的特点来看，这也符合了中青年人爱运动、喜欢探索新鲜事物的特征。同时，中青年人属于所有年龄段里数量最庞大的，由此可见该市场容量大，市场前景好。

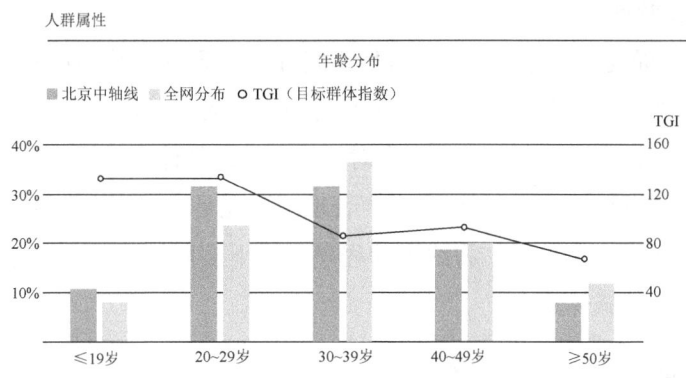

图4 "北京中轴线"搜索指数年龄分布

3.2 旅游目标市场

3.2.1 评估目标市场

针对北京中轴线声音的探索较少，且比较零散、种类并不统一，而官方的"北京中轴线"公众号、网站在声音探索这一块主要集中在讲述各景点背后的故事，缺少对"声音"的收集以及形成一条有相关性的旅游线路。因此，市场有一定的可进入性。

3.2.2 选择目标市场营销策略

我们最终采取集中性目标市场营销策略，即用"聆听北京中轴"进行营销组合，集中力量进入中青年人市场，旨在用"声"临其境的方式提高他们的听觉体验，满足该市场消费者群体对北京中轴线上声音的好奇心、探索欲。除了中青年群体以外，根据旅游市场细分方法当中的单一变量细分法，我们还开设一个子市场，针对视障群体。由于我们以"声音"为主题设计旅游产品路线，对视障群体来说这是一种独特的体验北京中轴线的方式，可以让他们更好地感受北京文化。

3.3 市场定位

3.3.1 确定潜在竞争优势

北京中轴线上声音资源丰富。由于北京中轴线长7.8千米，北至钟鼓楼，南至永定门，贯穿了从元代起的源远流长的历史，其中蕴含着相当多的声音资源，如京剧、戏曲、北京话等。

北京游客量大。北京对许多游客来说都有很大的吸引力，而北京中轴线作为北京旅游资源当中极其重要的一部分，消费者数量具有可观性。

3.3.2 选择相对竞争优势

现有对北京中轴线声音的研究不全面。就像上面所说，市场上现有专门针对声音进行旅游线路规划的产品比较少或者说并不全面，体验度比较低。因此，一个完善的"声音"旅游产品具有必要性。

3.3.3 显示独特的竞争优势

"声音"旅游提高体验感。声音元素是我们日常生活中必不可少的东西，从北京中轴线声音的多样性出发，倾听各个景点独具特色的声音，聆听背后的故事，可以更好地展示多元文化，极大地提高旅游消费者对北京中轴线的体验感。

"声音"旅游增强互动性。无论是"声音地图"还是其他声音旅游产品，都从听觉出发，融入AR增强现实技术，将线上的程序与线下实际结合，去引导消费者探索北京中轴线，加强交互式体验。

4. 北京中轴线声音营销组合策划

4.1 产品策略

4.1.1 寻声图——北京中轴线声音地图小程序

寻声图是一款以声音为引的地图小程序，其特点在于能够将现有市场上零散的声音信息串联到一张地图上，从而形成声音导览。就目前而言，声音在中轴线市场中已经开始受到重视并得以开发，但市场上并未发现关于"声音地图"的相关产品。

页面设计方面，遵从最简原则。第一页面区分用户类型，分为"入驻商家"和"游客"；第二页面直接进入地图。功能分布如图5所示。

4.1.2 聆听中轴——北京中轴线寻声一日游

对于消费者来说，最好的聆听中轴线的方式就是亲身体验。聆听中轴线以声音为线索，探寻中轴线沿途的风土人情和文化传承，采用不同形式、不同玩法，带领大家共同聆听北京中轴线之音，用心展示出人物鲜活、有史可依的北京中轴线上精彩的声音。通过"走""骑"中轴线，以沉浸式古人行走方式，活化文物、活化景点、活化生活状态，展现中轴线带给人们的家国情怀、文化自信和当下生活的幸福感。

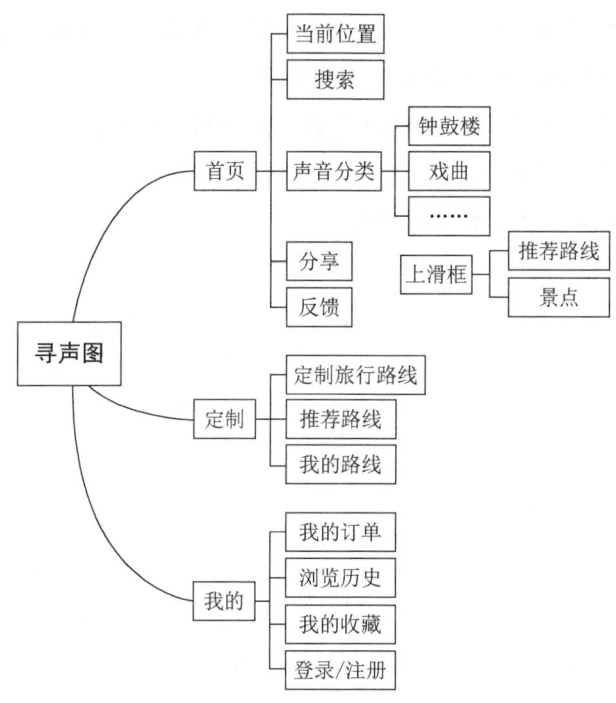

图 5　寻声图设计参考与 APP 页面设计

行程安排。9:00 永定门地铁口集合出发；9:15 到达永定门公园，感受北京清晨大爷大妈们的活力，跳舞声、交谈声、下棋声等；9:45 到达天坛公园，感受天坛回音壁、站在中央听到的四周的声音等；11:00 到达箭楼，逛前门大街与大栅栏，感受叫卖、磨剪子锵菜刀、京油子闲唠等富有市井气息的声音，体会北京话的乐趣；中午午餐自行解决，在大栅栏与前门大街品尝地道北京美食。13:30 到达老舍茶馆，观看"相声"演出；16:30 到达毛主席纪念馆、人民纪念碑、天安门广场，感受军人站岗的静谧、纪念馆的肃静、踏步声；（本产品不包含故宫内的参观）17:30 到达景山公园，从山顶俯瞰故宫城，感受祈愿铃随风敲击声、风吹树木声等；19:00 到达终点鼓楼，等待钟鼓楼的钟声、鼓声，寻找雨燕、画眉鸟的踪迹，记录胡同里的生活声音。20:00 根据当日演出节目，选择想要参加的活动（京剧、歌剧、摇滚、民谣、说唱等）；21:00 左右演出结束，愉快的行程结束。

其他安排。交通：步行或骑行（共享单车）。门票：包含天坛公园、老舍茶馆相声、景山公园，以景点实际开放为准。自选演出自费。导游服务：全程陪同导游服务，声音寻找、讲解导游服务。赠送：赠送数字黑胶唱片一份、赠送责任险一份。保险：旅游意外伤害险自费。

特别声明。用餐：本活动不含餐，午饭留出足够时间自行解决。小交通：共享单车自费，鼓楼之后行程自费。本活动属于半自助户外活动，领队安排行程，不含景区内付费导游讲解，包含费用以外的自主费用自理。

报名方式。电话、微信等。交活动费后完成报名。出发前一天中午12：00前可以退出，退费；之后退出请找替补。

4.1.3 黑胶中轴——中轴线创意周边

（1）黑胶唱片

北京中轴线是北京老城的"脊梁"和"灵魂"，中轴线上的声音包含北京独特的文化与北京人的共同记忆。制作黑胶唱片的主要目的在于传播北京中轴线上的声音，其声音的重要性不言而喻，而现在对于声音遗产的保护与关注却很少。考虑到黑胶唱片的受众人群，传播方式以数字黑胶为主。

根据网络调查、数据分析与实际访谈，决定唱片以收入北京中轴线声音遗产为主，以纯音乐的方式，展现中轴线的独特魅力。选取承载北京皇城、祭祀、市井这三类文化，以及永定门、天坛、天桥、前门大街、天安门、故宫、景山、钟鼓楼八大建筑的声音，并以此为单曲分类。共收集声音32种，根据地点、文化分类后形成单曲。

（2）数字黑胶

将北京中轴线黑胶唱片转化为数字化黑胶唱片，在网易云、QQ音乐、酷狗等音乐类APP上线，并对每张黑胶唱片编号，拉近与消费者的关系。本产品主要目标为使无法播放黑胶唱片的消费者及经常使用音乐类APP听歌的消费者能够享受到中轴线声音的震撼、动听、美妙。次要目标是作为"寻声图"、"黑胶唱片"与"聆听中轴"提供的附赠产品。

4.2 定价策略

4.2.1 定价方法

"寻声图"采取差别定价法。"寻声图"的盈利模式以定制行程、信息咨询为主，周边销售为辅。这也符合"同一旅游产品针对不同的旅游者，或根据不同时间、不同地点旅游者不同的心理需求分别制定不同价格"。根据所定制的人数、天数、产品等的不同，服务费的收取因定制而异，保证20%以上服务费的收取。完整版"寻声图"定价3.99元。

"聆听中轴"采取价值理解定价法与随行就市定价法相结合的方式。采用"聆听"的方式游中轴本身非常新颖，消费者的认知、了解、偏爱是此模式的根本，因此选择价值理解定价法。也正因为是新的产品形式，本身缺少定价的依据，无法精确估算，所以习惯价格的水平对此产品定价具有实际的参考价值。定价333元每人，四人以上同时参团享受9折优惠。单次发团30人，预计单次收入10 000元；费用包括网络营销维护1000元、景区门票1500元、相声演出4500元、人员耗费500元；纯利润2500元。

"黑胶中轴"采取成本加成定价法与价值理解定价法相结合的方式。以 P=C+（1+R）为准，在此取市场上黑胶唱片 R 的最低值与中位数的中间值 2 定价。最终定价为"数字黑胶"38 元，"黑胶唱片"88 元。

4.2.2 定价策略

针对不同产品，采取不同的定价策略。"寻声图"与"聆听中轴"采取市场渗透定价策略（低价）。产品不急于给市场报价，根据发展更好地确定定价。前期解析产品、分享定价，从而得出最核心的产品、更好的服务，从而降低成本、减少辅助服务。选取低价有利于提高产品的市场占有率，首先做到"声音"出圈；有效地排斥竞争者进入市场；达到规模效益，使产品成本下降；保证了长远利润的获得。"黑胶中轴"采取产品组合定价策略。数字黑胶定价 38 元，黑胶唱片定价 88 元，黑胶唱片与数字黑胶组合定价 88 元。

4.3 渠道策略

4.3.1 渠道选择

本策划的渠道选择以直接销售渠道为主、间接销售渠道为辅，直接销售渠道与间接销售渠道相结合的方式。

直接销售渠道以微信公众号、小红书自媒体、抖音直播电商为主。随着现如今许多小型、精致的旅游企业的出现，微信公众号已经成为宣传与客户转化的第一阵地，通过微信公众号作为终端，可以更好地发挥"寻声图"小程序的作用，同时公众号也是小红书与抖音直播的最终连接点。小红书自媒体的起号是前期的难点，而一旦起号成功效益相对同类型平台转化率较高，考虑到小红书的使用人群及其阅读习惯，小红书的运营将以视频与图文分享为主，并联系大 V 合作推广。在抖音直播方面，建立自己的媒体账号，与小红书关联，虽二者内容相似，但是抖音直播具有直售的能力。

间接销售渠道以本地旅行社与电子商务平台为主。与本地旅行社合作，一方面，可以有效快速推广，产生影响力，占据市场；另一方面，本地大型的旅行社具有规范化的管理，有大量的本地案例，能够更好地完善产品。在电子商务平台方面，开发前期要多平台发布，包括马蜂窝、携程、飞猪、美团、同程等，根据流量以及转化能力主要维护 2~3 个平台，但第三方平台具有信息更新慢、信息不对等、客服无人接听、客服态度差等问题。

4.3.2 渠道引流

线上公域渠道引流，在抖音、小红书、快手、B 站，通过图文、音视频等内容引流，入口为微信直接搜索公众号、内容连接到微信、直播链接、粉丝群与私信等。

线上商域渠道引流，在淘宝、京东等及百度等搜索引擎类网站上，通过关键词广告、专栏等免费或付费引流，入口为店铺详情页，引导加入粉丝群等，在各平台都建立粉丝群,最后引导到私域,付费推广引流。

线上私域渠道引流,在公众号、视频号、小程序、朋友圈、社群等,通过推文、短视频、直播、活动、付费推广等形式引流,入口为公众号关注后自动回复、菜单引导,以及短视频介绍与评论区与粉丝群。

线下渠道引流,开展地推,自建销售团队,通过活动、付费广告等方式引流,通过线下各种场景引流,入口为地推,根据位置与用户画像做针对性推广,通过比赛、沙龙等活动进行引流。

4.4 促销策略

产品的销售方式多种多样,我们在此选择网络广告营销、自媒体营销与中青旅旅行社推广三种方式。由于三项产品单位价值较低、市场范围广、单次购买量少、市场需求较大,因此,采用旅游促销组合策略,以广告为主,公共关系、销售促进、人员推销为辅,促进对消费者的销售。

4.4.1 "寻声图"广告促销

公共关系:举办"北京中轴线声音召集大会"等专题活动。销售促进:与剧院、茶馆、景区等联合推广,展现产品优势与特征,边展示边销售。

4.4.2 "聆听中轴"广告促销

广告:通过户外媒体、视听媒体从两方面展开促销。销售促进:采用包价旅游的组合型销售。网络促销:建立社交平台分享激励机制。

4.4.3 "黑胶中轴"广告促销

公共关系:通过各种传播媒体和手段,向社会公众宣传展示"黑胶中轴"的创新性与重要性,以形成有利于产品发展的社会印象与舆论环境。销售促进:与各大景点、建筑、企业联名推广,推出限定黑胶与数字黑胶;消费者参与"寻声图""聆听中轴"内活动可以得到折扣或免费获取。

参考文献

[1]吕舟.北京中轴线申遗研究与遗产价值认识[J].北京联合大学学报(人文社会科学版),2015,13(2):11-16.

[2]张宝秀,张妙弟,李欣雅.北京中轴线的文化空间格局及其重构[J].北京联合大学学报(人文社会科学版),2015,13(2):17-23+51.

[3]蔡晓璐.文化基因视域下北京中轴线的文化内涵与当代价值[J].北京社会科学,2022(9):33-45.

[4]吕舟.北京中轴线:世界遗产的价值认知体系[J].北京规划建设,2019(1):4-8.

［5］赵莉娜.公共艺术视角下的北京中轴线文化价值研究［D］.北京：中央美术学院，2020.

［6］胡峰.城市中轴线及其规划研究［D］.武汉：同济大学，2006.

［7］王义彬，陈毅.本真性旅游体验中声音景观的建构：以贵州肇兴侗寨为例［J］.华侨大学学报（哲学社会科学版），2020（5）：41-52.

［8］张勃.北京中轴线概念的提出及意义［J］.北京社会科学，2022（9）：21-32.

［9］王剑，韩炳越，刘华.北京中轴线及其延长线绿色空间体系研究［J］.中国园林，2021，37（11）：51-56.

（指导教师：孙梦阳，北京联合大学旅游学院旅游管理系）

北京中轴线老字号旅游营销策划书

谭茹文　王倬羽　黄　婷　闫　彤　吴淑童[*]

[摘　要] 北京中轴线作为体现城市历史文脉、推动城市旅游发展的重要文化内核，留有大量的历史文化遗迹，有着极为丰富的古城文化资源，旅游发展潜力巨大。然而，长期以来，北京中轴线的旅游开发工作一直呈现出零散状态，始终没有形成整体的旅游开发规划，没有形成优质的线性旅游产品。此外，近年来，伴随着北京中轴线申报世界遗产工作的全面展开，如何在保护与传承的过程当中更好地让中轴线文化"活"起来，更具现实意义。基于此，本次营销策划旨在输出兼具创新性与可操作性的北京中轴线线性旅游产品，助推北京中轴线旅游开发工作的进一步发展，助力北京中轴线的申遗。因此，本文聚焦北京中轴线老字号旅游，通过深度访谈与网络文本分析相结合的方式开展市场调研，进行环境分析，利用大数据进行用户分析，在准确把握消费者行为特点后完成旅游目标市场策划，并最终推出北京中轴线老字号旅游营销组合方案策划。

[关键词] 北京中轴线；老字号；线性旅游产品

1. 北京中轴线基本情况

南起永定门，北至钟鼓楼，自元朝以来，这条全长约7.8千米的北京中轴线已走过了百余年，它是时间的印证、是历史的丈量，记录着中国社会发展的进度，赓续着中华民族的精神文脉。左右对称的建筑格局不仅是北京中轴线壮美秩序的凸显，更是中华民族"中正和谐"传统文化的集中体现[1]。北京中轴线上分布着众多的历史建筑和文物，已有故宫、天坛、万宁桥（大运河）三处世界文化遗产，有着极高的历史和文化价值。北京中轴线上众多建筑物的建筑风格、设计理念，传递出不同历史时期社会发展的时代特征，展现出艺术与文化的交织相融，展示了中国古代文明丰富多彩的风

---

* 谭茹文，北京联合大学旅游学院旅游管理系毕业生，现陕西师范大学研究生在读。王倬羽、黄婷、闫彤、吴淑童，北京联合大学旅游学院旅游管理系毕业生。

貌与积淀[2]。因此，面对北京中轴线上如此丰富多样的旅游资源，清晰地梳理好资源种类，选定某一个具体的主题进行旅游营销策划，才会更加有针对性[3]。

2. 北京中轴线老字号旅游现状分析

借助百度指数，通过搜索"北京中轴线"这一关键词，分析其搜索趋势可知，自申遗工作开始后，搜索频次得到了大幅度的增加，游客对于中轴线的关注度明显增强，中轴线旅游市场进一步扩大，整体呈现出发展向好的趋势。同时，与北京中轴线旅游相关的研究文献的数量，在这一时期也有显著的增加，关于中轴线学术研究的深入也助推了中轴线旅游市场的更好发展。

伴随着北京中轴线保护体系的逐渐完善，以及申遗工作的持续推进，公众与中轴线的联系越来越紧密，有了更多的"亲密接触"，打卡中轴线上标志性历史建筑、特色餐厅等，吸引着各年龄段的消费群体，拉近了大众与中轴线的距离。

我们在对新媒体从业人员的深度访谈过程中了解到，中轴线旅游市场的不断扩大，给自媒体领域带来了新的发展机遇。"主播带你云旅游""看过等于吃过""看过等于游过"等以中轴线旅游、老字号探店为题材的推文、视频等都收获了不错的流量。在对旅行社从业者的访谈中得知，当前中轴线旅游线路不断增多，以"老字号"为主题的中轴线旅游也越来越受欢迎，推出针对不同需求人群的个性化旅游产品是旅行社在未来的工作方向之一。

聚焦目前北京中轴线旅游的开发现状，游客对此的感知大多以点为主，缺乏对于整体的认识；考虑到中轴线及其周边地区的交通条件，游客的体力消耗，在中轴线全线旅游方面，传统的跟团游、自驾游都失去了优势，相对冷门的骑行游方式占据了上风；中轴线两侧城区的开发现状呈现出不平衡的特点，东城区已经推出了诸如"故宫以东""19小时寻找北京"等区域特色文化旅游目的地品牌，而西城区则仅仅是推出了以非遗为主题的相关活动。

综上可知，北京中轴线老字号旅游整体呈现出旅游资源丰富、旅游价值极高的特点，但缺乏单体的有机结合，旅游开发呈现零散状态，没有形成整体的旅游形象。交通障碍导致传统旅游方式受到极大限制，在修缮和改造过程中导致的建筑原有风格遭到破坏、与环境不协调等问题也亟待解决。

3. 北京中轴线老字号旅游 SWOT 分析

3.1 优势分析（Strength）

3.1.1 历史文化内涵丰厚，具有多重价值意义

见证百余年的市井繁华、历史演变，串联起数个历史文化遗存，无论是从时空范

畴还是从遗产密度来看，北京中轴线所蕴含的历史文化内涵都很丰厚。作为北京历史文化旅游的核心，北京中轴线涵盖着宫廷文化、市井文化、建筑文化、胡同文化等丰富的文化内容，发展好北京中轴线旅游，在凝聚文化认同、增强文化自信、满足旅游需求等方面都有着多重价值意义[4]。

3.1.2 旅游资源种类丰富、资源聚合优势明显

风格各异、数量众多、种类多样，北京中轴线上丰富的旅游资源让一步一景成为现实，游客的选择空间十分广阔，可以满足游客的多样化需求。此外，在北京中轴线旅游开发的过程中可以很好地利用其两旁的优势，串联起周边区域的资源，联动发展，由一条线拓宽到一个面，相对于成都中轴线的资源仅聚集在少城片区，北京中轴线有着显著的资源聚合优势。

3.2 劣势分析（Weakness）

3.2.1 建筑不协调，风格不突出

对比广州的"川"字中轴线，东边是象征着经济与活力的广州新中轴，西边是代表历史和文化的近代广州城中轴线，中间是凸显着自然山水特色、蕴含"山龙之气"的中轴，三条线各有其统一的风格。然而，北京中轴线一方面存在着前期修缮改造过程中出现的一些与原有建筑风貌不协调但已无法更改的问题；另一方面是中轴线上建筑风格多样，但整体缺少统一、突出的风格。

3.2.2 线性旅游宣传不到位，缺乏特色线性旅游品牌

当前北京中轴线旅游的开发还是多聚焦于点的开发，对于全线的旅游产品的开发较少、宣传力度不够，导致了公众对于中轴线旅游认知的整体意识不强。现有的线性旅游产品又较为小众，给人的总体旅游体验也过于平淡，因此缺乏高质量、有特色的精品线性旅游产品，也没有形成知名度高的特色旅游品牌。

3.3 机会分析（Opportunity）

自2011年中轴线申遗工作启动以来，相继出台了《北京中轴线申遗保护三年行动计划》《北京中轴线文化遗产保护条例》《北京中轴线保护管理规划》等一系列政策文件，为中轴线申遗及中轴线上历史文化资源的深入挖掘、历史文化遗产的保护与传承提供了强有力的政策支持，推动了北京中轴线体系整体价值的深入研究发掘。

中轴线申遗工作的持续推进也带动了中轴线旅游、中轴线美食的发展，并使它们成为大众关注的热点话题，这在很大程度上给中轴线上的老字号带来了新的发展机遇，激发老字号不断加强门店升级，持续进行品牌与模式的创新，以满足消费者不断升级的消费需求。

北京中轴线的游客群体在进行产品的选择和消费时，会更加注重产品和服务所能够带来的教育价值，会更加希望通过旅游体验能够对中轴线所传递的历史文化价值有

一个更加系统、全面的认识。基于此，游客会更易于接受线性旅游产品。

借助数字化展现技术，对中轴线老字号历史场景和已消失的文物建筑进行数字重现，使游客获得更加真实的沉浸式旅游体验，有力地推动了老字号文化的传播。同时，抖音、快手、小红书等新媒体形式的兴起，拓宽了北京中轴线旅游、老字号品牌等宣传的平台与渠道，为北京中轴线老字号旅游产品推广、品牌打造提供了广阔的平台。

3.4 威胁分析（Threat）

同类中轴线旅游城市的存在与发展使得城市中轴线旅游市场竞争激烈，面对当下旅游市场上旅游产品同质化问题严重的现象，要打造出一个既能够满足旅游者的多样化需求，有着强烈鲜明的自身特色，且又更具知名度的中轴线旅游产品，面临着巨大的压力和挑战。此外，在中轴线旅游开发的过程中，既要做好对文化遗产、历史遗迹等的保护工作，又要最大限度地充分利用好中轴线上的旅游资源，是其面临的另一大挑战。

4. 北京中轴线老字号旅游游客行为分析

通过在百度指数上面搜索关键词得知，"北京中轴线"的日平均搜索指数要远远小于中轴线上的著名老字号、景点等，这表明游客对于北京中轴线的整体感知较弱，对老字号缺乏系统全面的认识，仅仅是熟知部分经典老字号品牌。借由百度指数的人群画像功能可知，对中轴线老字号旅游感兴趣的人群，年龄主要集中在 20~49 岁这一阶段，且没有明显的性别差异，男性女性对中轴线老字号旅游同样感兴趣。此外，在对不同年龄段的本地游客、外地游客进行了深度访谈后，结合网上相关的资料收集，从对北京中轴线老字号旅游的关注认知、参与意愿、旅游偏好等角度分析，归纳、凝练出了以下游客行为特征：①偏爱美食类老字号品牌；②偏好一日或两日游；③喜欢非遗技艺类老字号的打卡活动、技艺学习体验活动；④旅游活动多局限在以点为单位的探店打卡。

综合上述分析的游客人群画像，可知游客更乐于体验兼具趣味性和教育意义的旅游活动。同时，在对旅行社从业者的访谈过程中得知，目前对于中轴线老字号的市场开发程度尚浅，市场具有较大的开发、发展空间；且伴随着人民生活水平的逐步提高和家庭教育理念的转变，亲子旅游近年来发展迅速，亲子游品质产品未饱和，"亲子+"旅游市场开阔，也有着巨大的发展空间。这为我们后续进行目标市场选择提供了一个更加具体的思考方向。

5. 北京中轴线老字号旅游目标市场策划

5.1 市场细分

在市场细分环节，我们选用了综合变量细分法，首先选择从地理变量切入，分出京内、京外两个游客市场，进而选择从人口变量切入，以孩子的年龄为依据，在京内、京外两个游客市场的基础之上再各自分出"0~6岁""7~12岁""13~18岁"三个子市场。在最终形成的6个子市场当中，通过分析各自的优劣势得出结论：京内游客市场有着更为便利的交通条件，与中轴线有着更为深刻的情感联系，在旅游开发上会更具优势。7~12岁的孩子兴趣丰富、对周围新事物的感兴趣程度高且求知欲强烈，相较于更偏向简单重复性游乐体验；对于0~6岁市场来说，自然观光类产品更为适合；对于追求自由与个性化，选择性与独立性大大增强的13~18岁市场来说，会更加适合开展寓教于游类型的旅游[5]。

5.2 目标市场选择

根据市场细分所得的结论，我们最终选定将京内7~12岁少儿亲子旅游市场作为我们的目标市场。这一目标市场有着鲜明的消费特征与旅游需求：偏好出行时间短、活动体验程度高、包含亲子互动项目的高品质旅游方案。因此，面向京内7~12岁少儿亲子旅游市场，我们最终选择了集中性营销战略，选择推出以"中轴线老字号美食寻味之旅""中轴线老字号非遗技艺学习之旅"为主题的两套营销策划方案。

5.3 市场定位

经过了前期的一系列分析，明确了北京中轴线老字号旅游市场融合传统美食和非遗技艺两大旅游热点，包含极为丰富多样的体验项目，能够极大地满足亲子出游需求的特点。聚焦"老字号+美食"，在品尝百年传承老味道，享受味觉刺激的同时感悟历史与文化的交融，在领略传统老字号魅力的同时传承美食经典。聚焦"老字号+非遗"，将传统老字号与非遗技艺有机结合在一起，为老字号在新时代焕发新生机带来新的发展机遇，为非遗技艺的保护与传承提供新的思路，也为现代社会带来新的商业价值与文化魅力。因此，我们所要塑造的是以"穿越壮美中轴，感悟百年牌匾"为宣传口号的寓教于游、沉浸式体验老字号相关非遗技艺、传统美食的文化殿堂。

6. 北京中轴线老字号旅游营销组合方案策划

6.1 产品策略

6.1.1 寻味中轴——穿梭中轴之间，品味烟火人间

寻味中轴一日游，全程游览时长约9个小时，选取三家经典老字号门店，融合骑行、博物馆游览、讲解等特色体验，共同构成此次富有特色的中轴寻味之旅。9：30于永定门城楼下集合，沿中轴线开始从南至北骑行，骑行全程都配有导游讲解，在重点点位会进行相应的详细讲解。10：00前抵达前门大街，自由游览一个半小时。11：30在全聚德烤鸭（前门店）享用午餐。13：00参观六必居博物馆，由导游讲解六必居的演变历史，可自由选购酱菜、尝试特色黑蒜冰激凌。14：30~15：30自由游览大栅栏，

而后骑行至东来顺饭庄（地安门店），享用晚餐。约在18：30结束所有行程。

6.1.2 "遗"脉相承——非遗潮荟，学游中轴

（1）知识新学——非遗艺术之旅

本线路旨在让游客了解中国非物质文化遗产和传统文化艺术，在极富魅力的视觉、听觉、触觉特色体验中沉浸式感受文化与艺术。全程约12个小时，包含3个核心景点，午餐和晚餐为自费。9：00集合完毕后，在导游的带领下进入北京非遗博物馆进行参观。10：00~12：00参观展览，深入了解中国非物质文化遗产。自由进行午餐之后，14：00乘坐旅游巴士前往荣宝斋。15：00抵达荣宝斋，了解、感受荣宝斋木版水印工艺及其发展历程，在木版水印创作中零距离接触非遗文化，鉴赏荣宝斋木版水印的主要作品。亲子互动，一同进行非遗体验活动，DIY印制金福，祈福回家。自由进行晚餐之后，19：00抵达天桥剧场，观看昆剧《荣宝斋》，在旋律激越、舒朗的昆曲中享受极致的听觉盛宴，至此结束所有行程。

（2）学悟结合——学非遗技艺，悟文化传承

本线路涵盖前门、内联升千层底布鞋技艺体验基地、老北京兔儿爷、鼓楼四个核心景点，游览总时长约7.5个小时，午餐自费。9：00在前门集合完毕后，跟随导游的讲解系统了解商街的发展变化史，在前门游览过程中串联起中华老字号的故事。9：30来到内联升（大栅栏总店），进入内联升三层博物馆，由讲解员为大家讲解企业现状、企业发展史，接着来到国家级非遗工作室，参观内联升千层底布鞋制作过程，游客与非遗技师互动，体验内联升千层底布鞋制作技艺及工序，感悟非遗技艺传承。结束体验之后，步行10分钟来到北京兔儿爷（杨梅竹斜街19号），跟随非遗技艺讲授，了解非遗"泥彩塑"、北京兔儿爷文化，亲子合作共同体验给兔儿爷上色。自由进行午餐之后，乘车前往鼓楼，13：00~16：30登鼓楼、逛胡同，体验胡同探宝活动，寻觅传统老物件儿，至此结束一天的行程。

6.2 价格策略

对于价格，我们选取了成本加成定价法，采用了新产品定价策略和心理定价策略。针对线路一：寻味中轴——穿梭中轴之间，品味烟火人间，花费项目涵盖自行车租赁费用、门票费用、导游全程陪同讲解服务费用、餐费。针对线路二：知识新学——非遗艺术之旅，花费项目涵盖交通费用、全程中文导游服务费用、学术专家导师费用、特色讲解服务费用、教学物料费用、票价费用。针对线路三：学悟结合——学非遗技艺，悟文化传承，花费项目涵盖交通费用、全程中文导游费用、非遗传承人讲授费用、教学物料费用、门票费用。结合实际收费标准和游客心理价格偏好，最终形成如表1所示的线路价格细目表。

表 1 线路价格细目表

线路名称	花费项目	成本加成初定价	心理定价终定价
寻味中轴——穿梭中轴之间，品味烟火人间	亲子自行车租赁 60 元/天（两大一小）	P=C×（1+R） =860×（1+15%） =989 元	999 元/家
	门票免费		
	导游讲解服务费用 100 元		
	午饭：全聚德三人套餐 400 元 晚饭：东来顺三人套餐 300 元		
知识新学——非遗艺术之旅	交通成本：20 元/人	P=C×（1+R） =550×（1+35%） =742.5 元	780 元/人
	导游费用：全程中文导游服务费用 70 元		
	学术专家导师费用 100 元		
	教学物料费用：印制金福（含框）80 元		
	昆剧票价费（80~500 元不等）取 280 元/人		
学悟结合——学非遗技艺，悟文化传承	交通成本：20 元/人	P=C×（1+R） ≈348×（1+40%） ≈487 元	500 元/人
	导游费用：全程中文导游服务费用 70 元		
	非遗传承人讲授费用 100 元		
	鼓楼门票：成人 10 元　学生 5 元		
	教学物料费用：兔儿爷泥塑+颜料 150 元		

6.3 渠道策略

针对"寻味中轴"的旅游营销渠道策略，首先是直接营销渠道，可直接来到美食门店，直接面向亲子游消费者开展线下门店的独家营销，对到店的游客进行定向宣传。其次是间接营销渠道，通过宽渠道进行产品的营销与销售。一方面，可以通过骑行代理商，选择几家在亲子骑行自行车市场中知名度高的供应商，提高旅游产品的热度，促进旅游产品的推广。另一方面，通过旅行社代理商，选择同提供中轴线老字号讲解服务的多家旅行社合作，将产品推广至更多的消费者，提升产品的影响力。

针对"'遗'脉相承"的旅游营销渠道策略亦分两种。于直接营销渠道，可直接来到核心景点处直接面向前来参观的游客进行产品宣传。于间接营销渠道，同旅行社建立合作关系，推动产品的销售；与京内小学建立合作，将产品同组织学生开展非遗学习之旅的日常研学任务结合在一起，进而提高产品的销售量；此外，还可以通过邀请非遗传承人讲授、提供非遗技艺授课同非遗工作室建立合作，也可借此平台持续推广产品。

6.4 促销策略

针对"寻味中轴"旅游营销促销策略，在广告宣传方面采用"传统广告+数字新媒体"的宣传方式，一方面，可以通过老字号美食宣传海报与户外媒体广告进行旅游促销；另一方面，借助抖音、小红书、微博、快手等新媒体平台开设中轴线老字号旅游专区，例如邀请美食博主进行老字号门店测评探店，制作旅行打卡、种草视频，免费进行产品体验。通过视频下挂团购烤鸭套餐、黑蒜购物满减券的方式，刺激更多消费，提供精美文创周边、旅游纪念品，激励参与亲子线路的消费者将自身经历拍成vlog视频，官方流量助推，提高产品总体热度。同时，还可以进行相应的销售促进，如举办中轴亲子骑行比赛，在中轴每个景点设置盖章点，前三组完成中轴骑行的家庭即可获美食优惠折价券、老北京特产满减券。或是凡记录自己的亲子中轴线美食骑行之旅发布到网上，优质反馈内容的创作者下次即可享受中轴骑行全免包游。

针对"'遗'脉相承"的旅游营销促销策略，联合中轴线上的非遗博物馆和非遗工作室：举办非遗宣传活动，例如知识问答、技艺学习制作比赛等，提供特色非遗礼品，提升游客对传统非遗技艺的兴趣，从而更好地刺激消费。公益进校讲堂活动：例如"兔儿爷泥彩塑进课堂"实践课，使孩子们初步认识了解兔儿爷文化，激发孩子们对传统泥彩塑的求知欲。联合旅游企业，加强文旅融合：研发中轴非遗周边、文创产品，到场亲身体验可以免费获得小周边，进一步优化游客的旅游体验，让游客乐意将产品推广至周围更多的人，以期带来更多的旅游消费。旅行社营业推销：重点推销中轴亲子非遗体验游，提供相应的价格优惠，或是与其他的热门优质产品进行组合销售。线下门店推销：在非遗博物馆、内联升、荣宝斋线下放置宣传海报和易拉宝广告牌，拍摄制作中轴非遗技艺纪录片，投放到各大视频平台。

参考文献

［1］陈静.古都"中轴线"溯源及发展变化：兼论古都北京"中轴线"历史意义［J］.中国文化遗产，2020（6）：85-96.

［2］张勃.北京中轴线概念的提出及意义［J］.北京社会科学，2022（9）：21-32.

［3］张勃.北京中轴线的中和之美［J］.前线，2020（7）：70-73.

［4］张勃，龚卉.北京中轴线的三重社会价值［J］.北京观察，2023（4）：70-73.

［5］许广路.亲子游内涵及其市场细分研究［J］.当代经济，2016（35）：72-73.

（指导教师：孙梦阳，北京联合大学旅游学院旅游管理系）

北京非遗主题研学旅游营销策划

辛雪婷　徐亚丽　左怡萱　韩　莉[*]

[摘　要]非物质文化遗产（非遗）是一个和民族和国家紧密联系的概念，是一个国家和民族宝贵的财富，随着社会各界对非遗的关注度日益提高，其资源价值已是人所共识。而旅游，则是传播非遗的重要方式。现代游客消费偏好发生转变，特别是近年来青少年出游的需求强烈，且在出游目的上不再局限于简单地浏览观光，而是逐渐地转向追求更高的品质文化享受和更高层次的精神体验。在这种情况下，"旅游+非遗"拥有了较强的生命力。北京，无论是非遗的种类，还是数量，都占有优势。基于此，本旅游营销策划方案以北京金隅琉璃文化创意产业园为旅游营销策划目的地，以12~18岁的学生即中学生为主要市场，在对金隅琉璃文化了解的基础上，通过线下实地调查和游客访谈等方式，深入了解中学生的消费特点、现实需求和潜在需求等，针对目标群体的旅游消费行为特征为其打造符合其偏好的、更具吸引力的"非遗+研学"的旅游产品，一方面，满足了12~18岁中学生作为旅游消费者对非遗研学深度体验的需求；另一方面，通过多渠道多路径的营销方式、丰富的琉璃文化体验内容等，促进琉璃文化的传承。

[关键词]非物质文化遗产；研学旅游；琉璃文化

1. 北京非遗主题研学旅游营销环境分析

1.1 北京研学旅游市场现状

1.1.1 政策支持

（1）《关于进一步加强非物质文化遗产保护工作的意见》由中共中央办公厅和国务院办公厅联合发布，该文件强调了非物质文化遗产保护的重要性，并提出将保护工作纳入经济社会发展规划。意见还提倡推动非物质文化遗产与旅游、教育等领域的融合发展、高质量发展，以实现非物质文化遗产的合理利用和传承发展[1]。

---

*　辛雪婷、徐亚丽、左怡萱、韩莉，北京联合大学旅游学院旅游管理系本科在读。

(2)《"十四五"旅游业发展规划》由国务院发布,在推动旅游业高质量发展的目标下,该规划提出要加强非物质文化遗产保护利用。规划鼓励各地区培育非遗旅游体验基地,推动非遗有机融入旅游产品和线路,实现更好传承传播。规划还鼓励非遗特色旅游景区发展,开发更具文化内涵的旅游商品[2]。

(3)《北京市"十四五"时期文化和旅游发展规划》由北京市文化和旅游局发布,强调了完善非遗名录制度、加强非遗记录和研究以及建立规范化的非遗档案及数据库等工作。此外,规划还提到了实施传统工艺振兴计划,并鼓励拓展"非遗+"的融合范围,特别是"非遗+旅游"等的合作模式,利用市场化手段和科技力量促进非遗保护[3]。

(4)《北京市关于进一步加强非物质文化遗产保护工作的实施意见》由北京市人民政府办公厅发布,目的在于全面提升非遗的保护、传承、利用。意见提出要推动非遗与旅游融合高质量发展;要推动非遗融入旅游景点、博物馆、公园等,并鼓励利用非遗进行文艺创作和文创设计[4]。

政策层面的支持为北京非遗研学旅游市场的发展提供了有力的保障和推动。

综合来看,这些政策文件,旨在加强对非物质文化遗产的保护和传承,并积极推动非物质文化遗产与旅游业的结合,以促进文化传承和经济发展。这些政策为非物质文化遗产研学旅游市场的健康发展提供了有力的支持和指导。

1.1.2 非遗研学旅游产品的特点

融合性:非遗研学旅游产品将传统文化与现代旅游相结合,让学生在旅游的过程中了解和学习传统文化知识。

实践性:这些产品注重学生的实践体验,通过亲身参与和动手制作等方式,让学生更深入地了解传统文化的内涵和价值。

教育性:非遗研学旅游产品不仅具有娱乐性,更重要的是具有教育性。通过旅游活动,学生可以学习到课本以外的知识,拓宽视野,提高综合素质。

1.1.3 市场需求

随着人们对传统文化的重视和研学旅游的兴起,非遗研学旅游市场需求不断增长。越来越多的家长和学生选择通过研学旅游的方式来了解和学习传统文化。

非遗研学旅游产品市场需求目前正处于稳步增长阶段,这主要得益于公众对传统文化和非遗文化保护意识的提升,以及教育对实践能力和综合素质培养的重视。这类产品满足了学生对深度文化体验和学习的渴望,因此有着较大的增长潜力和广阔的发展前景。政府对非遗文化的保护和发展也给予了政策支持,进一步推动了非遗研学旅游产品市场的发展。总体来说,非遗研学旅游产品市场需求持续增长,发展潜力巨大。

1.2 北京非遗主题研学旅游 SWOT 分析（见表 1）

表 1　北京非遗主题研学旅游 SWOT 分析

S	W
● 北京有着最厚重的历史沉淀，有地道的传统戏曲及手工技艺等众多非遗文化 ● 政策支持力度大，中共中央办公厅、国务院办公厅印发《关于进一步加强非物质文化遗产保护工作的意见》，中共北京市委宣传部、北京市文化和旅游局、北京市财政局联合印发了《北京市非物质文化遗产传承发展工程实施方案》等	● 当前非遗研学旅行课程内容过于单一，仅仅围绕特定非遗项目开展研学 ● 非遗与研学旅行主题课程教学的融合还明显有需要改进之处，即仍然沿用校园课堂"纯理论"讲述的教学方法，教学者单调地讲述非遗的发展脉络、基本内涵、操作方法，学生枯燥地听老师讲，直接影响了非遗纳入教学体系目标的实现
O	T
● 非遗与研学旅行的融合发展主要有四个方向，一是 IP 化，二是科技化，三是互动化，四是产业化 ● 建设非遗研学旅行基地（营地），可以从主题乐园入手，打造彰显具有中国文化特色、讲中国故事的非遗主题乐园。一是非遗主题乐园要打造 IP，二是非遗主题乐园要创新业态	● 非遗项目与研学旅游融合不均衡 ● 研学旅游缺乏深度和专业性 ● 存在商业化与功利性倾向 ● 游客需求和期望呈现多样性 ● 保护和传承意识不足

2. 北京非遗主题研学旅游消费者行为分析

2.1 游客市场调研

2.1.1 非遗消费统计

2021 年，由中国社会科学院舆情实验室、中国旅游报、阿里巴巴集团共同组建的文旅产业指数实验室完成了《2021 非物质文化遗产消费趋势报告》，这是国内首个关于非遗消费趋势的综合研究报告。报告通过数据分析得出非遗消费继续稳定增长的结论。

中国工艺美术馆是展示中国非遗的国家级博物馆，以"中国工艺美术馆"为关键词，在百度指数上进行搜索，可发现对中国工艺美术馆的搜索量一直在变化，但都不低于 2000 条。

2.1.2 研学旅游情况统计

2021 年研学旅游人数达 494 万人次，2022 年更是突破 600 万人次，创历史新高。进入 2023 年，该趋势仍在延续，暑期更甚。这表明研学旅游在中国市场上的受欢迎程度不断上升，越来越多的家庭选择通过研学旅游来丰富孩子的教育经历，中国研学旅游市场呈现出快速增长的态势。调查显示，有意愿自己参加和有意愿让子女参加的消费者在人群中占了很大的比例；在网上搜索研学的人群地域分布，北京排在第 7 位，可见，北京研学旅游市场开发存在很大的潜力。

2.2 游客特征分析

2.2.1 研学游客组成

通过访谈了解到,研学旅游的主要参与者为中小学生,其中小学生和初中生占据较大比例,这些年龄段的学生正处于知识吸收和好奇心旺盛的阶段,对研学旅游有着浓厚的兴趣。中小学生参与研学游,大多是学校统一组织,进行团体研学。

百度指数数据显示,"研学"关键词搜索人群以30~39岁的人群为主,表明这个年龄段的父母很关注孩子的研学。但19岁及以下学生群体的TGI指数(Target Group Index,是一种用于了解目标群体在特定领域的兴趣、行为和需求的指数)最高,表明学生群体对研学的兴趣和需求相较于其他年龄段的群体更强烈。

2.2.2 研学花费

随着居民收入水平的提高和消费观念的转变,研学旅游的消费水平也在逐步提升。越来越多的家庭愿意为孩子的教育投资更多,选择高品质的研学旅游产品和服务。据统计(见图1),团体研学的研学单价在500~799元的占比最高,其次是800~999元的研学单价,表明家长愿意花更多的钱给孩子选择优质的研学服务。

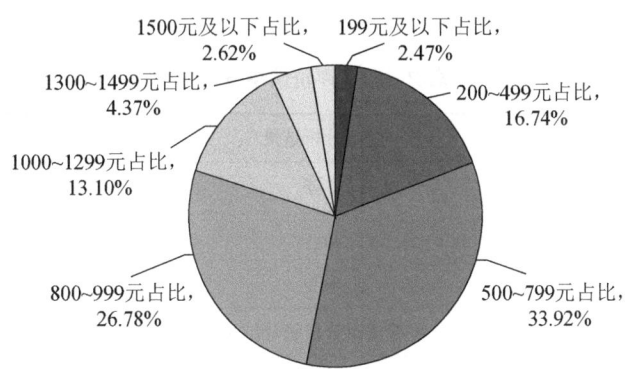

图1 学校等团体研学单价分布

2.2.3 消费动机与偏好

(1)教育需求。研学旅游的核心价值在于其教育性。消费者希望通过参与此类活动,获取课堂以外的知识,提升自己的综合素质。他们往往对具有历史、文化、科学等元素的研学主题表现出浓厚的兴趣。

(2)旅游体验。除了教育需求外,消费者还追求独特的旅游体验。他们希望通过研学旅游,深入了解北京的历史文化、风土人情,感受这座城市的魅力。因此,他们通常会选择具有代表性、特色鲜明的研学线路。

对研学和非遗感兴趣的领域中,排名最靠前的是影视音乐和教育培训,旅游出行处于中等地位,表明对研学和非遗结合的关注度不低,因此我们设计的非遗研学主题产品存在市场前景。

2.2.4 决策过程与影响因素

（1）信息获取。消费者在决定参与研学旅游前，通常会通过各种渠道获取相关信息，如旅行社、教育机构、社交媒体等。他们会比较不同产品的价格、内容、服务质量等方面，以做出最优选择。

（2）口碑与评价。消费者的决策过程往往受到他人口碑与评价的影响。他们会关注其他消费者对研学旅游产品的评价，以判断其质量和信誉度。因此，对于研学旅游服务提供商来说，树立良好的品牌形象和口碑至关重要。

2.2.5 消费者对非遗项目的参与度和满意度

本文选取具有代表性的中国非物质文化遗产馆，分析游客对非遗的参与度和满意度。中国工艺美术馆是展示中国非遗的国家级博物馆，在美团上搜索"中国工艺美术馆"，显示有4389条评价，抓取最新的、与非遗相关的评价内容，共抓取了16条有用的评价，对评价进行清洗，利用ROST进行分词、词频统计并进行游客情绪分析。从游客评价的情绪来看，游客整体情绪为高度积极的状态，对非遗表达了喜欢、赞扬、感叹之情（见表2）。

表2　游客评价情绪分析

情绪分析结果		
积极情绪	15条	93.75%
中性情绪	1条	6.25%
消极情绪	0条	0.00%
积极情绪分段统计结果		
一般	2条	12.50%
中度	3条	18.75%
高度	10条	62.50%
消极情绪分段统计结果		
一般	0条	0.00%
中度	0条	0.00%
高度	0条	0.00%

利用ROST对词频进行统计，词频最高的是"讲解"，频次达到17词，说明游客对馆内的讲解服务表示赞赏。剔除具有掩盖性的"讲解"，制作标签云，如图2所示，突出的关键词有"孩子""博物馆""展厅""老师""非遗"，"孩子"和"非遗"是表示这次观赏是带着孩子一起出行，孩子对馆内展示的藏品很感兴趣，或者认为这里很

适合带着孩子一起观赏,能够让孩子认识中国的非遗文化和传统工艺。

从游客对中国非物质文化遗产馆的评价来看,游客对非遗的参与度和满意度皆很高,且表示愿意让孩子参与非遗相关的活动,除了学校的团体组织研学,也愿意让孩子参与校外研学机构组织的非遗相关活动。

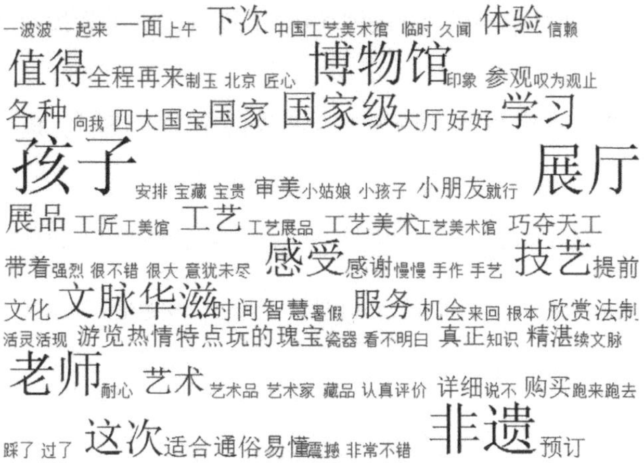

图 2　ROST 词云图

综合访谈调查,我们在北京金隅琉璃文化创意产业园与六位游客进行了访谈,其中三位是散客,另三位是亲子游游客。结合前面的市场调研数据分析,最终确定了本次非遗主题旅游研学消费者的行为特征,具体如下:

(1)主要出游动机是文化探索、教育需求、情感认同。
(2)希望能够进行多样化的活动,满足不同年龄段、有不同兴趣点人群的需求。
(3)对研学环境的要求较高,环境要舒适、安全、卫生。
(4)更加注重深度互动体验,亲身参与、动手实践。
(5)时间有限,更倾向于短期研学旅游,时间一般为 1~2 天。
(6)距离上不希望走太远,倾向于周边游。
(7)研学消费单价,选择 1000 元左右单价的人居多。
(8)研学项目选择上注重品牌的口碑与评价。

3. 北京非遗研学旅游目标市场策划

3.1 市场细分

经过与消费者的访谈,在北京金隅琉璃文化创意产业园的实地调研,以及借助百度指数的分析,发现北京非遗研学旅游的市场范围相对集中在中小学生及其家长,学校组织出游和亲子旅游成为非遗研学旅游的主要形式。据细分市场的原则，再结合百度指数的数据分析，下面选择年龄特征进行市场细分。

被调查对象中研学的目标群体集中在小于 19 岁的用户上，其 TGI 指数为 151.76。同时，数据显示，截至 2022 年 10 月末，全国中小学生研学实践教育基地超过 2000 个，全国中小学生研学实践教育营地超过 500 个，其中北京市中小学生研学实践教育基地已超过 39 家。可见，针对中小学生的研学旅游市场有巨大的发展潜力，研学旅游市场需求刚需较强。

因此，本研究初步选定目标市场为 12~18 岁的中学生市场。该目标市场人群行为特征如图 3 所示。

图 3　非遗研学游客行为特征

针对市场人群，本研究分析了相关的资源基础（见图 4）。

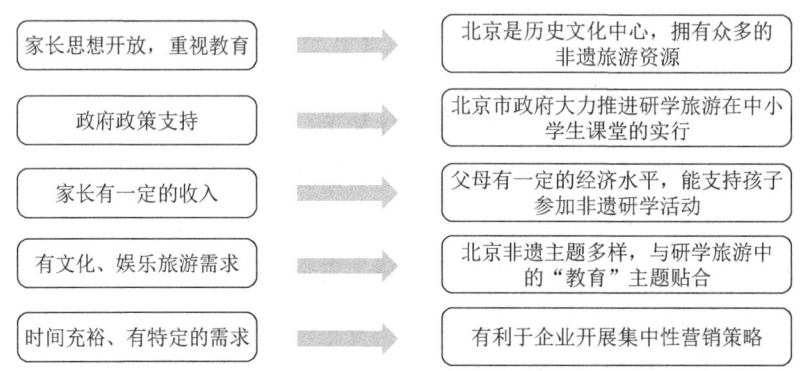

图 4　市场人群相关资源基础

3.2 目标市场的选择

3.2.1 确定目标市场

在目标市场的选择上，我们确定了提供不同非遗研学旅游线路产品、重视非遗研学旅游的教育性、保护和传承非遗文化的重要性、增强非遗研学旅游的竞争力四大特点。我们的目标市场客群为中学生，我们把中学生分为两类，一类为 12~15 岁的初中生，另一类为 16~18 岁的高中生，由于初高中生的某些研学旅游需求不同，我们的产品在线路、研学内容、研学时间等方面有一些不同。具体如表3所示。

表3 非遗研学产品

	M1 初中生（12~15 岁）	M2 高中生（16~18 岁）
1	琉璃之旅·研学（一天）	琉璃之旅·研学（两天一夜）
2	琉璃的历史变迁·研学	琉璃的历史变迁·研学（详细版）
3	门头沟非遗体验·研学（一天）	门头沟非遗体验·研学（两天一夜）

3.2.2 市场容量和未来发展潜力

《北京市非物质文化遗产条例》《北京市非物质文化遗产传承发展工程实施方案》等法规和政策文件的出台，为非遗研学旅游的发展提供了有力的支撑，2022年的中国研学游行业市场规模为909亿元。研学市场的主力军为学生，消费群体庞大。未来，随着当前研学旅行理念的不断深化，相关机构将更加注重研学旅行的专业性和教育性，利用大数据、人工智能等技术对研学旅行数据进行挖掘和分析，为教学和旅行提供更加精准的指导。

旅游企业应挖掘非遗研学旅游的内核，从非遗文化里看到自古以来劳动人民的智慧结晶，深入了解非遗品的历史与制作过程，开发符合目前学生对于研学旅游"教育"属性需求的产品。

利用人工智能，让非遗"活"起来，增加沉浸互动式体验，提高研学旅游的趣味性。

积极响应政府政策，积极推动非遗研学旅游的发展和创新，在发展中让非遗焕发新的活力。

采用集中性营销策略，北京非遗旅游资源丰富，非遗种类多样、地域特色鲜明，通过活态传承的方式，承载了历经千年的精神记忆，形成了难以磨灭的文化符号。

对中小学生团队可以满足其教育需求，非遗研学旅游在旅游的过程中传达了保护非遗文化的重要性，引导中小学生了解非遗文化的历史，可以体现研学旅游的核心教育价值。同时，非遗研学旅游大多数都需要动手实践，增加了旅游过程中的互动性，可以提高中小学生的旅游体验，让他们深入了解北京的历史文化、风土人情。因此，非遗主题研学旅游市场潜力非常大。

3.3 目标市场策略

针对目标群体，选择集中性营销策略。研学产品客户群体为12~18岁中学生，以金隅琉璃文化创意产业园为载体，针对此特定群体进行集中性营销，开展非遗研学旅游（见图5）。

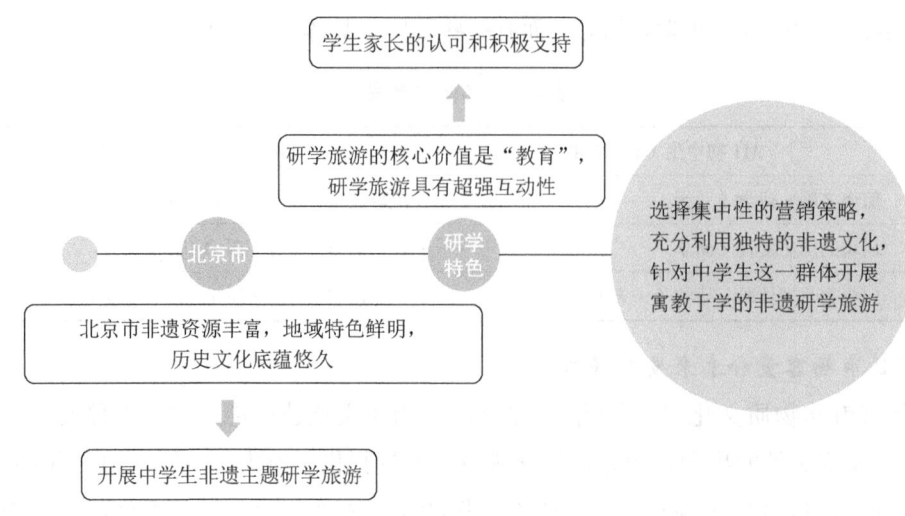

图 5　集中性营销策略分析

3.4 市场定位

北京金隅琉璃文化创意产业园研学旅游的定位专注于中学生群体，为他们精心打造一系列富有深度和广度的"琉璃"研学体验。研学旅游旨在利用旅行的契机，使学生在实践活动中深化知识理解，提升实践能力与经验。通过开展深入的实地探访、专业讲解、亲手操作等活动，让学生在研学旅游中获取知识、感悟文化、体验生活，从而全面提升综合素质。

3.4.1 产品竞争优势

（1）深度探索的研学行程：展现官式琉璃的千年历史变革与独特魅力，为中学生量身定制丰富多样的非遗研学旅游行程。这些行程不仅注重非遗文化的传承与探索，更结合了教育性与趣味性，让每一位参与者都能深入了解官式琉璃的窑变特点、时代特征及其内在的文化底蕴，从而获得全面而深刻的学习体验。

（2）权威专业的讲解员团队：拥有经验丰富、充满热情的讲解员团队，团队成员对官式琉璃有着深入的了解和研究。在研学之旅中，他们将用生动的语言和丰富的知识，向中学生传递官式琉璃的千年魅力，帮助大家更好地理解和欣赏这一非遗产品。

（3）亲身参与的互动体验：为中学生提供了众多参与非遗文化传承和创作的机会。制作琉璃工艺品、学习传统技艺等活动，让学生们能够更直观地感受官式琉璃的独特魅力，深入了解其背后的历史与故事，从而增强他们对非遗文化的兴趣和热爱。

（4）紧密的合作伙伴网络：与众多非遗工坊、非遗传承人和相关文化机构建立了紧密的合作关系，共同打造高品质的研学旅游产品。这些合作伙伴提供了丰富的资源和支持，确保行程和活动能够提供真正的非遗体验，让参与者能够近距离接触并了解官式琉璃的艺术价值和技艺精髓。

（5）个性化的定制服务：注重每一阶段学生的需求和兴趣，提供个性化的定制教学服务。充分考虑不同年龄段学生的特殊要求和兴趣，提供个性化的服务教学，让学生真正感受到官式琉璃的千年魅力，并留下难忘的研学回忆。

3.4.2 市场定位原则

（1）主题特色

以官式琉璃文化为核心，打造具有独特魅力和深厚文化底蕴的研学旅游产品。

北京金隅琉璃文化创意产业园作为"中国皇家琉璃之乡"的核心区域，承载着官式琉璃的千年历史与传承。通过实地调研，我们深刻认识到官式琉璃的独特魅力与深厚文化底蕴。我们将依托这一独特资源，打造具有鲜明特色的研学旅游产品。

官式琉璃烧制程序复杂，技艺精湛。我们将组织参与者深入了解官式琉璃的制作工艺，包括设计、制图、选料、配料、制模、制坯、修整、烘干、素烧、挂釉、釉烧等20多道工序。通过亲手制作琉璃工艺品、学习传统技艺等活动，参与者能够更直观地感受官式琉璃的独特魅力。同时，据调研得知，现如今除琉璃渠村内的小窑口外，国家正式认定的官式琉璃制作工艺传承人仅有两位。

（2）符合需求

紧密结合学校的教育期望，设计富有教育性和趣味性的研学行程，满足目标受众对非遗研学旅游的多元化需求。

北京金隅琉璃文化创意产业园研学旅游以琉璃文化为核心，融合传统工艺与现代创意，为学生们打造独特的研学旅游产品。在这里，学生们能够近距离接触和了解琉璃文化的深厚底蕴，增强对传统文化的认同感与自豪感。

我们采用创新的研学模式，将课堂教学与实践活动紧密结合。在园区内，学生们可以通过亲手操作、互动交流等方式，将所学知识转化为实际能力，提升实践技能和经验，确保每个学生都能在研学旅游中获得个性化的成长与提升。

在进行市场定位的同时，我们积极与学校、社会机构等建立合作关系，共同打造更加完善、个性化的研学旅游服务。我们致力于满足学生的需求，同时也关注社会的需求，通过研学旅游的方式，传承和弘扬中华优秀传统文化，推动文化产业的繁荣发展。

北京金隅琉璃文化创意产业园研学旅游的定位旨在让学生们在实践中感受文化的魅力，提升综合素质，为未来的成长和发展奠定坚实的基础。

3.4.3 市场定位的层次

（1）产品定位

专注于官式琉璃文化的研学旅游产品，涵盖琉璃制作工艺的学习、琉璃艺术品的鉴赏以及琉璃工坊的实地参观等。

（2）旅游品牌形象定位

打造"金隅琉璃，非遗传承"的品牌形象，强调对非遗文化的尊重与传承。突出高品质、专业化和个性化的服务特色，塑造独特的市场竞争力。

3.4.4 市场定位方法

（1）避强定位

在研学旅游市场中，避免与大型综合性研学机构直接竞争，而是专注于官式琉璃文化这一细分领域，深入挖掘其文化内涵和艺术价值。

通过提供独特、专业的研学旅游产品，吸引对非遗文化感兴趣的中学生。

（2）迎头定位

针对目标市场的需求和期望开发符合其需求的研学旅游产品，并不断提升服务质量和创新能力。

与学校以及非遗工坊、传承人等相关机构建立紧密的合作关系，共同推动官式琉璃文化的传承与发展。

4. 非遗研学旅游产品营销组合方案策划

4.1 产品设计

以12~18岁的中学生市场为研学产品的目标市场，综合研学旅游产品的竞争情况，选择集中性营销策略。定价上结合初高中生群体特点、研学内容与主题差异等多方面因素，针对两类群体分别采取不同的产品设计和定价策略。

4.1.1 初中生研学产品设计

（1）产品一

主题：琉璃渠奇遇记之"琉"光溢彩（2天1夜游）。

活动亮点：小众2日游，非遗研学/农耕体验/溶洞探秘。

探访皇家琉璃局，"非遗+研学"深度融合，沉浸式艺术体验。N+特色小众体验，远离尘嚣，在谷山村体验慢节奏农耕文化，探索地下溶洞，可体验罕有的400米地下滑道，感受千变万化的美。

研学对象：初中团体学生。

活动时间：2天1夜。

行程概况：非遗研学课程+农耕体验课+溶洞探秘。

活动配备：研学手册+打卡盖章，专业讲解老师，专业手工老师，摄影师跟拍。

表4 "2天1夜"第一天行程安排

时间		活动地点	项目	特色
上午	8:00~10:00	抵达八奇洞	游览八奇洞	探索地下溶洞,体验罕有的400米地下滑道
中午	12:00		结束游览,集体吃午餐	
	12:45		前往酒店,办理入住	
下午	13:00~14:00		午休	
	14:20~15:30		集合,前往谷山村	
	15:40~19:20	谷山村	参观农耕机械广场 参观中国农耕博物院 游览京白梨科技体验馆	参观与体验农具;了解农耕文明的变迁与发展;学习京白梨知识;学习如何为果树驱虫剪枝或搭蔬菜架,如何用独轮车运输粮食,如何给玉米脱粒或通过驴拉磨磨面等
晚上	19:20		集合,带大家回酒店,吃晚餐	

表5 "2天1夜"第二天行程安排

	时间	活动地点	项目	特点
上午	07:30~09:00		早餐	
	10:00		退房,集合出发	
	10:30	北京金隅琉璃文化创意园	跟随老师开始研学之旅	认识太和殿的脊兽阵列,根据研学手册的提示,寻找对应的脊兽印章;了解九龙壁的故事;认识琉璃烧制的技艺和建筑构件
中午	12:00		集体吃午餐	
下午	13:30	北京金隅琉璃文化创意园	带走最美"琉璃厂"	动手设计自己的琉璃作品,学习古法蓝晒技术
	15:00		返程	
晚上	18:00		抵达学校,活动结束	

表 6　琉璃渠奇遇记之"琉"光溢彩服务及价格

产品一：1180 元 / 人
费用包含： 【住宿】舒适型酒店 1 晚 【餐饮】第一天中餐、晚餐，第二天早餐、中餐 【交通】全程租车费用，油费，路桥费，司机食宿 【赠送】全程 2 日旅行意外险 【领队】专业领队老师、驻地专业讲解老师、全程记录摄影师服务费用 【门票】溶洞门票 【其他】研学手册、组织及策划等涉及费用

（2）产品二

主题：千年琉光再现华彩（1 日研学游）。

设计理念：穿越回元代，探访皇家琉璃局。琉璃，中国五大名器之首，一场浴火而生、流光溢彩的文化传承，让孩子通过一次旅行，了解中国文化、对话世界，奔赴一场浪漫的非遗琉璃研学之旅。

活动亮点：选址为官制琉璃工艺的发祥地，有将近八百年的传承，薪火相传。

活动时间：1 天。

研学对象：初中团体学生。

行程概况：非遗研学课程 + 手作体验。

活动配备：研学手册 + 打卡盖章，专业讲解老师，专业手工老师，摄影师跟拍。

表 7　千年琉光再现华彩行程安排

时间		活动地点	项目	活动流程
上午	10：30	抵达北京金隅琉璃文化创意园	跟随老师开始研学之旅	● 走进研学基地，领略皇家琉璃文化： 1. 打卡琉璃历史展厅，了解琉璃的前世今生； 2. 参观琉璃生产车间，了解琉璃制作 / 烧制工艺； 3. 参观脊兽大道，看泥坯如何经过几十道工序变身为屋顶装潢； 4. 钻进烧窑，看经验丰富的窑工如何起火、运火、闭窑，拿捏"火候"让釉色在指尖流动 ● 打卡京皇家园林，游微缩迷你故宫
中午	12：00		集体吃午餐	
下午	13：30	北京金隅琉璃文化创意园	设计自己的琉璃瓦当	学生可以自己动手体验琉璃釉制作，发挥想象力，设计自己专属的琉璃瓦当。设计完成后由基地烧制，一周后寄到学生手中
	15：00		返程	
晚上	18：00		抵达学校，活动结束	

表 8　千年琉光再现华彩服务及价格

产品二：490 元 / 人
费用包含： 交通：全程大巴租车费用、油费、高速费 赠送：研学活动意外险 领队：专业领队老师、驻地专业讲解老师、全程记录摄影师服务费用 研学物料：研学手册、琉璃上釉体验（烧制完成后包邮到家）等涉及费用 其他：活动组织策划费 午餐：营养套餐费

4.1.2 高中生研学产品设计

（1）产品一：琉璃的历史变迁·研学之旅（1 日研学游）

活动亮点：

①了解琉璃的起源，琉璃厂变迁的历史。

②了解国家级非遗琉璃烧制技艺及原理。

③给琉璃素坯上色，自己动手实践，幸运的话还可以看到琉璃素坯的制作流程（窑洞至今还可以烧窑，一年只烧 8 次）。

表 9　琉璃的历史变迁·研学之旅（1 日研学游）行程安排

	时间	活动地点	项目	活动流程
上午	8：00		学校门口集合，乘坐大巴	
	10：00~12：00	北京金隅琉璃文化创意园	跟随老师开始研学之旅	学生分批参观园内 6 个展厅及研学中心。第一批学生先参观琉璃文化展厅—"琉光"主题展厅—御窑一尺山海美术馆；第二批学生先参观生产研发中心—古法生产 / 展示—户外琉璃瓦展区
中午	12：00~13：00		集体吃午餐	
下午	13：00~15：30	北京金隅琉璃文化创意园	跟随老师开始研学之旅	在研学中心听研学老师讲解琉璃的原材料知识，动手实践，给琉璃素坯上色。然后上午分批观看的学生再去看上午还没有看完的展厅
	15：30		体验园内新开放的宏音斋笙管制作技艺	感受笙文化及中国传统音乐的魅力
	16：30		返程	
晚上	19：30		抵达学校，活动结束	

表10　琉璃的历史变迁·研学之旅（1日研学游）服务及价格

产品一：450元/人
费用包含： 交通：全程大巴租车费用、油费、高速费 赠送：研学活动意外险 领队：专业领队老师、驻地专业讲解老师、全程记录摄影师服务费用 研学物料：研学手册、琉璃上釉体验（烧制完成后包邮到家）等涉及费用 其他：活动组织策划费 午餐：营养套餐费

（2）产品二：琉璃的历史变迁·研学之旅（2天1夜研学游）

活动亮点：

①了解琉璃的起源，琉璃厂变迁的历史。

②了解国家级非遗琉璃烧制技艺及原理。

③给琉璃素坯上色，自己动手实践，幸运的话还可以看到琉璃素坯的制作流程（窑洞至今还可以烧窑，一年只烧8次）。

④民宿体验（晚上可以在观星书吧开展团建，利用观星望远镜看星空/入住庭院进行琉璃手工体验活动）。

⑤京西古道风景体验。

表11　琉璃的历史变迁·研学之旅（2天1夜研学游）第一天行程安排

	时间	活动地点	项目	活动流程
上午	10:00~12:00	北京金隅琉璃文化创意园	跟随老师开始研学之旅	学生分批参观园内6个展厅及研学中心
中午	12:00~13:00		集体吃午餐	
下午	13:00~15:30	北京金隅琉璃文化创意园	跟随老师开始研学之旅	在研学中心听研学老师讲解琉璃的原材料知识，动手实践，给琉璃素坯上色。然后上午分批观看的学生再去看上午还没有看完的展厅
	15:30	北京金隅琉璃文化创意园	体验园内新开放的宏音斋笙制作技艺	感受笙文化及中国传统音乐的魅力
晚上	16:30~17:30		集体吃晚餐	
	17:30~18:00		到达创意园附近民宿	
	18:00~20:00		参观民宿/团建活动/琉璃手工体验活动	

表 12 琉璃的历史变迁·研学之旅（2 天 1 夜研学游）第二天行程安排

时间		活动地点	项目	特色
上午	7:00~8:00		集体吃早餐	
	8:00~8:30		步行到达琉璃渠大街	
	8:30~10:00	三宫阁过街楼	参观三宫阁过街楼	过街楼下有清工部琉璃窑厂办事公所，现在改为艺术馆，园内有琉璃渠的三座碑。在琉璃渠大街的尽头有关帝庙，俗称老爷庙，是历史遗存建筑。然后从尽头去往琉璃渠后街有两家古槐古民居，是清代的古宅
中午	11:00~12:00		集体吃午餐	
下午	12:00~14:00	琉璃渠大街到京西古道	欣赏门头沟的自然风光和历史建筑	体验诗情画意门头沟，途中可以看到京西古道景区城门楼、铁匠铺、茶楼、八角亭、牛角岭关城、吟诗亭
	14:30		在京西古道出口集合乘坐大巴返校	

表 13 琉璃的历史变迁·研学之旅（2 天 1 夜研学游）服务及价格

产品二：1480 元／人
费用包含： 【住宿】舒适型酒店 1 晚 【餐饮】第一天中餐、晚餐，第二天早餐、中餐 【交通】全程租车费用、油费、路桥费、司机食宿 【赠送】全程 2 日旅行意外险 【领队】专业领队老师、驻地专业讲解老师、全程记录摄影师服务费用 【门票】相关景点门票 【其他】研学手册、组织及策划等涉及费用

4.2 渠道策划和营销策划

4.2.1 渠道策划

在营销渠道上可以选用传统渠道和在线渠道两大类。传统渠道包括与学校和教育机构合作，建立合作关系，将研学旅游产品纳入其教育计划，直接向学生和家长推荐。同时，开展线下活动推广，通过参加教育展会、学校开放日等活动，现场展示研学旅游产品，吸引目标客户。

在线渠道可以利用网站，建立官方网站，展示研学旅游产品的详细信息、预约方式和客户评价等；利用微博、微信、抖音等社交媒体平台发布研学旅游产品的动态、活动和优惠信息等，比如通过利用网红带货主播销售；与在线旅行社如携程、去哪儿等合作，将研学旅游产品纳入其产品线，扩大销售渠道（见图 6）。

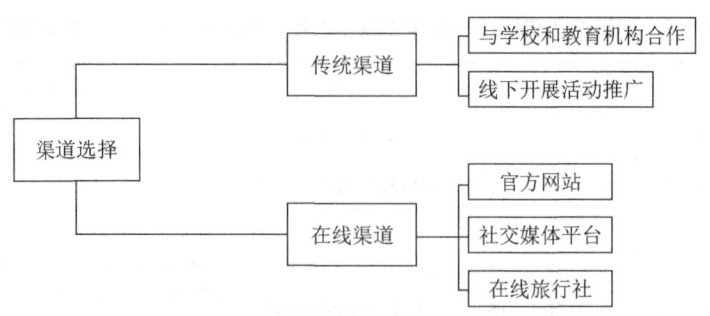

图 6　营销渠道策划

4.2.2 促销策划

线上推广：

（1）社交媒体营销。在微博、微信、抖音等平台上发布有关琉璃厂的活动信息、精美图片和视频，吸引网友关注和转发。

（2）与KOL合作。与知名网红、旅游博主合作，邀请他们来琉璃厂体验并分享给粉丝。

（3）官方网站优化。完善官方网站，提供详细的旅游信息、在线预订、客服咨询等功能。

（4）搜索引擎优化。提高网站在搜索引擎中的排名，增加曝光率。

线下推广：

（1）校园宣讲。与学校合作，在校园内举办琉璃文化宣讲会，邀请学生参加。与旅行社合作，与各大旅行社建立合作关系，将琉璃厂纳入旅游线路。

（2）投放户外广告。在地铁站、公交站等人流密集的地方投放户外广告，基于经济状况，可以投放经济性的户外广告。

（3）开展线下活动。举办琉璃文化节、亲子游活动、研学旅行等线下活动，吸引游客参与。

4.2.3 优惠活动

（1）"琉璃匠心"体验课程优惠

内容：活动期间，推出"琉璃匠心"体验课程，涵盖琉璃制作技艺的全过程，由非遗传承人亲自指导。

亮点：参与者可以亲手制作属于自己的琉璃艺术品，并带走作为纪念。

（2）"文化探秘"研学课程套餐优惠

内容：为学生和家庭设计的"文化探秘"研学课程，包含琉璃文化讲座、琉璃制作体验、琉璃艺术展览等多个环节。

亮点：结合历史、文化、科学等多个学科，让学生在游玩中学习，感受非遗文化的魅力。

（3）"亲子同行"家庭套票优惠

内容：为家庭亲子游设计的套票，包含两位成人和一位儿童的门票、体验课程及琉璃文创产品。

亮点：促进亲子关系，让家长和孩子共同体验非遗文化的魅力。

（4）"会员专享"福利优惠

内容：推出会员制度，会员可享受门票、体验课程、文创产品等不同程度的折扣优惠。

亮点：长期回馈顾客，增加客户黏性，同时扩大品牌影响力。

（5）"限时秒杀"特惠活动

内容：活动期间，在每天特定时间段内，推出少量特惠门票和体验课程进行限时秒杀。

优惠：秒杀价格远低于原价，数量有限，先到先得。

亮点：增加活动的刺激性和趣味性，吸引更多游客参与。

4.2.4 合作推广

（1）与文化机构合作

与博物馆、图书馆等文化机构合作，共同举办琉璃文化展览和讲座，比如与故宫等有琉璃装饰的知名景点合作，为游客讲解，向游客推荐琉璃厂，达到引流的目的。

（2）与教育机构合作

与学校、教育机构合作，开展研学旅行和课程合作，设置与琉璃有关的课程，让中小学生了解琉璃的历史、学习琉璃的有关知识。

（3）与企业合作

与旅游、文化、教育等相关企业合作，共同推广琉璃厂的非遗研学旅游产品，借助企业的知名度，在携程等线上OTA平台专项推出。

参考文献

[1] 中共中央办公厅，国务院办公厅.关于进一步加强非物质文化遗产保护工作的意见［EB/OL］.（2021-08-12）［2024-08-07］.https：//zwgk.mct.gov.cn/zfxxgkml/fwzwhyc/202108/t20210812_927120.html.

[2] 新华社.国务院印发《"十四五"旅游业发展规划》［EB/OL］.（2022-01-21）［2024-08-07］.https：//zwgk.mct.gov.cn/zfxxgkml/zcfg/zcjd/202201/t20220121_930620.html.

[3] 北京市文化和旅游局.北京市"十四五"时期文化和旅游发展规划[EB/OL].（2021-09-08）[2024-08-07].https：//fgw.beijing.gov.cn/fgwzwgk/zcgk/ghjhwb/wnjh/202205/t20220517_2711983.html.

[4] 北京市人民政府.北京市关于进一步加强非物质文化遗产保护工作的实施意见[EB/OL].（2023-01-16）[2024-08-07].https：//whlyj.beijing.gov.cn/zwgk/zcfg/2021sjbmwj/202305/t20230519_3107674.html.

（指导教师：王恒，北京联合大学旅游学院旅游管理系）

密云风筝制作技艺旅游营销方案

葛中天[*]

[摘　要] 中国是一个农业大国，悠久的农耕文明和广袤的国土造就了丰富多样的乡村遗产。包括系统性农业文化遗产、传统村落和非物质文化遗产等在内的乡村遗产，是乡土中国发展的印迹，对其开展保护和活化利用也是乡村振兴的重要内容。本文针对北京市密云区级非物质文化遗产项目——风筝制作技艺有针对性地进行营销策划。基于对其宏观、微观两方面的SWOT分析，根据游客行为特征、消费特征的问卷调查结果推断游客偏好，运用STP分析划分市场，将服务的目标市场定位为北京地区的学生群体。由于目前密云风筝制作技艺工作坊存在缺人、缺钱的客观问题，所以本策略在制定过程中扬长避短，在游客行为偏好和消费偏好的基础上，保留并发扬优势和抓住机会，避免和剔除劣势和威胁，以4P营销理论为基础框架，从产品、价格、渠道、促销四方面延伸，依托密云优美的自然环境，设定"筝"有趣的旅游品牌和研学、亲子两条特色体验旅游线路，另辟蹊径地避免相关行业竞争，将工艺制造限制转化为优势，以现有的资源为主减少资金投入，努力为游客提供寓教于乐、寓学于趣的新休闲方式，打破外界片面认知的局限性，唤起人们对风筝的童心、纯心。而当风筝制作技艺的知名度提高时，也就不必再陷入传承人断层的困境和难以销售的窘境中了。

[关键词] 非物质文化遗产；风筝制作技艺；旅游营销策划

1. 风筝制作技艺基本情况

风筝，这一古老而充满魅力的飞行玩具，不仅承载着中华民族丰富的文化传统，更是民间艺术的瑰宝。在北京市密云区，风筝制作技艺更是得到了精心的传承与发展。金马派风筝制作技艺是这一领域中的杰出代表，夏兰英女士为其第八代传承人。

金马派风筝艺术风格的命名，来源于两位艺术大师的姓氏。"金"代表的是著名风筝艺人金福忠，他的风筝作品以工艺精湛、造型生动而闻名；"马"则指的是近代京派

---

[*] 葛中天，北京联合大学旅游学院旅游管理系毕业生，现北京联合大学研究生在读。

工笔花鸟画家马晋，他的画作以细腻的笔触和生动的色彩著称。夏兰英女士不仅继承了这两位大师的艺术风格，更在此基础上进行了融会贯通和创新，使得金马派风筝在传统的基础上焕发出新的生命力。

夏兰英女士的艺术成就得到了官方和社会的广泛认可。她的风筝作品不仅在技艺上继承了传统，更在艺术表现上展现了个人的独特风格。她的创新精神和对风筝艺术的深刻理解，使她的作品在众多风筝中脱颖而出，深受人们的喜爱和赞誉。在 2022 年 4 月 24 日，北京市密云区文化和旅游局发布了《关于公示第二批密云区级非物质文化遗产项目代表性传承人推荐名单的公告》，夏兰英女士入选为第二批密云区级非物质文化遗产代表性传承人。这一荣誉不仅是对她个人艺术成就的认可，还是对密云风筝制作技艺重要性的肯定。

2. 密云风筝制作技艺旅游战略 SWOT 分析

2.1 优势

2.1.1 历史悠长久远

密云风筝的制作技艺源远流长，其历史可追溯至清代末年。《帝京岁时纪胜》记载，京城的男女老少在清明节时放飞纸鸢。这一习俗不仅体现了风筝在民间的普及，还反映了其深厚的文化根基。风筝作为中国传统文化的重要组成部分，承载着丰富的历史信息和民族记忆，其悠久的历史为密云风筝赋予了独特的文化价值和历史意义。

2.1.2 种类造型齐全

密云风筝以其种类繁多、造型各异而著称。从外形上，可分为动物、人物、物品三类；从结构上，可分为平面类（如八角、字等）、浮雕类（如飞禽、走兽等）和立体类（如筒、串）。

2.1.3 制作技艺高超

密云风筝的制作工艺精湛，涵盖了扎作骨架、裱糊、彩绘等多个环节。其中，扎作骨架是最为关键的一步，它直接关系到风筝的飞行性能和稳定性。制作者需要根据风筝的形状和大小，精心挑选合适的竹子，通过巧妙的扎作技巧，制作出既轻巧又坚固的骨架。裱糊和彩绘环节同样重要，它们不仅关系到风筝的外观美感，还是展现制作者艺术才华的重要途径。

2.1.4 赛会经验丰富

密云风筝制作者在国内外风筝比赛中屡获殊荣，这些赛会经验不仅提升了密云风筝的知名度，还为制作者提供了宝贵的学习和交流机会。夏兰英和师傅罗焕文曾多次参加北京市的风筝比赛和国际风筝会，不仅展示了密云风筝制作技艺的高水平，还为传统手工艺的传承和发展注入了新的活力。

2.1.5 原材料供应足

密云风筝的制作得益于丰富的原材料供应。竹子、宣纸、绢、绸等主材和原料，以及各种配件，都能在当地或周边地区找到稳定的供应商。这种原材料的充足供应，为风筝制作提供了坚实的物质基础，也使得制作者能够根据不同的需求和创意，灵活选择和替换材料。

2.1.6 不可替代性和不可相比性

与流水线生产的工艺品相比，传统手工艺品在产品价值和文化价值上具有不可替代性。密云风筝以其独特的手工制作技艺和文化内涵，展现了无法复制的艺术魅力和文化价值。在当今社会，人们越来越重视对传统文化的传承和保护，这为密云风筝的发展提供了广阔的市场空间和文化认同。

2.2 劣势

2.2.1 工艺制造限制

尽管密云风筝的制作技艺高超，但其传统的生产方式也带来了一定的局限性。在机械化、自动化生产日益普及的今天，传统手工艺品面临着市场竞争的压力。风筝制作的成本相对较高，生产效率较低，这使得其在价格和产量上难以与机械化生产的产品竞争。此外，随着年青一代对手工艺的兴趣减少，技艺传承面临着后继无人的困境，这进一步加剧了风筝制造业的衰落。

2.2.2 发展资金紧缺

虽然政府对非遗项目给予了一定的重视，但在实际的财政投入和政策支持上，密云风筝制作技艺仍然面临着资金短缺的问题。地方品牌的确立和资源分配的倾斜，导致风筝制作技艺难以获得足够的发展资金。此外，社会团体组织的力量有限，自身产业化发展滞后，这些因素共同制约了风筝相关产业和事业的发展。

2.2.3 传播力度不足

密云风筝的传承人多为中老年人，他们在传承和传播技艺方面面临着诸多困难。随着年龄的增长，传承人的身体健康和解决问题的能力逐渐下降，同时，他们对现代网络平台的运用也存在一定的障碍。这些问题限制了风筝制作技艺的传播范围和效果，使得非遗技艺的传承面临断层的风险。

2.2.4 相关行业竞争

在风筝行业中，北京面临着来自潍坊、阳江等地的激烈竞争。这些地区的风筝品牌定位明确，得到了政府和社会的大力支持，为风筝旅游的发展奠定了坚实的基础。与此同时，北京本地的曹氏风筝、哈氏风筝等品牌也具有较高的知名度和影响力。此外，机械化生产的风筝以其低廉的价格和大规模的生产能力，占据了市场的主导地位；而手工制作的风筝，尽管具有独特的艺术价值和收藏价值，但在市场竞争中仍处于劣势。

2.3 机会

2.3.1 外国市场壁垒解除

随着全球化的深入发展，越来越多的外国友人对中国文化产生了浓厚的兴趣。他们愿意花费较高的价格购买具有中国特色的非遗工艺品，这为密云风筝打开了外国市场的大门。通过风筝制作，外国游客可以更深入地了解中国文化，体验中国传统手工艺的魅力。这种文化交流不仅有助于提升密云风筝的国际知名度，还为传统手工艺的传承和发展提供了新的机遇。

2.3.2 风筝非遗受到重视

保护文化遗产，是保持民族文化的传承[1]，是联结民族情感纽带、增进民族团结和维护国家统一及社会稳定的重要文化基础，也是维护世界文化多样性和创造性、促进人类共同发展的前提[2]。

2.3.3 非遗传承蓬勃发展

各地非遗传承的组织形式众多，除了学校、非遗传习所等教育研究培训机构，许多保护示范基地、民间组织、公益组织、企业品牌、设计机构开始加入非遗创新队伍，如社区、博物馆、陈列馆、创意产业园区、村落、集市等非教育机构纷纷开设手工艺作坊、工作室；全国各地开展不同规模的传统技艺展览展演活动[3]。夏兰英女士也参与到宿家剪纸传承人的公司建设中，召集许多非遗传承人共同发扬非遗的工匠精神，努力提高手工艺非遗的社会影响力。

2.4 威胁

2.4.1 政府支持力度甚微

尽管北京市政府对风筝制作技艺这一非遗项目给予了一定的关注，但在实际的支持力度上仍有待加强。政府的帮助主要体现在授予头衔、设立单位等方面，而在资金、人力、宣传等关键领域的支持不足，这使得风筝制作技艺的传承和发展面临诸多困难。

2.4.2 风筝销售渠道受限

在当前的市场环境下，风筝的销售渠道受到了一定的限制。年轻人倾向于选择高科技、便捷化的娱乐方式，对传统民间玩具的兴趣逐渐降低。风筝作为工艺品，其售价相对较高，且市场上存在众多替代品，消费者倾向于选择价格更便宜的流水线产品。

2.4.3 技艺传承人员空缺

风筝制作技艺的经济效益相对较低，加之社会对其重视程度不足，导致技艺传承人员严重缺乏。在当今社会，能够精通风筝制作技艺的人越来越少，年轻人更是难以依靠这门技艺养家糊口。这种状况不仅影响了技艺的传承，还制约了风筝制作技艺的发展。

2.4.4 民间文化习俗逐渐消失

放风筝的习俗已逐渐淡化，传统的风俗习惯在社会生活中的黏着度和认同感也不复从前。因此，非遗风筝日渐失去了其原来根植的社会和文化土壤，并且失去了它的部分功用[4]。

2.4.5 外界认知片面、局限

研究者们针对北京曹氏、哈氏的风筝研究数量最多，缺少对金马派风筝等其他流派的涉足，也缺乏从非遗保护的视角研究如何更好地保护北京市风筝制作技艺的学术成果。公众对风筝非遗项目知之甚少，更没有了解的兴趣。对非遗的认知贫乏使得人们对非遗手工艺品所蕴含的文化价值认识不够，对其价值定位偏低，甚至不认可它的价值。

2.4.6 放飞的自然环境恶化

风筝放飞作为一项户外运动，对自然环境有着较高的依赖性。然而，北京作为超大型城市，五环内的空闲用地非常紧张，适合放飞风筝的场地越来越少。此外，北京时常出现的雾霾天气，以及春季的飞絮期，都不利于风筝的放飞。这些因素共同削弱了风筝的放飞功能，进而影响了风筝的销售和传承。

3. 旅游目标市场分析

3.1 乡村非遗旅游市场游客行为特征分析

3.1.1 数据调研概况

本文采用了线上发放调查问卷的方式。共回收1400份问卷，其中有效问卷共814份，问卷有效率为58.14%。线上调查时间为2022年5月，着重寻找了年龄、性别、职业各不相同的人员进行调研，以确保问卷调研的样本数量充足并且具有可参考价值。

3.1.2 游客行为特征

大多数游客对乡村非遗旅游项目了解较少。排名前三的非遗项目分别是二人转、黄梅戏和八达岭长城传说，但游客的选择依然多为"不太了解"和"介于中间"两项，说明游客对于乡村非遗项目的基础认知低的特点。因此，在促销策略制定时，要选择能够扩大知名度的方案。

互联网相关媒体成为游客了解乡村非遗的首要途径（占比74.3%）。由此可见，互联网相关媒体已经成为目前游客心目中喜闻乐见的认识和宣传渠道。因此，在渠道策略中，应充分发挥媒体渠道的力量，加大对乡村非遗旅游的宣传力度。

3.1.3 游客消费特征

游客倾向于选择餐饮消费、民俗庙会和参与制作或体验非遗的乡村非遗产品形式。受风筝制作技艺的限制无法提供民俗庙会，剩余两种产品形式受游客喜爱的平均值分别为4和3.92，占比为72.9%和74.3%。因此，在产品策略制定时，围绕游客更喜欢的乡村非遗产品形式来进行开发，更容易被游客所接受，有利于为非遗项目的开发奠定基础。

游客对乡村非遗旅游消费的价格敏感度较高。游客能接受的非遗产品单价，选择

1000元以下的人占比达69.4%，且有24.08%的游客表示要视产品而定。学生群体较多选择低于300元的选项，主要是因为其收入较低，其经济来源大多来自长辈赠予。有稳定收入的中年消费者，其购买行为表现出一定的成熟性，会根据产品价值决定价格，且消费能力强于学生群体。

3.2 目标市场营销战略

3.2.1 市场细分（见图1）

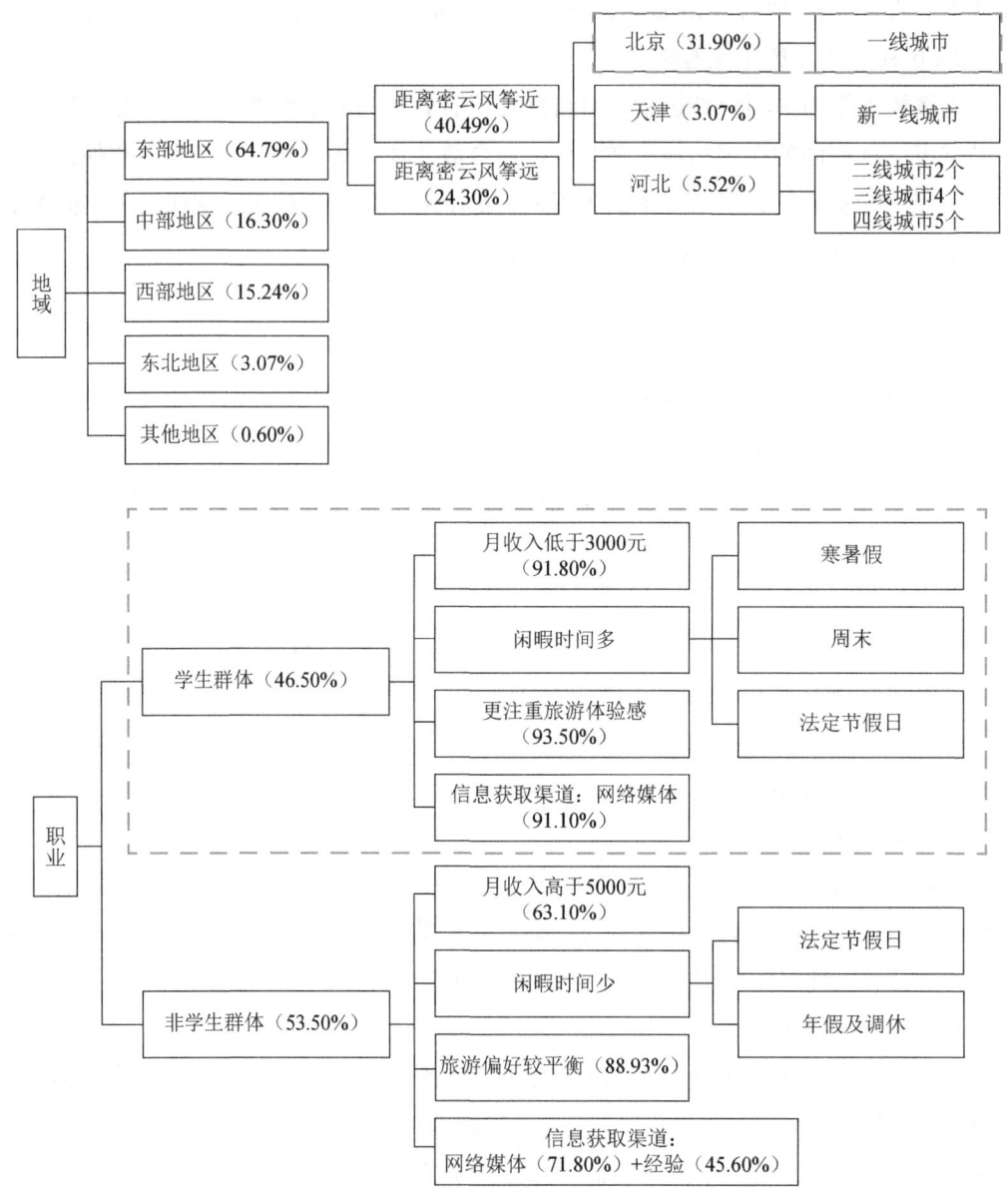

图1　细分市场过程

本策划针对的细分市场为北京地区学生市场。首先按地域细分为距离密云风筝制作技艺工作坊近的北京本地旅游消费者；再根据职业细分，选择占比近一半的学生群体。

3.2.2 目标市场选择

本策划之所以选择北京地区学生市场，是基于密云风筝制作技艺内部资源和外部市场规模、特点而做出的选择。

在内部资源方面，风筝制作技艺丰富的文化内涵和独特的手工技巧可以满足亲子旅游、研学旅游的需求，旅游产品种类多样，体验课、材料包价格实惠，任何年龄段人群皆可学习。同时参与到风筝制作中可以培养学生动手能力、艺术思维能力和创新能力，集知识性、观赏性和娱乐性于一体。

在外部市场方面，我国目前学生群体数量巨大，加之"三孩"政策的开放，具有庞大的市场规模和发展潜力。学生群体具有求知探索的好奇心，也符合风筝技艺文化传承与创新的目标。学生市场具有体量大、集中性强的特点，有利于降低开发成本。

4.营销组合策略

从目标市场上同类产品竞争状况切入，分析后发现，目前风筝制作技艺的竞争优势在于：金马派技艺具有独特性和不可替代性；密云风景优美、山水如画；位于首都北京，目标客群充足。竞争劣势在于：自身发展火候不足，缺乏规模、人员、资金来源、政府实质性支持等；各旅游环节衔接有待完善，吃住行游购娱尚未串联；缺乏核心吸引力。因此，在重新定位和打造营销组合策略的过程中，要尽量使用现有资源进行开发利用，减少非遗传承人因资金带来的压力；开发出新的旅游路线，将非遗的文化属性和旅游六要素贯穿于旅行之中，为游客提供寓教于乐、寓学于趣的新休闲方式；为风筝工作坊这个旅游目的地打造核心竞争力，针对所选择的目标市场进行开发，把目标客群做精做细，提升密云风筝制作技艺的知名度。

4.1 产品策略

4.1.1 旅游品牌——"筝"有趣

对于风筝制作技艺的旅游品牌定位为："筝"有趣。

定位依据：品牌名中包括了风筝的"筝"字和"有趣"两字，足以体现品牌旅游核心产品和核心亮点。同时，遵循脱口秀行业中较火的谐音梗，可以音译为"真有趣"，好听又好记，简洁又有力。

4.1.2 亲子旅游线路——童"筝"有趣

旅游的主题口号为"风筝护童心，回归纯与真"，主打卖点为乡村、非遗、亲子。旅游线路安排为马家地"夏兰英风筝工作坊"+北京云上精品民宿+王老三绿色果蔬采摘园+密云水库（2天1夜游）。

活动具体安排：第一天上午在集合点上车，共同乘坐大巴前往"夏兰英风筝工作坊"，中午在附近农家乐吃农家饭，下午了解风筝文化、学习风筝制作，晚上乘坐大巴前往北京云上精品民宿就餐并且入住；第二天上午乘大巴前往王老三绿色果蔬采摘园采摘新鲜水果蔬菜，中午在密云水库烧烤野餐（提供食材用具等），午饭后可以放风筝和赏美景，下午3:00乘大巴返回集合地，就地解散。

这一趟旅程涵括了风筝工艺制作体验、民宿农家风俗体验、农耕生活体验、亲子互动体验、户外野餐体验等多种特色体验，倡导回归纯真和沉浸式体验。

4.1.3 研学旅游线路——学"筝"有趣

旅游的主题口号为"学非遗风筝，品农耕生活"，主打卖点为文化、劳动、非遗。旅游线路安排为密云文化馆+马家地"夏兰英风筝工作坊"+附近农场（1日游）。

活动具体安排：学生在学校集合，早上乘坐大巴前往密云文化馆，上午参观风筝工艺品并前往夏兰英风筝工作坊体验风筝彩绘活动，中午集体订餐、用餐，下午在附近学习农耕知识并体验农耕活动，然后集合返程。

这一趟旅程涵括了专家风筝文化讲解、风筝彩绘活动体验、农业知识讲解、农耕活动体验等，倡导寓教于乐、寓学于趣。

4.2 价格策略

对于价格方面，采取成本导向定价法、满意定价策略和价格数字偏好定价策略，具体如下。

4.2.1 亲子旅游线路——童"筝"有趣定价（见表1）

表1 亲子旅游线路成本

活动项目	成本
交通费用（大巴）	200元/人
风筝制作体验课工具	300元/份，送现场教学（家长和儿童仅需购买一份工具）
民俗标准间住宿费	280元/间
密云水库烧烤野餐	100元/人，自助，儿童半价
密云水库门票	免费
采摘蔬果费用	自理
其余餐费	自理
保险	含责任险，建议客人自行购买旅游意外伤害保险

产品价格：C=400+300+280+150=1130（元）（交通费一大一小400元，风筝体验课费用300元，民宿标准间280元，密云水库野餐费用150元）；P=C×（1+R）=

1130×(1+30%)=1469(元),采用价格数字偏好定价策略,最终价格确定为1499元。(以家庭为单位,按每个家庭一位成人和一位儿童的标准,增加一位儿童即在原套餐上加价700元,增加一位成人即在原套餐上加价400元。每30人成一个团,可以针对大团体出游人数给予一定门票价格折扣;或者对儿童视年龄给予价格折扣。)

4.2.2 研学旅游线路定价——学"筝"有趣(见表2)

表2 研学旅游线路成本

活动项目	成本
交通费用(大巴)	100元/人
风筝彩绘体验课工具	150元/份,送现场教学
农耕文化体验	50元/人
午餐费	30元/人
密云文化馆门票	免费
保险	含责任险,建议客人自行购买旅游意外伤害保险

产品价格:P=C×(1+R)=330×(1+30%)=429元,采用价格数字偏好定价策略,最终价格确定为499元/人。(以学校为单位,大约每30人成一个团,可以针对大团体出游人数给予一定价格折扣。)

4.3 渠道策略

4.3.1 线上直接营销渠道

在数字化营销的浪潮中,线上渠道已成为推广非遗文化的重要战场。针对密云风筝制作技艺,借助抖音、微博和微信公众号三大平台,构建全方位的线上营销网络。

首先,抖音平台以其短视频和直播功能,成为展示风筝制作技艺的绝佳舞台。定期更新非遗知识短视频是必不可少的,通过生动的影像和解说,让观众了解风筝的历史和文化。同时,制作精美的"最美的风筝"旅游宣传片,展示风筝美学和风筝放飞的壮观场面,吸引观众的目光。更进一步,可以现场直播风筝的制作过程,让观众近距离感受手工艺人的精湛技艺,同时建立互动话题,增加观众的参与度和购买欲望。在抖音上,可以举办一系列主题活动,如"风筝制作大师班",邀请知名风筝制作师进行现场教学,让观众在互动中学习传统技艺;如"风筝放飞大赛",鼓励用户上传自己的风筝放飞视频,通过点赞和分享来评选出最受欢迎的风筝,增加用户黏性和社区活跃度。

其次,充分利用微博作为一个信息快速传播平台的优势,在文章中嵌入产品链接,这些链接将包含风筝旅游产品的详细信息,如产品介绍、活动安排、价格以及订购方式等,方便用户快速获取所需信息并进行购买。同时,利用微博的热搜功能,结合时事热点,发布与风筝有关的趣味话题,提高品牌曝光度和用户参与度。在微博上开展

"风筝文化周"活动,每天发布不同的风筝文化知识,如风筝的历史演变、各地风筝的特色等,让用户在轻松愉快的氛围中了解风筝文化。同时,尝试与知名博主合作,通过他们的推荐和分享,扩大风筝旅游产品的影响力。

最后,将微信公众号作为深度内容营销的基地。推文中要有精心设计的海报和拍摄的当地视频,以此来吸引眼球,讲述风筝的故事,展现其背后的文化和情感。在文章末尾附上产品链接,并引导用户参与话题讨论,提高用户的互动性和参与度。此外,还可以通过评论区的互动,抽取幸运用户,为他们提供优惠券等福利,以增加用户黏性和品牌忠诚度。同时,推出"风筝文化专栏",定期发布关于风筝制作技艺的深度文章,如风筝的选材、设计、制作流程等,让用户更深入地了解风筝文化;开展"风筝DIY大赛",鼓励用户上传自己的风筝制作视频或照片,通过投票选出最具创意的风筝,激发用户的创造力和参与热情。

通过这一系列线上直接营销渠道,提供丰富的信息和便捷的服务,建立起与消费者之间的情感连接,让密云风筝制作技艺的非遗旅游项目焕发新的活力;通过线上渠道的广泛覆盖和深度互动,让更多人了解和喜爱密云风筝,推动非遗文化的传承和发展。

4.3.2 线下直接营销渠道

目前线下直接营销渠道依然扮演着不可替代的角色,尤其是在推广具有深厚文化底蕴的非遗项目时,线下渠道不仅能够为消费者提供真实的体验,还能增强消费者的信任感和购买意愿。

首先,可以在密云风筝的线下门店中融入非遗旅游产品的展示和销售。这些门店不仅是风筝的销售点,更是文化展示的窗口。消费者可以在这里直观地看到风筝的实物,感受其精美的工艺和独特的设计。门店的布置要充满文化气息,通过展示风筝的制作过程、历史图片和相关文化介绍,让消费者在购买风筝的同时也能深入了解风筝的文化背景。

其次,尝试与旅行社合作,将风筝等非遗旅游产品引入旅行社的门店。旅行社作为旅游服务的提供者,拥有广泛的客户基础和专业的旅游服务能力。通过在旅行社门店展示风筝,可以吸引更多对文化旅游感兴趣的消费者,为他们提供更丰富的旅游选择。

最后,夏兰英女士经常参加的展览、比赛和节庆活动,也是线下营销的重要机会。在这些活动中,不仅可以展示风筝的制作技艺,还可以通过现场互动、风筝放飞表演等形式,让消费者近距离体验风筝的魅力。这种亲身体验往往比任何广告都更有说服力,能够激发消费者的购买欲望。

在这些活动中设置专门的展示区和体验区,让消费者有机会亲手制作风筝,感受手工制作的乐趣。通过现场教学和互动,我们可以向消费者传授风筝制作的技巧,让他们更加了解这一传统技艺的精髓。

4.3.3 线上间接营销渠道

在线上间接营销渠道的构建上，我们采取了一种精准而高效的策略，旨在通过合作伙伴的力量，扩大密云风筝制作技艺的非遗旅游项目的市场影响力。

在选择合作伙伴方面，选择在中国市场上用户数量庞大、信誉良好、用户体验度高的携程旅行网，其广泛的用户基础和专业的服务，是推广密云风筝制作技艺的理想选择。

在包价产品销售方面，在OTA平台上，推出精心设计的包价旅游产品，包括风筝制作体验、文化游览、当地美食品尝等。这些产品不仅涵盖了风筝制作的全过程，还包括了对密云地区文化和自然景观的深入探索，为游客提供一站式的旅游体验。

在优化产品展示方面，确保风筝旅游产品在OTA平台上的产品页面具有吸引力，包括高质量的图片、详尽的产品描述和用户评价。这不仅有助于提升用户体验，还能增加产品浏览的转化率。

对于马蜂窝这样的游记分享平台，可通过用户的真实体验和感受来树立口碑。我们将鼓励用户分享他们的旅行故事和风筝制作体验，利用用户生成内容（UGC）的力量，吸引更多的关注和兴趣。为了激发用户的分享热情，可以设计一些激励措施，如为撰写优质游记的用户提供优惠券、小礼品或者下一次旅游的折扣券等。这种正面的反馈循环不仅能增加用户的参与度，还能提高风筝产品的可见度和吸引力。要认真对待用户在OTA平台和游记分享平台上的反馈和评论，及时响应用户的问题和建议，通过这些反馈，不断优化自身产品和服务，提高用户满意度。

4.4 促销策略

在推广密云风筝制作技艺的非遗旅游项目中，我们将采取多元化的营销策略，以满足不同消费者的需求，并最大化市场覆盖率。

4.4.1 广告营销

首先，组建一个广告创意团队，负责设计一系列富有吸引力的海报和展板。这些广告物料将突出"筝有趣"的旅游品牌，并融入密云风筝的文化特色，如风筝的形状、色彩和图案。设计中将采用鲜明的视觉元素和简洁有力的文案，确保信息传达的清晰性和吸引力。其次，在社交平台上，针对北京地区的学生群体推送定制化的广告内容，投送一系列短视频和图文信息，介绍风筝的制作流程、放飞技巧和文化意义，以及密云地区的风土人情和旅游资源。最后，紧跟时事热点和文化节日，策划一系列主题活动，如在春节、端午节、中秋节等传统节日期间，推出与风筝相关的特色活动，吸引公众的注意力。同时，我们将密切关注网络热点，及时调整广告内容，确保与目标受众的兴趣点保持一致。在整个过程中，要积极关注用户互动与反馈，鼓励用户参与和分享，通过收集用户反馈，不断优化广告内容和形式，提高广告的吸引力和转化率。

4.4.2 销售促进

销售促进适用于短期推销，前期可采用此方式以便快速吸引消费者和中间商。短期促销活动包括限时折扣、团购优惠、买赠活动等，以快速吸引消费者的注意力。这些活动将通过线上平台和线下门店同步进行，确保覆盖更广泛的消费者群体。针对儿童节、世界儿童日等特殊节日，将推出特别促销活动，如风筝制作体验课程的折扣、风筝放飞活动的免费参与机会等，这种做法可以吸引家庭消费者，还能够增加年轻消费者的参与度。考虑到学生群体的经济实力，提供学生专属的优惠措施，如学生证折扣、团体预订优惠等，这些措施将通过学校合作、线上宣传等渠道进行推广，确保学生群体能够享受到实惠。

4.4.3 人员推销

非遗传承人的现场推广是必不可少的，我们将邀请非遗传承人如夏兰英女士，参与到各类文化活动和教育推广中。通过现场教学、互动体验等形式，让参与者亲身体验风筝制作的乐趣，感受非遗文化的魅力。与北京地区的学校和教育机构合作，组织风筝制作技艺的讲座和参观工作坊等活动。通过教育合作，我们不仅能够推广非遗文化，还能够培养学生的动手能力和创新思维。

在订货会、交易会、展览会等专业场合设置专门的展位，由非遗传承人现场展示风筝制作技艺，并与参会人员进行深入交流。通过专业展会，接触到更多的行业合作伙伴和潜在客户。针对高端客户及其特殊需求，提供个性化的服务和定制选项，客户可以根据自己的喜好和需求，定制独特的风筝设计和旅游体验。通过个性化服务，满足客户的个性化需求，提升客户满意度。

参考文献

[1]李依霖.少数民族非物质文化遗产的法律保护研究[D].北京：中央民族大学，2013.

[2]张雨薇.以传统美术为例探讨非遗保护与发展[J].大观（论坛），2019（4）：137-138.

[3]何爽.手工艺非遗融入高校公共艺术教育的SWOT分析及创新实践[J].文教资料，2020（5）：105-107.

[4]孙建.从非物质文化遗产视角看传统体育的活态传承：以舞龙、龙舟和风筝为例[J].南京体育学院学报（社会科学版），2013，27（6）：18-23.

（指导教师：王恒，北京联合大学旅游学院旅游管理系）

延庆绳结编织非遗旅游营销策划

李雅琦[*]

[**摘　要**] 作为中国传统文化重要组成部分的中国传统绳结编织艺术，通过"非遗+旅游"让乡村呈现别样的美。本文在乡村振兴的背景下对延庆绳结编织技艺非物质文化遗产进行旅游营销策划。通过对传承人进行访谈以及问卷调查等方式，全面地进行了营销环境分析、目标市场分析以及营销组合策划。在针对延庆绳结编织非遗旅游市场现状调查的基础上，策划打造定位于"绳结+"的产业发展模式，打造针对目标客群的差异化产品线路，通过多渠道多路径的营销方式、丰富绳结产品与体验的形式，使得延庆绳结编织非遗旅游重新焕发光彩。

[**关键词**] 乡村遗产旅游；非物质文化遗产；延庆绳结编织技艺

1. 延庆绳结编织非遗基本情况

1.1 绳结的发展

上古时期，绳结已经融入了民众的日常生活中，实用性极强，其中最重要的一个作用便是"结绳记事"，因此它也有辅助记忆的功能。绳结来自民间，产生于普通老百姓的日常生产生活。传统的绳结技艺是一种极具中国特色的手工艺品，可以任意编织搭配。远古时代的缝衣打结便是绳结技艺的体现。在春秋战国时期，绳结更是摆脱了只有实用性的标签，进入装饰品领域，成为古代女子的喜好。绳结作为形态精美的传统手工艺品流传至今，体现了中华民族传统文化的博大精深与根深蒂固，更是前辈们智慧的体现。

绳结在古代应用广泛，各种生活用品中都会出现绳结的影子；但绳结艺术随着时代的发展和新兴产业的出现，已经渐渐淡出人们的视线。传统的手工编织技法，已经不能适应如今的生产方式和审美观念，单一的产品形式和落后的设计理念，不能走进年轻人的视线，也难以融入日常生活。绳结只能成为点缀、修饰的工具，停留在日常

---

[*] 李雅琦，北京联合大学旅游学院旅游管理系毕业生，现就职于中国教育技术装备杂志社。

装饰品中，因此，只有在传统的技艺上融入当代观念，绳结才能重新发光。

1.2 绳结的艺术价值

蕴含丰富的文化美：绳结艺术历经千年，其文化气息和人文色彩如同绳结多变的形态，丰富多彩，展现了中国艺术的文化之美。中国人喜欢追求美好的事物，所以利用汉字的谐音，赋予了绳结吉祥美满的寓意，蝙蝠结寓意飞来"福"，同心结、蝴蝶结寓意男女之间的爱情长长久久，长寿结寓意老人长寿。

彰显规律的形式美：一根细长的绳经过千百次缠绕，形成了形式多样的绳结作品，展现了不一样的形式美。绳结虽然编织手法不一，但是在变化中又暗含规律性，展现了变化和统一的和谐美。在绳结的制作过程中，通过绳子的一拉一伸，绾拽盘绕，就展现了一种富有节奏的韵律美。

展现绚丽的色彩美：绳结的色彩绚丽缤纷，因此更具神秘色彩。古人结绳多用白、青、黑、赤、黄与金、木、水、火、土相对应，展示了绳结艺术的文化底蕴。红色是绳结作品中运用最多的颜色，红色代表喜庆、吉祥，被运用在各种喜庆的节日中。

流露真切的温暖美：一根根颜色不一的绳子，通过人们的奇思巧手，形成了各种类型的绳结作品，凝聚了劳动人民的汗水和智慧。绳结的原料来自自然，被赋予各种寓意的绳结表达了人们对自然馈赠的感激、对美好生活的向往。

1.3 延庆绳结编织非遗

中国结手工编织技艺是延庆地区流传的传统手工编织技艺，在传统文化发展中应用也较广，例如从简单的打结做盘扣用在衣服上和装饰上，打络子用于头发的装饰整理，或在生活中装饰物品，稍复杂的中国结用于节庆、新婚等，表达了人们对美好生活的向往与追求。

吴彦茹是延庆区绳结编织技艺项目的传承人，在延庆永宁古城里开了一间名为"梧桐印记"的工作室。根据访谈得知，十年前吴老师出于自身兴趣，向家中会绳结编织技艺的艺人进行技艺学习，并且带动校内学生一起学习绳结技艺并创业。在钻研中，吴彦茹整理后发现，目前民间现存的绳结打法有70多种，延庆当地有40种左右，有很多因不同的用法和民俗而叫法不同，延庆当地的编法和叫法多与当地农村的劳动生活息息相关，最初多以穗儿的形式出现，并用于生活用品的点缀。而今，他利用棉、化纤、玻璃丝等材质不断创新，通过绳子的抽、拉、拧、压，在编织过程中利用不同的排列变幻出了造型更加多变、色彩搭配更加和谐的绳结作品。

吴彦茹的绳结艺术冲破了单纯传承的禁锢，他将自然灵动的造型与和谐绝美的色彩有机融合在一起。在环环相扣中，吴彦茹的绳结编织技艺，是妫川大地绽放的又一朵非遗之花。绳结传承的不仅是技艺，而且承载着祖祖辈辈不畏艰险、勇于创新、向往美好生活的人生态度。

2. 非遗旅游市场现状分析

2.1 市场规模与发展趋势

延庆绳结编织非遗项目的发展主要停留于自身发展阶段，将产品带到景区中进行直接销售，由非遗传承人个人负责进行管理和销售。通过景区销售途径，只能停留在非遗产品本身价值层面，但通过延庆永宁古城乡村非遗研学旅游项目，则可发展起来。目前研学旅游项目种类繁多丰富，但也存在研学旅游产品质量监管秩序不到位的现状，导致非遗研学旅游产品质量参差不齐，甚至存在欺骗消费者的现象。

从市场规模层面上看，绳结产品的受众面较广，用传承人的话说是"上至九十九，下至刚会走"。绳结图案多由一种、多种绳结编织而成，可根据客户的需求提供定制化的作品，不同的绳结作品，运用在不同的场景，会根据场景、用途进行图案设计。绳结产品具有独特性，价格优势高，种类多样，颜色丰富，质量高。不同顾客对于绳结产品的需求不同，男性把绳结作品当作车挂，女性将其当作包饰，而老人或选择挂在家中，因此，绳结可以针对喜欢中国文化的各类人群。

从发展趋势上看，延庆绳结编织技艺的发展趋势并不是很乐观。年青一代对非遗项目关注度低、参与度少，且单个绳结利润较少，编织人的时间、精力不足，宣传力度不够。我们认为，绳结与旅游结合的重点在于沉浸式体验制作，感受非遗技艺与打造各色产品，传承人专业的讲解能让顾客感受到绳结的历史与文化，会增强游客的购买欲望，也能对这项非遗文化产生更浓厚的兴趣。以销售带动当地旅游，工坊带动村民学习非遗编织技艺，实现编织手工艺品分销销售，带动村落经济发展的同时提高当地知名度，进而吸引游客前往体验非遗技艺，促进当地旅游业发展。针对不同人群打造针对性的产品，走"绳结+"发展模式，拓展宣传渠道，展现绳结的艺术价值和深厚的文化底蕴，注重区域文化建设，促使民俗村、非遗村更好地发展的同时也会带动旅游的发展。

2.2 乡村非遗游客行为分析

2.2.1 认知情况

（1）了解情况

为了了解乡村非遗旅游的情况，我们采用深度访谈和问卷调查等方式进行调研。通过与延庆绳结编织技艺非遗传承人吴彦茹老师的访谈，我们了解到吴老师学习绳结编织技艺的故事以及延庆绳结非遗旅游市场的发展模式等。另外，根据地理、人口比例进行合理的人群分配调研，发放"乡村非遗旅游活化与价值化评价"调查问卷。通过问卷星进行线上发放，发放时间为2022年5月8日，共回收有效问卷814份，调研样本兼具代表性与广泛性。样本涉及32个省份，其中北京地区的样本最多，占全部样本的32%。受访者性别比例相当，中青年人居多，18~35岁的占比为66%，36~55岁的占比为26%。

学生的占比最多，为47%，企业及事业单位工作人员位列第二，占比为27%。

就对非遗项目了解情况（见图1）而言，我们可以看到，项目的了解程度的平均值曲线大都在"2 不太了解"的情况上下，说明普遍认知较低。其中山东省杨家埠木版年画、鹤庆银器锻制技艺等非遗项目等更为小众，甚至是不少人从未听说过，仅有二人转、黄梅戏这种大众所知的乡村非遗项目了解程度较高。可见，要使乡村非遗获得创造性发展，宣传的重要性可见一斑。

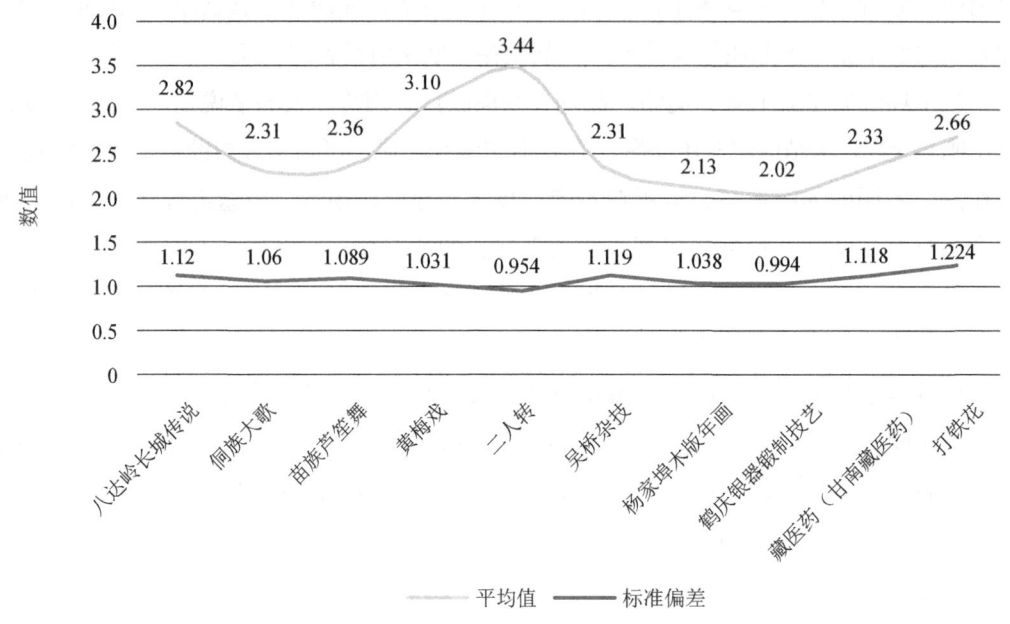

图1　游客对乡村非遗项目的了解情况

（2）意愿程度

在外出旅游或休闲娱乐时是否愿意体验或购买乡村非遗产品方面，根据图2，我们可以看出，18~35岁的群体中，占比份额较大的是"介于中间"和"比较愿意"的选项，说明青年消费者对待乡村非遗旅游产品有一种较为积极的态度，但"介于中间"高于"比较愿意"，可以看出青年群体对待购买乡村非遗产品的态度多处于摇摆不定的中间状态，容易被左右，如果增强营销宣传力，则可增加青年消费群体的购买力。在36~55岁的中年群体中，"比较愿意"选项占比较高，说明家庭出游和退休出游的人较多，他们的休闲时间充分，对于体验感受旅游中的产品项目意愿程度较高。

在乡村非遗消费中接受的产品单价方面（见图2），我们可以看出，18~35岁的群体，选择占比最高的是"少于300元"的选项，其次是"视产品而定"。可见，其中大学生人数较多，他们自主赚取且可支配的收入较少，选择产品的价格会偏低。36~55岁的人群中，选择"视情况而定"选项的占比最高，其次是"200~600元"选项。中年消费者一般偏向于家庭出行，他们有固定收入，消费能力较强，因此选择非遗产品的偏好价格也会偏高。"视情况而定"选项最多，体现了他们的购买行为表现出一定的成熟性，追求货真价实，经济实用。

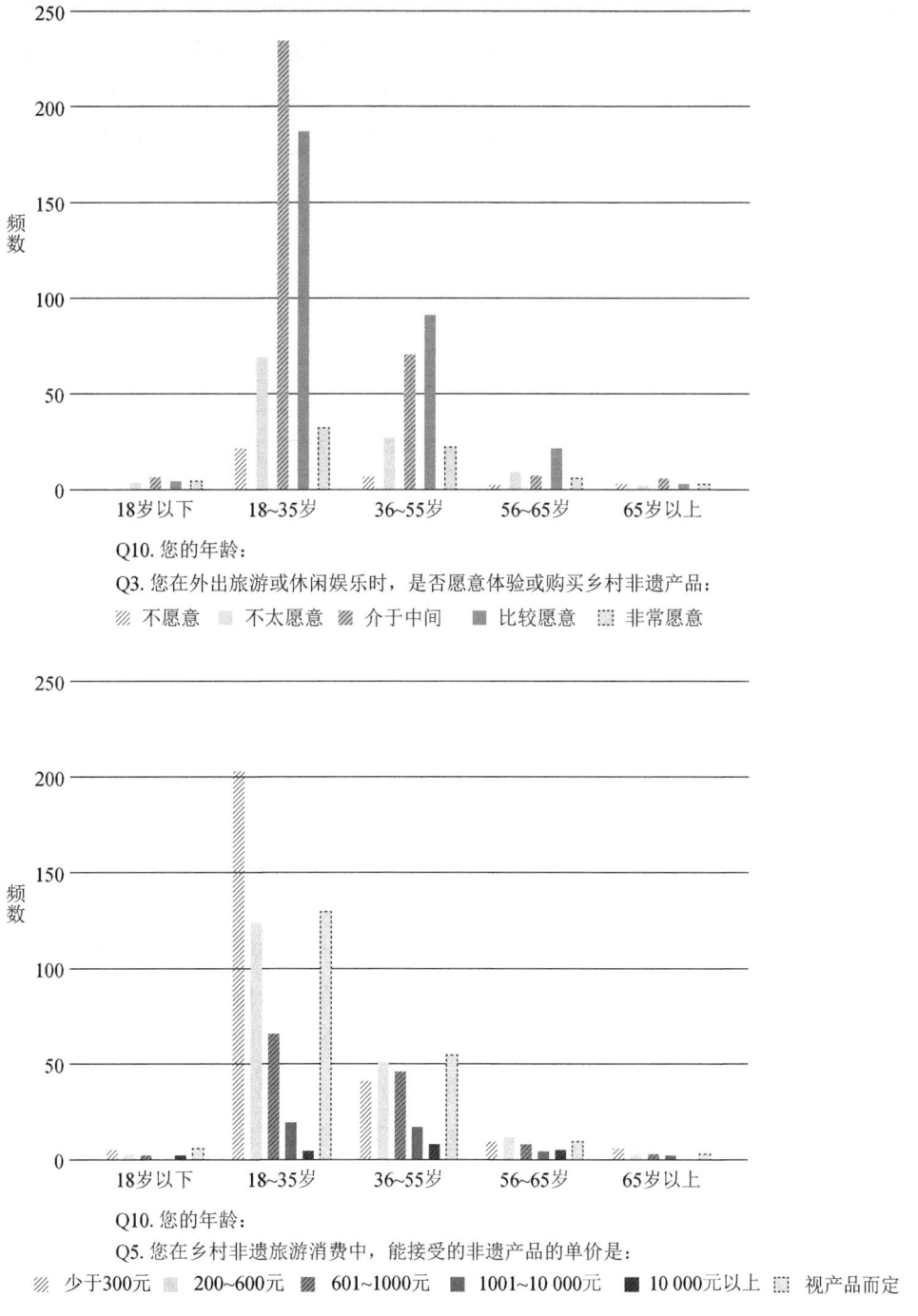

图2　不同年龄段游客购买非遗产品的意愿以及能接受的单价

2.2.2 信息渠道分析

在了解乡村非遗的主要途径排序方面，可以看到排在首位的是互联网相关的媒体，其次是电视，最后是专业性书籍（见图3）。可见，通过网络获取旅游信息的旅游者越来越多，尤其是有较强经济实力且旅游欲望强的中青年旅游者的比重会更高，因此应重视旅游信息网络建设，充分发挥媒体的力量，加大旅游宣传促销力度，实现各媒体之间的联动，提高旅游信息的可信度，从而影响旅游者的心理判断。排在第3位的是旅游过程中的现场参与，由此可以得到启示，在针对非遗旅游产品开发时，亲身体验的模式会使得游客印象深刻（见图3）。

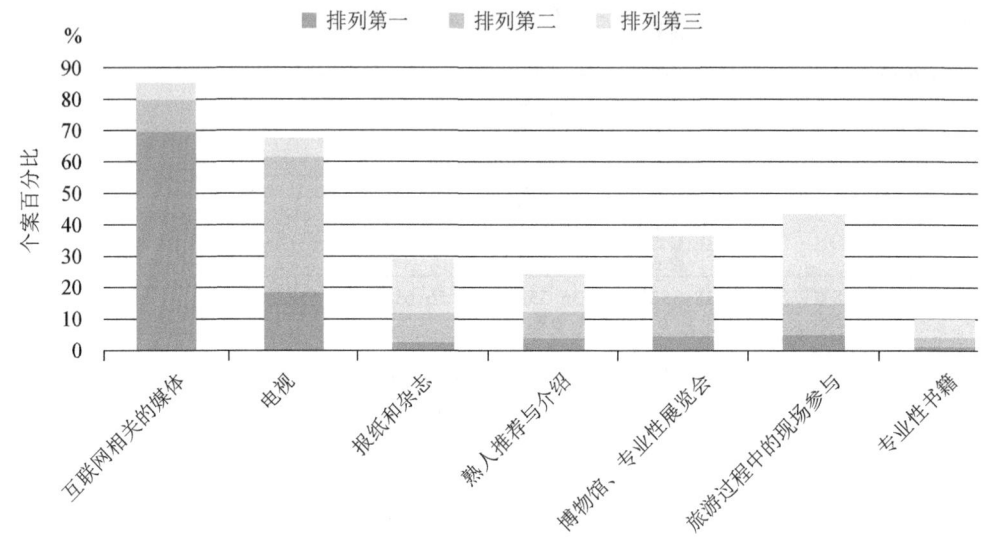

图3　游客信息获取渠道占比

2.2.3 产品偏好

就对于乡村非遗产品态度而言，我们可以看到11个项目的平均值分布都在3.5上下，为比较喜欢，可见乡村非遗各项目对游客都具有一定的吸引力。其中餐饮消费标准值最高，对各地的特色小吃喜好度最高，可见"食"作为旅游六要素之一，在旅游活动中扮演着重要的角色。随着生活水平和消费需求的提升，人们更加追求高层次的味蕾享受和精神文化享受。美食不仅能丰富旅游产品、展现当地文化和历史，还有助于促进旅游目的地品牌形象的塑造。民俗庙会、参与制作或学习体验非遗、非遗特色小镇等项目也深受游客的喜爱（见图4）。

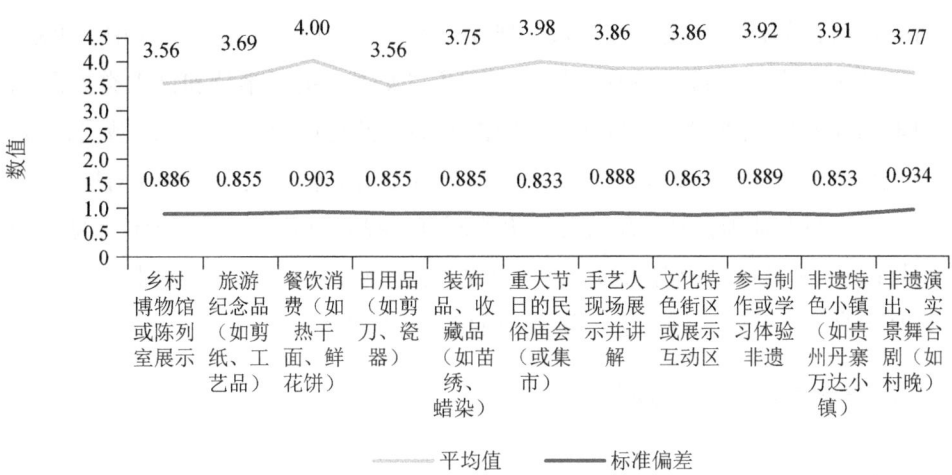

图 4 游客对乡村非遗产品的态度

2.2.4 乡村非遗旅游价值

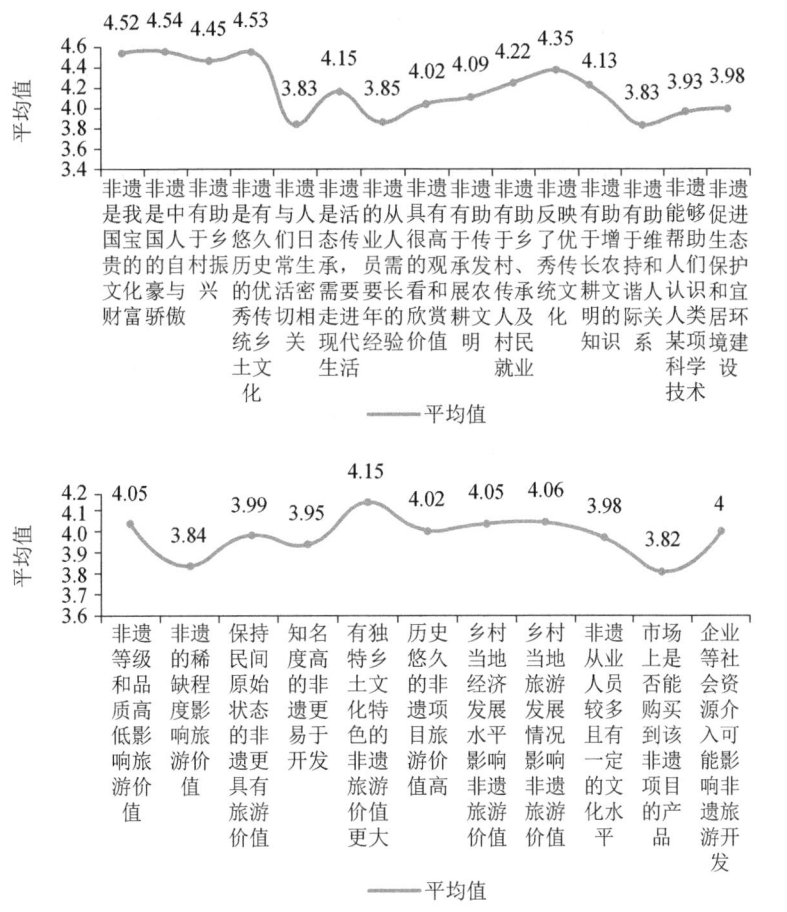

图 5 游客对非遗价值及乡村非遗旅游开发价值的认可态度

对非遗价值的认可态度，普遍认可程度较高，平均值在 3 以上。其中认可程度最低的是"非遗与人们日常生活密切相关"以及"非遗有助于维持和谐人类关系"，但却认可非遗是我国宝贵的文化财富，是中国人的骄傲与自豪。可见大多数受访者认为非遗与现代人的日常生活距离较远，与自我日常生活无较大关系，但却对国家而言意义重大。就乡村非遗项目具有旅游开发价值而言，我们明显可以看到无论是哪类群体，"比较赞成、非常赞成"的占比都很高，可见不论年龄，受访者对乡村非遗旅游开发的认可度都较高，这证明乡村非遗旅游开发价值高（见图 5）。

3. 非遗旅游产业发展现状

3.1 经营及人员规模

经营规模：通过对绳结进行包装让孩子和一些游客进行绳结编织的体验（如端午节五彩绳活动），由此启蒙绳结的商业发展，起初进行电商联盟、校园推广的方式，后来逐渐吸引了一部分地区的注意，在 30 多个长期合作的景区开始进行线下售卖（节假日尤其春节期间售卖情况较好）。注重非遗产品的传播销售，进驻颐和园，和园内手工艺品销售点达成合作，并开设"颐和结艺"实现非遗产品销售，形成了"绳结+文创"的线下售卖模式，最高年销售量可达百万元。而后在延庆永宁古城开设首家手工艺品店铺，开展游客非遗绳结体验项目活动，并和协会共同开设巧娘工坊，提供公共空间，实现延庆绳结葫芦烙画等手工艺品研学交流讨论，延续非遗手工艺传承。

人员规模：颐和园项目人员一度多达 30 人，延庆地区目前从艺工作者较少。由于绳结加工周期长，需要较长人工工作周期，相较于烟台，北京人工成本过高，因此单纯使用北京劳动力会导致负利润，无法带动当地乡镇实现增收振兴，进而需要综合使用不同地域劳动力，目前从艺工作者多以烟台为主。

3.2 商业模式与营销方式

商业模式：零售、批发、体验项目。通过企业+政府模式，以个人名义、做当地扶持项目、公益事业；通过自产自销、加工生产模式，通过老人妇女、残疾人、外地劳动力进行计件进行加工生产，再通过文旅行业联系景区进行销售。

营销方式：起初借助电商（淘宝联盟）、校园推广的方式通过销售传播，通过售卖产品宣传延庆绳结；周六、周日、逢年过节工作室开展宣传体验活动，手把手教绳结编织；开展冬奥培训、社区建设、企业单位交流活动。

4.SWOT 分析

4.1 分析

为了全面分析延庆绳结编织技艺当前的情况以及未来的潜力，接下来，通过 SWOT 分析（见表 1），深入探讨内部的优势和劣势，以及外部的机会与威胁。

表 1　SWOT 分析

优势	劣势
1. 非遗文化，延庆特色 独特性，具有延庆特色，有许多带有延庆当地"儿化音"叫法（方言）的绳结编织技艺，别处无法获得 2. 单品颜色丰富、种类多样 图案多由一种、多种绳结编织而成；常用的有 20 多种，总共 60 多种绳结，其他为衍生编织结（如方向的变换、基本绳结的结合变化等）； 不同的绳结作品，运用在不同的场景（婚庆、商用），会根据场景、用途进行图案设计 3. 质高价廉，生产优化 原材质优质，产品质量高，原材料选材严谨，绳结固色时间久、质量高； 价格具有一定优势，通过优化编织生产工作流程，可以节约一半的成本价格	1. 绳结产品生产和销售状况落后 "低效率、长周期、小规模、低利润" 销售店铺最多时仅为 4 个，目前仅保留永宁门店，绳结技艺的复杂性导致产品的生产需要大量人力和时间，绳结制作为妇女、残疾人士利用闲暇时间纯手工制作，制作时间较长。材料单一，在技术、样式上的创新不足，无法满足当代人多变的需求 2. 缺乏宣传 主要通过销售传播、售卖产品，同时宣传延庆绳结；想尝试新媒体传播宣传，但是由于时间、精力原因还未实践 3. 缺乏品牌建设 绳结产品没有纳入地区产品品牌体系中，没有注重品牌建设，更多注重非遗产品的传播销售
市场机会	市场威胁
1. 政策扶持 2012 年北京市文化局发布《关于加强非物质文化遗产保护传承的扶持办法》，对北京市非遗项目给予补贴、扶持，推动北京市非遗项目的保护传承工作，促进北京优秀传统文化繁荣发展 2. 乡村振兴与扶持 乡村振兴战略的实施为加强非遗传承保护利用提供了良好机遇，同时，非遗保护传承利用也可以提高当地经济收入、提升乡村文化发展水平 3. 市场前景可观 非遗经历了"活起来"到"火起来"的过程，非遗产品逐渐受到大众的喜爱和追捧	1. 手工艺品需求不高 手工艺品并不是必需品 / 刚需品，不仅线下销售会出现低迷的状况，而且线上销售也会受到影响 2. 从业人员流失 手工艺业的低迷，导致众多技术型从业人员转型，退出非遗行业；非遗传承人数量少，很少有年轻人愿意将非遗手工艺作为安身立命的事业，非遗传承面临着一定的威胁 3. 非遗市场产品混乱 市场中出现假借"非遗"名号的"非遗手工艺品"，质量堪忧且价格甚高，给真正的非遗手工艺带来一定的名誉和口碑的威胁

4.2 策略

4.2.1 完善政策保障机制

（1）加大资金保障

拓展资金渠道，扩大资金数量，提高支持力度。

（2）强化行业保障

制定、完善产品质量行业标准，规范和促进非遗手工艺行业健康发展。

4.2.2 加大对传统手工艺的保护

（1）加强资料性保护

开展调查、记录、摄影、录音、录像等"立档"式的整理工作，尽可能地对生产工具、原材料、工艺流程以及绳结作品等内容进行详尽的记录。

（2）培养传统手工艺传承人

对传承人给予经济补贴，鼓励代表性传承人面向社会广泛挑选优秀苗子，使更多的年轻人能够得到传承人的传道授业。

4.2.3 加大宣传力度，打造非遗品牌

（1）搭乘互联网的顺风车

充分利用广播、电视、报纸、网络等各种媒体，加强对传统手工艺的宣传，提高知名度；与知名网站、直播平台、短视频平台合作，通过图片、文章、短视频、冠名节目、直播等手段对绳结手工艺的制作过程及各种体验交互活动进行推广。

（2）打造品牌

全面提高绳结制作水平，提高手工制作品质，开发更多绳结作品品类，扩大市场面，打造专属品牌。要结合时代发展的需要，不断探索传承方式，提高绳结艺术的时代价值。改进绳结产品的工艺，丰富绳结产品的形式，拓展宣传渠道，走产业化发展的模式，激发绳结艺术的活力，助其重现生机。

5. 目标市场分析

5.1 市场细分

5.1.1 可进入性分析

根据问卷中游客对非遗旅游项目的喜好程度进行分析，挑选出与延庆非遗绳结相关的几项，主要从旅游纪念品、非遗体验、手工艺人现场展示、展示互动区四个方面进行性别和人群的偏好分析。从图6中可以看出人们普遍偏好手工艺人现场展示、非遗体验等，这两个方面可进入性较强。在年龄层面，18~55岁年龄阶段均值较高且稳定；在性别层面，女性总体偏好均值高于男性。图6、图7提供了关于可进入性分析的直观概览。

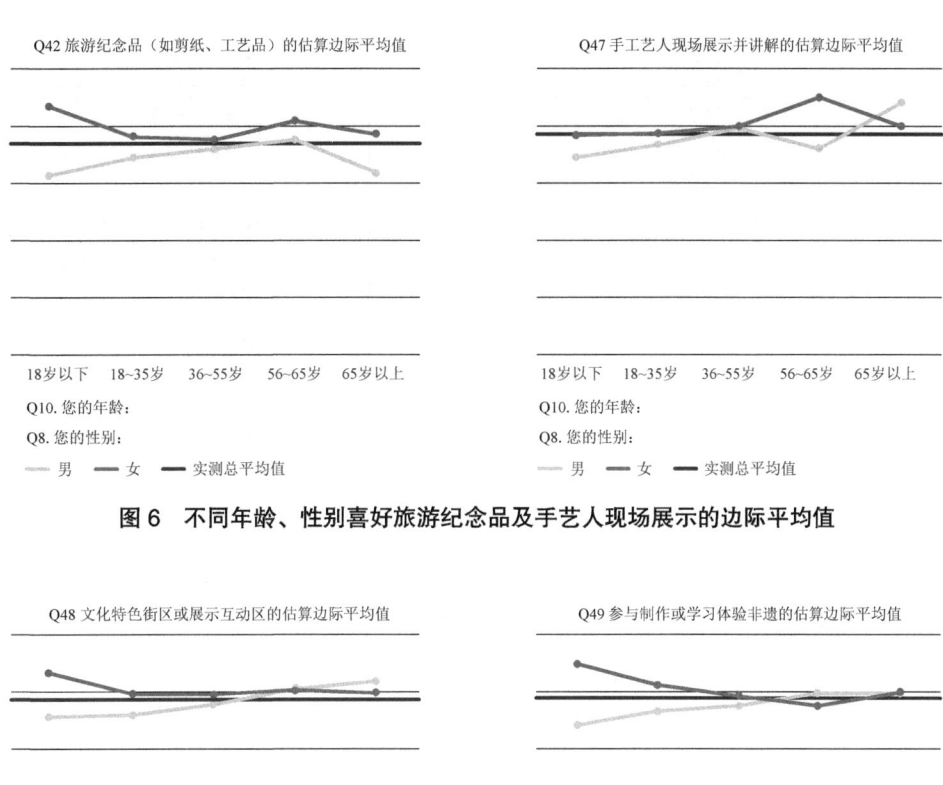

图6 不同年龄、性别喜好旅游纪念品及手艺人现场展示的边际平均值

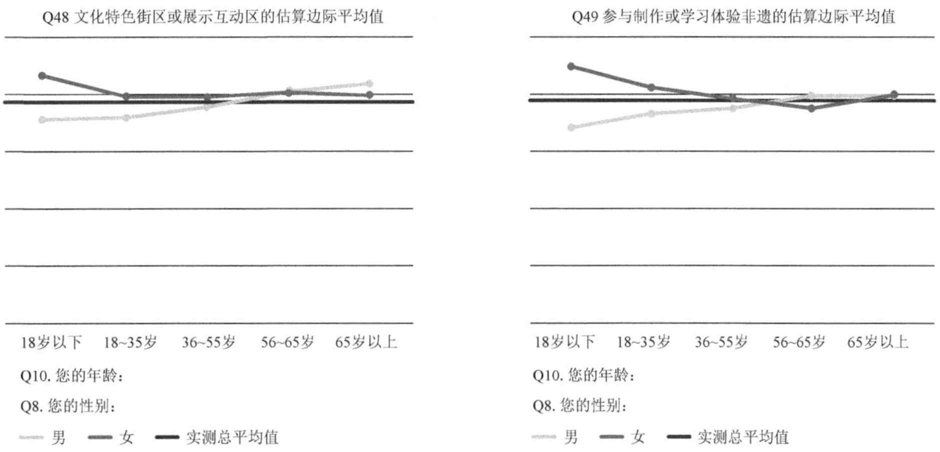

图7 不同年龄、性别喜好展示互动区以及体验制作非遗的边际平均值

5.1.2 多变量市场细分

根据地域细分，京内与周边城市距离延庆出行距离较近、交通便利，加之乡村游火热发展，人们的前往意愿较强。根据年龄细分，其中18~55岁人群，其出游多为学生出游、夫妻游、家庭游，他们具有一定的可支配收入，闲暇时间充沛，对文化娱乐等旅游需求高。根据性别细分，女性对手工艺品偏好更大，主动参与性较高。因此选定京内及京周边18~55年龄段人群为目标市场，其中以女性为重点。为了更清晰地呈现这些信息，制作了图8——多变量市场细分图。

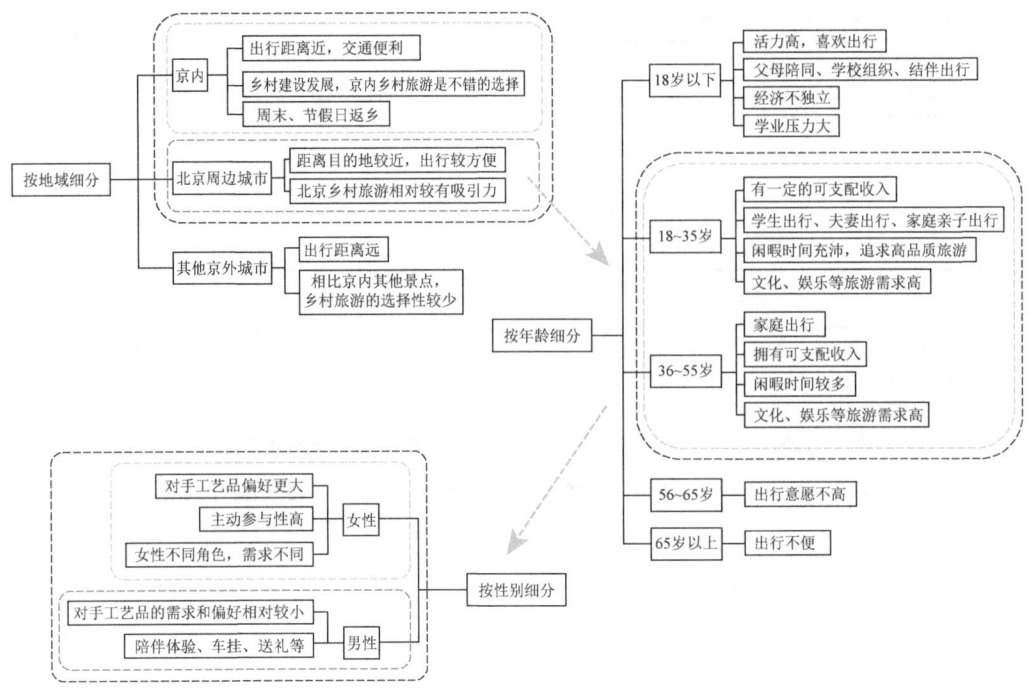

图 8　多变量市场细分图

5.2 目标市场选择

5.2.1 目标市场选择模式

选择专业化模式是一种目标市场选择策略，允许选择几个具有吸引力的细分市场作为目标市场，并为每个细分市场提供专门的产品和服务。这种模式的特点是各个细分市场之间通常没有直接的关联，但每个市场对企业的资源和目标都有一定的吸引力。绳结的目标市场选择专业化营销模式，具体分析详见表 2 所示。

表 2　选择专业化模式

	京内 18~55 岁女性	京内 18~55 岁男性	京周边 18~55 岁人群
以女性主导	"游+学"青年游 在职女士休闲游 甜蜜欢乐家庭自驾游		
男性陪伴/商务游		"游+学"青年游、商务游 在职男士休闲游 甜蜜欢乐家庭自驾游	
独特北京游			北京·乡村+非遗文化·小众北京独特游

5.2.2 目标市场营销策略

差异化市场营销策略是用来区分产品或服务的方法，目的是在市场上创造独特的价值主张，从而吸引特定的消费者群体。差异化市场营销策略通过强调产品的独特性来建立竞争优势，帮助企业在激烈的市场竞争中脱颖而出。绳结产品的目标市场营销策略选择差异化市场营销，具体差异化分析见图9所示。

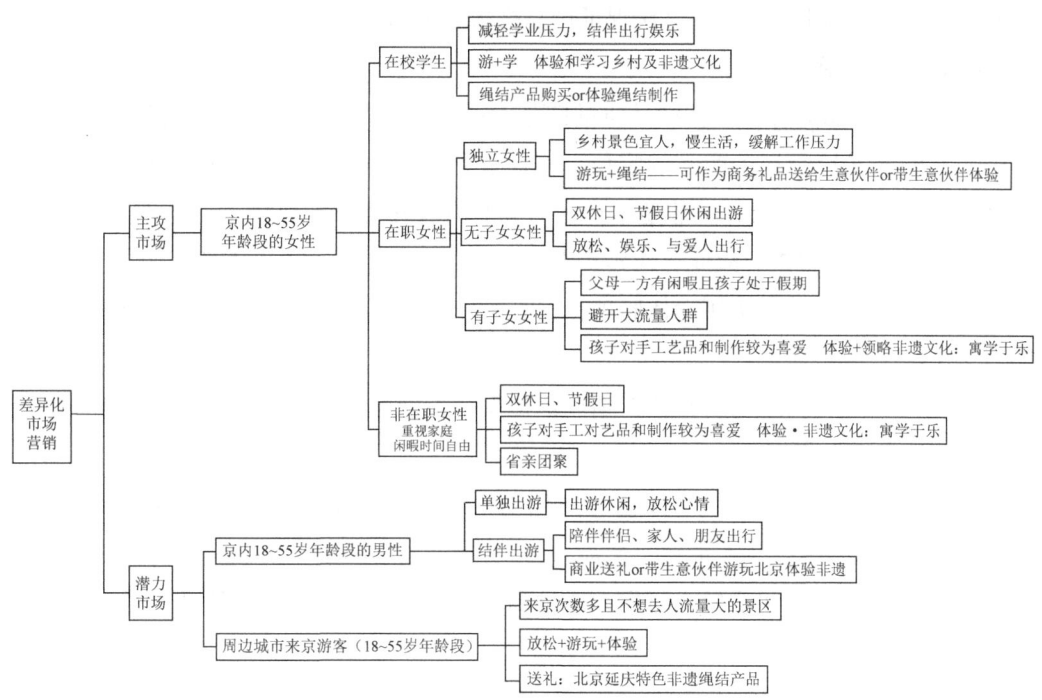

图9 绳结产品差异化市场营销分析

5.3 市场定位

5.3.1 延庆绳结竞争优势

（1）非遗产品市场竞争力强

延庆绳结非遗产品独具延庆当地特色，产品质量高，且单种产品选择多样；同时，绳结物美价廉，具有较强价格优势。

（2）旅游资源优势显著

门店位于永宁古城，永宁古城被誉为京郊文化第一镇，历史文化底蕴丰厚。且门店区位条件优越，位于北京市延庆区中心，交通便利，临京藏高速、延庆火车站，有多路公交车站点；距离河北省张家口2小时车程，客源辐射范围较广，旅游产品受地缘优势影响较大。永宁古城附近现有的交通条件为游客提供了便利，游客多来自京内及附近城市。

5.3.2 延庆绳结竞争劣势

延庆绳结目前面临的竞争劣势包括：旅游效应不明显，知名度不高；营销力度弱，营销宣传方式单一，多为线下宣传且宣传周期过短，多在节假日宣传，影响力小，效果不佳；产业融合欠缺，未能与现代传媒相结合，传播力度不够；产品缺乏多样性，创新意识较弱，多为单一装饰类绳结工艺品；产品品牌意识弱，无明显非遗产品标识；从业人员数量远远不足，导致无法保证产品推新上市周期。

5.3.3 重新定位

目前非遗产品的开发存在产品质量良莠不齐、创新力度不足以及形式单一等问题。非遗产品的开发核心在于产品的定位，应通过差异化的定位确立其在市场中的地位，明确开发路径及策略方法。"非遗"产品必须具有文化性、故事性、传承性、创新性、实用性、交互性等要素。故此，对延庆绳结编织非遗产品进行以下重新定位。

"绳结+研学"：承接研学体验项目，寓学于乐，让参与者在互动体验中学习绳结非遗文化。

"绳结+媒体"：利用新媒体，拓展宣传渠道，创新营销方式，扩展网店规模，使绳结产品拓宽销售范围。

"绳结+文创"：将传统手工艺与文化创意结合，创新产品形式，使产品多样化，可开发家居类、日常实用类绳结工艺品。

"绳结+节庆"：注重延庆习俗，通过春节、端午节等节庆习俗活动，开展特色节日绳结作品体验创作活动。

"绳结+民宿"：针对北京周边游客，联合延庆民宿开展旅游项目，教授并传承绳结文化及艺术，增强项目的文化体验性。

"绳结+体验"：设置线下编织体验课程，线上售卖编织包及编织课程，或开展线上直播引流。

5.3.4 市场形象与市场口号

市场形象：新潮传统并存、深度体验。

市场口号：一缠一绕，匠心独运，品味古老中国艺。

6. 营销策划方案

6.1 产品策略

6.1.1 "游+学"青年游（京内在校大学生）

（1）线路a：非遗+休闲

游：永宁古城+百里画廊。

吃：体验延庆豆腐宴、品尝永宁古城特色小吃。

娱：古城打卡拍照＋延庆非遗绳结体验＋百里画廊（观景、团建、野炊等）。

（2）线路b：非遗＋红色

游：永宁古城＋平北红色第一村纪念馆。

吃：体验延庆豆腐宴、品尝古城特色小吃。

娱：古城打卡拍照＋延庆非遗绳结体验制作。

6.1.2 在职人士休闲游（京内18~55岁在职男女性）

（1）线路a：非遗＋骑行（在职男性）

游：永宁古城＋百里画廊骑行（专业山地车、25千米休闲观光）。

吃：百里画廊野餐露营。

娱：古城商业街游览＋了解延庆非遗绳结（购买定制男性商业礼物、体验制作绳结等）。

（2）线路b：非遗＋休闲（在职女性）

游：永宁古城＋玉渡山风景区。

吃：体验延庆豆腐宴、品尝永宁古城特色小吃。

娱：古城打卡拍照＋了解延庆非遗绳结（购买、定制女性商业礼物、体验制作绳结等）；在玉渡山露营、放风筝。

6.1.3 甜蜜欢乐家庭自驾游（京内18~55岁伴侣群体、京内18~55岁带子女的家庭群体）

（1）线路a：甜蜜休闲自驾游

游：永宁古城＋百里画廊＋野鸭湖国家湿地公园。

吃：体验延庆豆腐宴、品尝永宁古城特色小吃。

娱：古城拍照打卡＋近距离接触延庆非遗绳结（购买、体验制作、定制情侣绳结、绳结手链等）；百里画廊赏花、拍照。

（2）线路b："欢乐＋教育"亲子自驾游

游：永宁古城＋玉渡山风景区＋八达岭野生动物园。

吃：品尝永宁火勺、豆腐宴、油饼、爆米花、柿饼。

娱：古城打卡拍照＋近距离接触延庆非遗绳结（购买、带孩子一起体验制作绳结、带孩子了解非遗文化、锻炼动手能力、审美能力，定制孩子喜爱的绳结作品）；玉渡山露营、野餐等；野生动物园游玩。

6.1.4 来京小众独特游（北京周边城市18~55岁游客）

线路：北京·乡村＋非遗文化·小众独特游。

住：民宿——北京延庆金兰云舍、山外小院民宿等。

游：八达岭长城＋玉渡山风景区＋龙庆峡＋野鸭湖国家湿地公园。

吃：品尝特色美食——永宁火勺、柳沟豆腐宴、铁锅炖。

购、娱：永宁古城·商业街＋了解延庆非遗绳结（购买、体验、参观皆可）。

6.2 价格策略

6.2.1 产品定价方法

定价目标：以获取利润为目标。

定价方法：差别定价法（产品式样定价、顾客细分定价）、成本导向定价法。

定价策略：旅游新产品定价策略——市场渗透策略；心理定价策略——整数定价策略、尾数定价策略。

6.2.2 绳结产品定价

根据绳结产品类型、大小、功能作用的不同制定不同的价格，采用产品式样定价和成本定价的方式定价。绳结体验包含"感知美——了解绳结技艺悠久的历史以及发展"，"理解美——观察绳结制作工艺、色彩搭配"，"创造美——学习不同的编织技巧，动手体验"三个部分，时间两个小时，采用顾客细分的方式定价，具体如图10所示。

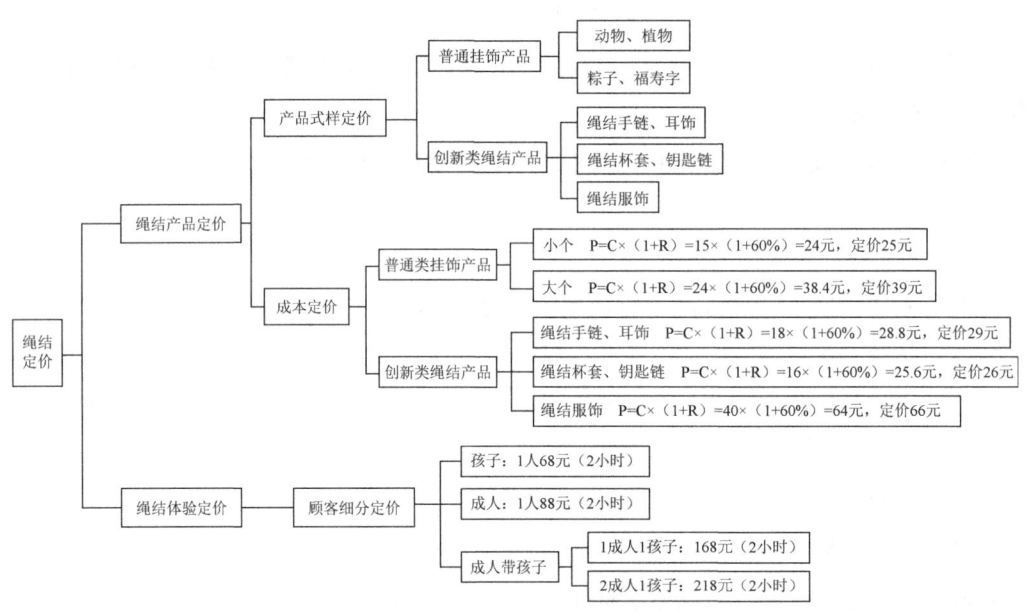

图10 绳结产品定价

6.2.3 线路产品定价

在详细阐述了市场定位和目标客户群之后，将重点关注线路产品的定价策略。基于对成本结构和服务价值的全面考量，如表3所示，详细介绍对线路产品的定价方法和分类。

表3 线路产品定价

产品线路	定价
"游+学"青年游	● 线路a：非遗+休闲 交通：57千米，专车送 体验：绳结体验88元 餐饮：柳沟豆腐宴团餐价50元 门票：乌龙峡谷30元 价格：P=C×（1+R）=168×（1+20%），最终定价199元 ● 线路b：非遗+红色 交通：36千米，专车送 体验：绳结体验88元 餐饮：柳沟豆腐宴团餐价50元 司导服务：纪念馆讲解红色文化 价格：P=C×（1+R）=158×（1+20%），最终定价189元
在职人士休闲游	● 线路a：非遗+骑行（在职男性） 交通：27千米，专车送 体验：绳结88元+骑行服务68元 司导服务：专业领骑员讲解 餐饮：品尝当地小吃、野餐 P=C×（1+R）=176×（1+20%），最终定价210元 ● 线路b：非遗+休闲（在职女性） 交通：51千米，专车送 体验：绳结体验88元 餐饮：柳沟豆腐宴团餐价50元 门票：玉渡山60元 价格：P=C×（1+R）=198×（1+20%），最终定价239元
甜蜜欢乐家庭自驾游	● 线路a：甜蜜休闲自驾游 线路：永宁古城+百里画廊+野鸭湖国家湿地公园 价格：绳结定制体验制作，两个成人，176元 ● 线路b："欢乐+教育"亲子自驾游 线路：永宁古城+玉渡山风景区+八达岭野生动物园 价格：绳结定制体验制作，两个成人带一个孩子，218元
来京小众独特游	● 北京·乡村+非遗文化·小众独特游 交通：大巴接送100元/人 体验：非遗绳结制作88元 门票：玉渡山60元+野鸭湖50元+八达岭40元+龙庆峡40元 餐饮：豆腐宴50元+铁锅炖60元 司导服务：导游讲解、司机接送 住宿：两晚民宿388元 价格：P=C×（1+R），最终定价966元

6.3 渠道策略

6.3.1 间接营销渠道——电子商务

（1）短视频平台

目前短视频平台飞速发展，借助网络平台，可以帮助手工艺人进行免费的推销，开辟新的市场营销道路。在抖音平台推出"看见手艺计划"，其内容方向包括绳结在内的多种手工艺类别，该扶持计划将面向全国招募非遗名家和民间手艺人，运用流量扶持、电商扶持等方式帮助手艺人提高收入。通过短视频或者直播向大众展示绳结这门手工艺的历程与故事，让大众深刻了解中国传统绳结艺术背后的文化价值和内涵，打造新产品，借助短视频迅速打开市场。通过抖音对旅游线路进行宣传，吸引喜欢"非遗+"旅游方式的游客在抖音平台进行线上购买。

（2）携程平台

目前，携程在综合性旅行服务公司行业处于领头羊地位。携程在2021年中国互联网综合实力前百家企业中位居第18名，携程旅行网现在每天的访问量约为10万人次，页面点击约为100万次。携程网目前占据中国在线旅游50%以上市场份额。根据携程知名度高这一特点，可以通过携程电商平台吸引游客进行乡村非遗旅游线路体验与购买。

（3）小红书平台

小红书是生活潮流发源地，也是消费决策价值地，以内容影响用户消费决策。小红书商城通过社交方式将用户引流到商城，实现社交电商。平台用户以年轻人为主，他们思想新潮，容易接受新事物，平台还有很多热门的明星入驻，可借此吸引粉丝加入小红书平台，扩大平台用户数量。小红书中绝大多数的受众群体为女性，可以通过小红书这个电商平台吸引女性对"非遗+"旅游线路进行体验和购买。

6.3.2 直接营销渠道——永宁门店

以永宁古城"梧桐印记"门店为直接营销渠道，在店铺外摆放旅游线路宣传册，产品的展示本身就对消费者具有吸引力，他们可以很容易地看到价格政策。可以使用促销手段促进销售，便于销售人员进行针对性销售，在游客旅游途中或者前来购买非遗产品时向他们介绍旅游线路，吸引更多游客前来购买。

6.4 促销策略

6.4.1 "游+学"青年游

公共关系：校园演讲，开展活动宣传；印制宣传资料，介绍相关非遗研学旅游产品。

广告营销：校企合作，在校园公众号发布相关研学旅游产品信息，联合学生会、外联部等部门学生，在其朋友圈转发相关文章链接，提高产品知名度，吸引更多人体验产品，激起他们的购买欲望。

6.4.2 在职人士休闲游

特色体验：KOI 宣传＋广告，邀请北京骑行博主、京郊休闲游博主进行线路体验，同时进行广告宣传。

网络促销＋：通过自媒体渠道，开展评论区粉丝互动，激活粉丝群，给活跃度高的粉丝发放旅游产品折扣券；设定抽奖奖励机制，中奖用户可获得相应特色餐饮优惠券、非遗体验项目折扣券、非遗纪念品购买折扣券等。

6.4.3 甜蜜欢乐家庭游

销售促进：推出家庭团购门票优惠券、免费停车券、免费帐篷使用券。

网络促销＋：奖励分享体验，体验者将旅游体验分享至朋友圈集赞达到一定数量后，可向他们赠送免费门票、免费家庭旅拍服务，以及照片彩印成册服务。

6.4.4 来京小众独特游

销售促进：与北京延庆民宿联合推广"北京·乡村＋非遗文化·小众独特出行"，以"风光游览＋非遗体验＋住宿"的旅游模式提供线路产品优惠促销。

网络促销＋：通过短视频投放非遗体验视频以及体验项目购买链接，与民宿达成合作，购买非遗体验项目的旅游消费者，可享受民宿预订优惠。

参考文献

［1］宁静.绳结艺术的现代传承研究［J］.纺织报告，2021，40（10）：121-122.

［2］李立芳，刘柃杉."结绳记事"：中国绳结艺术文创产品设计及服务模式探究［J］.西部皮革，2021，43（12）：107-108.

［3］尹璐.浅谈非遗视野下绳结艺术的继承与发展［J］.文化产业，2021（13）：44-45.

［4］尹婧.中国绳结艺术的创新设计研究［J］.工业设计，2020（10）：145-146.

［5］余文星.非遗视野下中国绳结艺术传承创新与跨文化传播研究［J］.文化月刊，2019（8）：62-63.

（指导教师：季少军，北京联合大学旅游学院会展经济与管理系）

YOUNG 潮星城青年旅游营销策划方案书

张文馨[*]

[摘　要] 本文以长沙市为旅游营销策划目的地，以 18~28 岁的大学生及初入职场的工作人员为目标群体，依托创造性思维，采用 SWOT 分析法、STP 市场策略、4P 营销组合策略，整合长沙市的旅游资源，深度挖掘长沙旅游文化的核心内涵。通过对调查问卷、深度访谈的分析研究，深入了解目标群体青年旅游者的现实需求和潜在需求，针对他们的旅游消费行为特征为其打造符合其偏好的"潮"游营销组合策略，一方面满足其对长沙深度潮游的需求，另一方面将长沙独有的文化内涵展示给游客，吸引更多的青年游客前往长沙游玩。

[关键词] 长沙旅游营销策划环境；青年游客行为分析；STP 市场策略；4P 营销组合策略

引言

随着消费升级和生活方式的转变，年轻人的旅游需求日益多样化与个性化，特别是处于 18~28 岁年龄段的大学生和初入职场的年轻群体，他们选择旅游目的地时不仅关注传统的风景名胜，还更加重视文化体验和社交互动。

长沙，作为湖南省省会城市，凭借其深厚的历史文化底蕴和丰富的旅游资源，成为吸引年轻游客的重要目的地。在这里，传统与现代交汇，文化与娱乐共生，青春的热情在这座城市的每一个角落绽放光彩。然而，目前针对青年群体的行为特征与消费需求的营销策划方案趋向同质化，难以激发他们的旅行热情。为此，本文旨在深入分析长沙的旅游市场，运用 SWOT 分析法、STP 市场策略与 4P 营销组合策略，深入探索长沙独特的文化内涵与潮流元素，通过现代生活方式与传统文化的结合，创造一种

---

[*] 张文馨，北京联合大学旅游学院旅游管理系毕业生，现内蒙古大学研究生在读。

新颖的"潮游"体验，制定一套契合年轻人需求的创新旅游营销方案，提升长沙在年轻游客心中的城市形象，并为他们提供一个兼具娱乐、休闲与文化体验的多元化旅行选择。本方案旨在通过丰富的社交互动与文化交流，吸引更多年轻游客前往长沙，希望长沙的街头巷尾成为年轻人心灵的归宿，成为他们探索与发现自我的新天地，亲身体验这座城市所散发的魅力与活力。

1. 长沙旅游营销策划环境与现状分析

1.1 区位情况

长沙，湖南省省会城市，别称星城，地处中国华中地区，湘江下游、长浏盆地西缘、湖南东部偏北，是长江中游城市群和长江经济带重要的节点城市，整个长沙城区规划科学、布局合理。长沙居东南沿海和长江流域两个通江达海大市场的腹部，是内陆通向两广沿海和西南边陲的前缘地带；又位于上海、广州、重庆、武汉四大全国性商贸中心聚辐的交错地带，东南西北四大城市的辐射作用可在长沙地区产生叠加效应，使之成为支撑沿海、沿江开放地区的后方基地和促进内地开发的先导城市。长沙得天独厚的地理区位优势，使得长沙的旅游可进入性良好。

1.2 气候条件

长沙为亚热带季风气候，气候特征为气候温和、降水充沛、雨热同期、四季分明、一年四季气候宜人。长沙夏冬季长，春秋季短。秋季是长沙的最佳旅游季节，可欣赏独立寒秋、湘江北去的橘子洲头，以及霜叶红于二月花的岳麓山。长沙除盛夏气温较高以外，其余三季均适宜旅游。

1.3 历史文化

（1）文物丰富，是驰名中外的历史名城

长沙历史悠久，有文字可考的历史达2000多年。全市共有不可移动文物843处；马王堆汉墓、唐代铜官窑釉下彩瓷和三国吴简等大量出土文物震惊中外，历史文化街区太平街、潮宗街、百果园、化龙池保留着长沙的历史风貌，中国历史文化名镇靖港古镇让人流连忘返。

（2）底蕴深厚，是人文荟萃的文化名城

长沙是湖湘文化的发源地，存留有屈原、贾谊等楚汉名家的雄赋及李白、杜甫等唐代大家的雅韵。千年学府岳麓书院经久不衰，人称"惟楚有材，于斯为盛"，经过岁月的凝练与积淀，铸就了长沙"心忧天下，敢为人先"的伟大人文精神。

（3）人杰地灵，是才俊辈出的英雄之城

长沙既是清末维新运动和旧民主主义革命策源地之一，又是新民主主义的发祥地之一，孕育了黄兴、毛泽东、刘少奇等一大批彪炳史册的伟大领袖人物，涌现了胡耀邦、朱镕基等党和国家领导人，成就了袁隆平、黄伯云等一代科学大师。

（4）文化繁荣，是闻名遐迩的快乐之都

可供游客在长沙的休闲度假选择十分丰富，以湖南卫视为代表，长沙"快乐之都"的美名享誉全国。长沙休闲旅游文化丰富，包括且不限于以湖南卫视、华谊兄弟（长沙）电影小镇为代表的文化产业以及各种延伸类休闲文化，文和友、茶颜悦色等丰富的网红美食文化，宁乡的灰汤温泉等城市休闲体验文化，湘绣等传统非遗文化和如火如荼的夜市等夜生活休闲文化……长沙文化旅游市场繁荣带来的发展，使长沙成为闻名遐迩的"文化湘军"的大本营和策源地。长沙曾经荣获最具幸福感的城市，2010年入围"中国最具国际影响力城市"称号，并与上海、北京、成都等10个城市获得国际形象最佳城市荣誉。长沙人时尚、开放、包容性强，长沙发展休闲旅游有氛围、有基础。古往今来的长沙人，靠着一股"吃得苦，耐得烦"的韧劲，延续着长沙千年文化之薪火，又凭着"霸得蛮，不怕死"的刚强，点亮了长沙热烈火辣的青春。

1.4 交通情况

长沙已经形成立体交通网络，交通优势显著，空铁一体助力长沙成为中部城市群核心节点。在航空方面，以长沙为中心，4小时内抵达东亚、东南亚、南亚等重要国家和地区中心城市的"4小时航空经济圈"正在逐步形成。在铁路方面，长沙处于中国"三横三纵"经济格局的中心点，东连长三角经济带、西接成渝经济圈、北望京津冀经济圈、南抵珠三角经济带，既是"一带一路"重要节点城市，又地处湖南"一带一部"区位优势最核心的部位。在水路方面，长沙处在湘江、浏阳河交汇之地，北至江汉，南通两广之地，长沙港可通江入海，与长江沿岸及南京、上海、连云港等港口通航。

1.5 城市定位

长沙的城市定位为现代化生态型国际城市、国家重要区域中心城市、国家综合交通枢纽城市、长株潭城市群主核城市和国家综合交通枢纽城市，是国家创新创意中心、国际历史文化名城以及世界旅游目的地。

2. 长沙旅游产业情况

2.1 长沙旅游产业现状分析

2.1.1 产业规模：旅游总收入持续上升，主要以接待国内的青年游客为主

根据智研所出具的长沙市旅游产业数据报告，2014—2019年长沙市旅游总收入一直呈上升趋势，2018年旅游总收入为1808.05亿元，增速达2.15%；2019年旅游总收入达到2028.97亿元，增速达12.2%。随着城市不断的发展，长沙市接待的国内旅游者人数比入境旅游者人数多，2019年长沙市接待国内旅游者人数为16 699.63万人，接待入境旅游者人数为132.98万人；国内旅游者人数占总旅游人数的99.21%，入境旅游者人

数占总旅游人数的0.79%。2021年"五一"假期，熟悉的"人从众"模式再度回归，长沙迎来了史上最热"五一"黄金周。据湖南省文化和旅游厅公布的数据，"五一"假期，纳入监测的102家A级景区共接待游客780.59万人次，同比增长187.3%，实现营业收入104 021.92万元，同比增长175.45%。长沙13个主要景区接待游客151.09万人次，游客主要来自广东省，从性别分布上看，基本持平。从年龄结构上看，整体偏年轻。

2.1.2 旅游资源：长沙市旅游资源种类齐全，重点景区数目多（见表1）

表1 长沙市重点景区名录

国家AAAAA（5A）级旅游景区	岳麓山—橘子洲旅游区（包含岳麓山、橘子洲、岳麓书院、新民学会旧址四个景区）；花明楼（含刘少奇纪念馆、刘少奇故居等）
国家AAAA（4A）级旅游景区	长沙世界之窗、湖南省石燕湖生态旅游公园、大围山国家森林公园、湖南省博物馆、雷锋纪念馆和天心阁、长沙洋湖湿地公园
国家级重点风景名胜区	岳麓山风景名胜区（包括岳麓山、岳麓书院和橘子洲）
国家森林公园	黑麋峰国家森林公园、天际岭国家森林公园和大围山国家森林公园
国家水利风景区	长沙湘江水利风景区（湘江风光带）、长沙市千龙湖生态度假村
全国非物质文化遗产保护研究基地	湖南湘绣城
国家级重点开发基地、绿色低碳示范新城	梅溪湖国际新城（桃花岭、梅溪湖、象鼻窝）

2.1.3 旅游线路：旅游线路品类多，深度游线路匮乏

长沙市现有的旅游线路主要包括文化游、风光游、美食游、风情游、网红打卡个性游几个品类，现有旅游线路大多与湖南其他城市相关联，针对长沙市本地的短期线路、深度游线路和文化深度挖掘的线路较少。

2.1.4 旅游品牌：不断打造休闲为主的旅游品牌，传递城市快乐理念

2.2 长沙青年旅游市场现状分析

2.2.1 吸引青年游客的能力强

在适合年轻人居住的理想城市榜单中，长沙位列第11名，在"最吸引年轻人生活"这一指标上，长沙更是在全国排名第9，绝对称得上是"青年理想城"（见图1）。

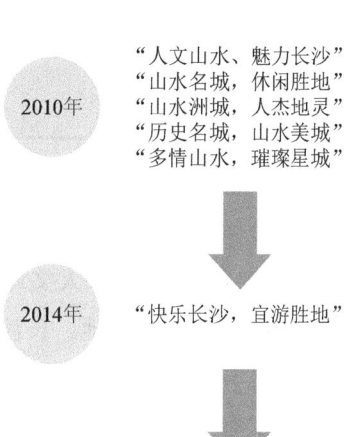

图1 长沙旅游品牌变化

2.2.2 历史文化游、城市深度游在长沙青年旅游市场中盛行

名人故居类景区、历史文化旅游已经成为年轻游客的旅游消费新风尚,其核心人群中21~30岁的00后、90后占比超过四成,其次是80后人群,占比近三成,整体40岁以下人群占比为89.1%。此外,"CITY WALK"等新潮玩法的出现,带动了城市观光类景点门票订单上涨,标志性高层建筑的观景台成为年轻游客拍照打卡的热门选项。

2.2.3 网络IP营销传播成为吸引青年游客的拉力

长沙市的网络IP众多,美食IP、文化IP、媒体IP等多与当代年轻人的兴趣点强烈相关,在小红书发布的城市榜单中,关于长沙的笔记有79万篇,城市夜经济传播力仅次于重庆,位列第一梯队,网络IP营销传播已成为吸引青年游客前往长沙游玩的关键拉力。

3. 长沙青年旅游营销环境 SWOT 分析(见表 2)

表 2 长沙青年旅游营销环境 SWOT 分析

SWOT	描述
内部优势评价(Strengths)	①城市形象符合青年定位 ②能打造潮牌文化的旅游资源众多
内部劣势评价(Weaknesses)	①黄金周人员密度大 ②文化内涵发挥不足
外部机会评价(Opportunities)	①国家政策的支持 ②区域合作的推进 ③新消费时代的到来
外部威胁评价(Threats)	①网红效应周期短 ②周边旅游业竞争激烈

3.1 优势

长沙休闲轻松的城市氛围十分符合青年游客的喜好,同时,长沙市有山、有水、有洲的独特区位优势和人文环境背景赋予其丰富多样的旅游资源,为旅游商品的开发、设计提供了广阔的天地,长沙的湘绣、菊花石雕、铜官釉下彩陶器等手工艺都驰名中外,是具有湖湘文化特色的工艺品。有着悠久的历史文化积淀,民族风情浓郁,物产充盈,素有"物华天宝,人杰地灵"的美誉,这是人们对长沙丰富的自然资源与人文资源等做出的客观评价,也是长沙开发青年旅游商品的基础和优势所在[1]。

3.2 劣势

长沙黄金假期人员密度大,游客体验感不高。尽管文化资源丰厚,但近年来受网

红风气的影响，缺乏对文化内涵的深入挖掘和营销。

3.3 机遇

第一，国家强调推动中部地区加快崛起，这对长沙加快旅游业发展提供了有利的宏观背景[2]。第二，区域合作上长株潭一体化，在旅游方面的合作有利于深化长沙旅游产品，强化长沙旅游竞争力[3]。第三，新消费时代的到来，有利于释放长沙旅游消费活力，像茶颜悦色、文和友都是新消费品牌的代表，且随着短视频平台的兴起，网红打卡突然火爆，长沙作为全国著名的网红城市，是青年游客的热门目的地。

3.4 威胁

一方面，虽然网红效应给长沙带来了流量，但网红效应本身可持续能力弱[4]，长沙如何把握有意思和有意义的辩证关系，借助网红的东风深挖长沙文化内涵，而不是止步于浅显的"网红打卡"上，对长沙是一个新的挑战；另一方面，长沙周边旅游业竞争激烈，省内有张家界、凤凰古城等知名度较高的景区，省外不仅有桂林、黄山等旅游资源独具一格的城市，还有成都、重庆等和长沙相似的网红城市。

4. 青年游客行为分析

4.1 国内青年游客行为特征

本研究以全国各地青年（14~35岁）为调查对象，于2021年5月运用问卷法、访谈法和观察法相结合的方式开展调查。本研究以问卷星的形式发放电子问卷，以不记名的形式展开，共收回有效问卷1845份。为确保研究结论真实可信，利用SPSS软件对问卷的信效度进行检验，基于数据对国内青年游客行为特征进行分析，总结出青年游客有以下六大行为特征：

（1）阻碍青年游客出游的两大"杀手"是时间和收入。

（2）青年游客的主要出游动机是开阔眼界、体验别处的生活、吃遍天下、探索未知。

（3）"简单规划，边走边看"的随性、自由是青年游客出游的标签。

（4）青年游客出游旺季是假期，青睐的停留时间是三天两晚。

（5）青年游客钟爱出游后以不同的方式进行分享。

（6）青年游客城市及周边游频次高。

4.2 长沙青年游客行为特征

基于调查问卷数据，通过与长沙本地居民、青年游客以及潜在游客进行深度访谈，总结出长沙市青年游客的行为特征如下：

（1）大都选择在五一、寒暑假等节假日出游，停留时间在三到四天。

（2）对长沙的重游率较高，体验较好。

（3）在长沙的吃喝玩乐消费较低。

（4）过大的人流量和交通堵塞等会影响外地游客的体验感。

（5）倾向于选择网红打卡景点、红色旅游景点。

（6）特色饮食、音乐节、汉服对其有较大吸引力。

（7）受网络IP营销影响较大。

5. 长沙旅游目标市场分析

5.1 市场细分

本研究选择年龄与职业两个细分变量对市场进行细分（见图2）。按照年龄，将青年旅游市场划分为四个细分市场：14~17岁年龄段的人群年龄尚小，社会经验不足，一般是有组织地出游或在家长的陪同下出游，他们一般是中学生，精力充沛但经济不独立且学习压力大，出游频次低；18~22岁年龄段的人群大部分是00后，思想开放，潮流时尚，且他们作为互联网的原住民，互联网信息对他们的影响比较大；23~28岁的90后，他们与00后有很多相似的特征，另外这个年龄段为适婚年龄，处于恋爱期和已婚的人较多，他们一般对浪漫目的地比较感兴趣；29~35岁的群体受生活牵制较大，出游频次低，且该年龄段已婚已育青年较多，对亲子游产品更感兴趣。

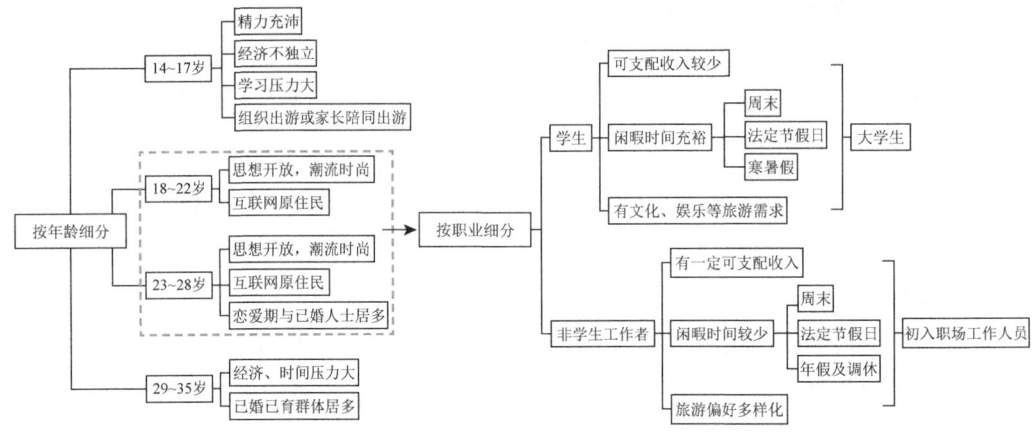

图2 青年市场细分

综合他们的需求及长沙的旅游吸引物和旅游形象，我们选择18~28岁的大学生及初入职场的已工作青年，通过年龄段按照职业做进一步细分，将他们主要分为学生和非学生工作者，其中学生一般收入较少，闲暇时间较多，且对文化、娱乐休闲等旅游产品较感兴趣，非学生工作者有一定收入，闲暇时间却较少，且旅游偏好多样。针对对价格敏感的学生群体，长沙相比其他网红城市具有较明显的价格优势，对于经济不完全独立的他们来说吸引力较强；针对初入职场、假期少的青年群体，我们将推出短线产品，满足其出游需求大却没有足够时间的现状。综上，本策划选择的目标市场是18~28岁的青年群体。

5.2 目标市场选择

5.2.1 目标市场选择模式：市场专业化

2019年，"Z世代"旅游新势力的旅游消费特征为多前往新奇、小众的旅游目的地。青年人的猎奇趋势与本策划在旅游目的地"玩出精彩，玩出花样"的目标相符合。本策划通过提供不同类型的潮游线路产品，充盈网红目的地的旅游内容，挖掘长沙的文化内涵，增强长沙相较同类型网红城市的文化核心竞争力，开发符合目前青年"探索未知、开阔眼界"的休闲娱乐旅游路线。

5.2.2 目标市场策略：集中性营销策略

选择18~28岁的大学生及初入职场的人群作为目标市场，对他们进行集中性营销。长沙网络形象营销正处于蓬勃发展阶段，传播广，见效快，18~28岁的大学生及初入职场的消费者是全程接触互联网的网络原住民，他们对长沙的营销形象感知强，更易受营销影响。

5.3 市场定位：重新定位

长沙近几年凭借茶颜悦色等网红效应频繁出圈，然而相比于成都、重庆等其他对标的网红城市，长沙的资源优势与吸引力并不是十分突出。避强与迎头，都不利于发挥长沙的独特优势。网红经济已经成为一种发展趋势，长沙可以借助网红经济的东风，通过打造"潮玩有味，深度体验"的市场形象，以"潮游有味趣长沙"为定位口号，对自己独特的文旅资源进行重新整合，深入挖掘自己的文化优势，打造出圈。

6. 旅游营销组合策划方案

6.1 产品策略

6.1.1 旅游品牌——YOUNG潮星城

关键词：潮玩、个性、颜系打卡、深度体验、文化熏陶、心灵碰撞。

6.1.2 旅游线路

（1）"潮"非遗——湘楚绣潮韵

"潮"非遗——湘楚绣潮韵主题系列产品一条线能极大地满足青年对非遗奥秘的探索。通过身临其境地学习湘绣和文创产品的制作，青年游客可以对长沙这座古老又新潮的城市有更加深入的了解，在一针一线的传统技艺中开启美好的湘楚生活之旅。

线路：遇见湘绣：湘绣博物馆+中国湘绣创意馆。

特色体验：湘绣教学互动体验+湘绣文创产品定制。

宣传口号：传统技艺与美好生活之旅。

（2）"潮"美食——烟火寻潮味

"潮"美食——烟火寻潮味主题的三条线路可以最大化地享受快乐之都，是"吃货"发掘美食天堂的最佳选择，无论是网红美食还是正宗的湘菜，都能满足青年游客舌尖上的味蕾。

①线路A：网红美食打卡：坡子街（茶颜悦色、火宫殿等）+超级文和友。

特色体验：讲解+拍照+美食主题剧本杀。

宣传口号：老长沙市井文化，老街头的时光印象。

②线路B：书湘味：湖南米粉博物馆+湖南米粉街+湘府文化公园图书馆+冬瓜山。

特色体验：参观参与米粉制作过程+足浴。

宣传口号：要想了解一座城市，就一定要走近它。

③线路C：橘洲美食：橘洲1925湖湘菜+长沙市非物质文化遗产展示馆+宴长沙。

特色体验：橘子洲景区讲解+非遗项目制作体验。

宣传口号：食者为天，美食中的长沙文化盛宴。

（3）"潮"文艺——馆藏探潮流

"潮"文艺路线——馆藏探潮流主题系列产品包括两条路线，线路A光影艺术"潮"游是满足文艺青年在钢筋混凝土的建筑艺术和光影艺术之间寻求艺术潮流的需求。特色体验项目包括邀请专业人士对展览进行专业的讲解，以便文艺爱好者对晦涩难懂的展品有更加深刻的认识和理解。专业摄影写真服务，满足18~28岁青年有关朋友圈照片凑够九宫格、分分钟出大片的诉求。如果说线路A是文艺爱好者的最爱，那么路线B则是文博爱好者的天堂。他们可在文化沙龙讲座、VR科技体验项目、简牍制作体验等特色项目中感叹2000岁的辛追夫人的生平，了解古代人的名片制作流程，在历史文化的缩影中，用心感受连接过去、现在、未来的桥梁。

①线路A：光影艺术"潮"游：李自健美术馆+谢子龙影像馆一日游。

特色体验：艺术品鉴讲解+摄影写真服务。

宣传口号：你可以因为一个人而爱上一座城市，也可以因为爱上一个建筑而爱上一座城市。

②线路B：湖湘文化"潮"游：湖南省博物馆+简牍博物馆一日游。

特色体验：文化沙龙讲座、VR科技体验项目、简牍制作体验。

宣传口号：在历史文化的缩影中，用心感受连接过去、现在、未来的桥梁。

（4）"潮"音乐——发烧弄潮音

在不同类型的青年游客的眼中，长沙具有不同的气质，但在音乐爱好者心中，音乐是长沙不可抹去的底色。20世纪90年代的塔克堡民谣酒吧等地，让长沙的音乐氛围冲在华中地区前列；这座城市走出了C-block、张艺兴、周笔畅等或小众或主流的音乐人；作为国内选秀发源地，曾输送的"新鲜血液"，已成为华语乐坛上的中坚力量；更有长沙传统的花鼓戏，让传统音乐爱好者对这座城痴迷不已。为此，在"潮"音乐——发烧弄潮音下，我们推出了民族音乐与流行音乐两条不同的线路供目标群体选择。线路 A 悠悠花鼓潮音游可满足戏剧爱好者对花鼓戏韵律学习、妆容学习的一切需求，伴着长沙火车站 7 点东方红音乐的奏起，游客可以开启一天元气满满的音乐潮游。从咿咿呀呀的唱腔、如痴似醉的韵律中，一定可以感悟到星城文化的无穷魅力。线路 B 长沙 CITY 寻 SHOW 游则一定可以满足喜欢交友、热爱电音氛围感的发烧青年。两条线路一定能满足青年对追逐最潮流音乐的需求。

①线路 A：悠悠花鼓潮音游：长沙火车站＋湖南省歌舞剧院＋湖南省花鼓戏剧院＋梅溪湖音乐喷泉一日游。

特色体验：花鼓戏欣赏、花鼓戏妆容设计体验、花鼓戏学习。

宣传口号：从咿咿呀呀的唱腔、如痴似醉的韵律中，感悟星城文化的无穷魅力。

②线路 B：长沙 CITY 寻 SHOW 游：露天烧烤帐篷电音节＋（RedClub 红咖俱乐部/46 livehouse）一日游。

特色体验：露天烧烤、交友蹦迪、音乐体验。

宣传口号：音乐是长沙不可抹去的底色，这个夏天带上你爱的人一起嗨起来吧！

6.2 价格策略

以 18~28 岁的青年市场作为我们路线产品的目标市场，综合企业自身情况和旅游产品的竞争情况，选择集中性营销策略。以市场占有率为定价目标，采用成本导向定价法、成本加成定价法的定价方法，参考旅游新产品定价策略——满意定价策略，以及心理定价策略——价格数字偏好定价策略等定价策略，分别对线路进行合理定价。

6.3 渠道策略

在营销渠道策略上，采用直接渠道，由于目标市场是 18~28 岁的大学生和初入职场已工作的青年，他们收入相对较低，对价格敏感，并且对互联网依赖性比较强。为此，针对互联网市场，主要有两个渠道，一个是企业网站，用户可以直接进入企业网站查询产品信息并下单；另一个则是利用微信、微博等社交媒体，其开发费用低，且具有零佣金以及裂变效果好等优势，有利于缩小营销成本。另外还可以通过抖音、小红书等年轻人使用频率高、开发成本低的社交平台营销产品。对于长沙本地近距离市场，可直接通过线下门店拉近游客与产品的距离。

6.4 促销策略

考虑到成本费用和盈利目标，选取基本的广告促销、销售促进、网络促销和以公共关系为本策划的促销策略，集中在"双 11""618"等特定消费节日统一投放以节省费用。另外，利用政府的公众文化宣传活动，多多争取免费的宣传机会（见表 3）。

表3　长沙青年旅游营销促销策略

促销策略	具体方式
广告促销	制作音乐门票式、明信片式的线路产品宣传单,邀请长沙本土小众歌手进行广告合作曲目创作
销售促进	(1)抽奖促销:对于参加3条以上线路的游客,发放抽奖码参与下一年长沙游线路抽奖活动,如抽中线路可转赠给他人 (2)优惠促销:选购两条潮游线路可享受9.5折优惠,3条及以上可享受8.8折优惠 (3)赠送促销:赠送茶颜悦色季节性饮品兑换电子券、米粉大礼包
网络促销	创建"潮音乐"话题,号召游客进行旅游体验反馈,灵感创作热度高者获得音乐周边产品
公共关系	参与由长沙市政府牵头的非遗合作活动,获取政府支持

参考文献

[1] 王璐.长沙旅游商品开发条件的SWOT分析[J].现代经济信息,2012(2):373-374.

[2] 符太浩.长沙市发展城市旅游的SWOT分析及对策[J].科技和产业,2007,7(10):29-32.

[3] 伏六明.浅析长株潭旅游一体化战略的必要性和可行性[J].湖南行政学院学报,2004(2):48-50.

[4] 吴世辉.长沙市旅游业发展SWOT分析及对策研究[J].时代经贸(中旬刊),2008(S2):108-110.

(指导教师:季少军,北京联合大学旅游学院会展经济与管理系)

平谷区峪口镇特色民宿"栖峪"项目计划书

张岳琳　郭雨洁　褚子寒　李鑫新　李非洋　王仁源　武昱彤[*]

[摘　要] 本项目计划打造一个个性化的，可以面向有特殊出行需求群体的智能化民宿。民宿的造型、设施都可以向农业中关村看齐，将园区内的特色产品放大化做成民宿的造型在民宿区内进行宣传，给客人新鲜感的同时增加对峪口镇农业中关村的曝光度。并且，民宿区内配备特殊人群通道，将民宿区进行分区规划，每个区都有对应的特殊服务，客人可以根据自身情况进行选择，他们能和普通人一样去拥抱自然、感受土地、亲近农作物。该民宿致力于让每个人都能享受到对等的服务，力求让每个人都能感受到农业科技化的便利，打响农业中关村的名号，将峪口镇打造成农科第一镇。

[关键词] 特色民宿；个性化；智能化；农业科技化

在时代的洪流中，乡村振兴成为国家发展的重要战略。不仅如此，随着旅游业的发展和人们对住宿需求的变化，特色民宿作为一种独特的住宿选择，受到越来越多人的青睐。将科技、农业与民宿相结合，致力于打造满足每个来该民宿入住的游客的需求。

作为新时代旅游从业青年，我们肩负着推动乡村全面振兴的重任。为了响应这一伟大号召，我们汇聚青春力量，参加"青振京郊"项目比赛，希望能通过我们的智慧和努力，运用我们所学的旅游相关知识，为乡村振兴贡献一份青春力量。

1. 背景分析

1.1 基本概况

1.1.1 地理位置

峪口镇，北京市平谷区下辖镇，介于东经116°55′25″~117°02′47″、北纬40°07′56″~

[获奖项目] 本项目为"青创北京"2024年"挑战杯"首都大学生创业计划竞赛金奖。

* 张岳琳、郭雨洁、褚子寒、李鑫新、李非洋、王仁源，北京联合大学旅游学院旅游管理系本科在读。武昱彤，北京联合大学生物化学工程学院生物工程专业本科在读。

40°14′07″。峪口镇地处北京市东北部，平谷区西部，位于京、津、唐中心地带，西邻顺义区，距天津新港 130 千米。峪口镇镇域面积 65 平方千米，有耕地 4.6 万亩，下辖 20 个行政村，总人口 3.4 万人。峪口镇始建于明朝，距今已有 600 余年历史，是京东最重要的中心城镇之一。

1.1.2 现状

北京市平谷区峪口镇近年来在多个方面取得了显著的进展和变化。在农业方面，峪口镇作为农业中关村建设的重要区域，得到了国家层面的战略支持。北京市政府对农业中关村的建设给予了很多支持，并制定出台了相关政策措施，将峪口镇纳入重点发展区域。以中关村平谷农业科技园为核心，峪口镇正全面推动国家农业科技园和现代农业产业园的建设，涵盖了多个重要农业品类，为北京市打造"种业之都"提供了重要支撑。在村庄建设和环境整治方面，峪口镇也取得了显著的成效。各村庄积极申请经费，对坑洼路面进行修复，提升了村庄的整体环境和居民的生活质量。同时，针对停车难、停车乱等问题，通过协调和小规模改造，增加了停车位，改善了停车环境。此外，峪口镇还开展了环境综合治理工程，对道路、口袋公园等进行改造提升，增加了法治文化、志愿服务等主题宣传栏，提升了村庄的文化氛围。最后，峪口镇在人居环境整治方面也取得了积极进展。通过落实"三大措施""八项行动"，对城乡环境进行整治，清理各类废弃物和乱点，推动环境整治工作取得实效。同时，各村也积极参与整治行动，确保不留死角，提升了村庄的整体环境。

1.2 园区整体分析

1.2.1 优势

1.2.1.1 政府高度重视和支持

2021 年 10 月，农业农村部与北京市签署《共同打造中国·平谷农业中关村合作框架协议》，为农业中关村建设提供了强大支撑。2022 年，北京市制定出台《北京市推进农业中关村建设行动计划（2022—2026 年）》《北京市关于加快推进平谷农业中关村建设的十条措施》，将农业中关村纳入北京市重点产业发展功能区和北京"两区"建设重点产业园区。

1.2.1.2 区域优势

峪口镇面积 65 平方千米，下辖 20 个行政村，常住人口 2.8 万人。作为平谷区的"西大门"，该镇始终赓续红色血脉，坚持党建引领，依托优越的自然资源禀赋以及扎实深厚的农业产业基础，大力发展现代化农业，成为农业中关村的核心区。

已完成一级开发的工业用地储备约 665 亩，具备直接上市条件，待盘活用地 200 多亩。正在开发建设的 50 年产权、可租可售的标准化厂房约 46 万平方米。还有已建成的标准化厂房约 22 万平方米，可满足直接租用落地。

农业中关村是平谷区唯一的市级"习近平新时代中国特色社会主义思想在京华大地的生动实践"现场教学点和主题教育现场教学点，峪口镇和农业中关村管委会一直在用实际行动和日新月异的工作成效书写主题教育教学课程。平谷是京郊的农业大区，平原、山区、浅山区各占三分之一，如同缩小版的北京，自然条件优越。

1.2.1.3 团队专业

平谷区启动了"博士农场"建设，短短一年多时间，"博士农场"已引入院士12位、博士301位。

五彩茄子"博士农场"团队经过试验，培育了一批多倍体茄子体细胞杂交砧木；农场还选育了一批具有自主知识产权的优良茄子品种，有常见的圆茄、长茄，也有罕见的花茄、绿茄。

"博士农场"已引进荞麦、旱稻、中草药、鲜食玉米、叶菜类蔬菜、食用菌等620份种质资源，优异生菜、五彩茄子、中药材生态种植等100余项成果得到市场认可。除了丰富的种质资源，"博士农场"还探索了设施农业、智慧农业等多个方向，推动农业科技创新成果的转化。

1.2.1.4 创新资源加速聚集

目前已吸引了首农食品集团、新希望集团、北大荒、拜耳等农业头部企业在平谷发展，累计引进涉农企业136家。同时还聚集了北京市蛋鸡工程技术研究中心等国家级种业研发平台9个，省部级以上工程技术中心和实验室4个、北京谷芯股份科技发展有限公司等高端科研创新团队21个。

聚集首农、旺旺、紫兴园、圃美多、苏陀科技、味食源等30多家食品企业，融合了传统食品生产、中央厨房、预制菜、食品调味、蛋白研制等多个领域。2022年，食品企业实现产值33.5亿元，占平谷园区工业总产值的23.6%。

与荷兰瓦赫宁根大学、中国农业大学、北京工商大学、中国食品协会、中国轻工协会、北京食科院等众多高校、科研院所、企业等创新主体签订了深入的科技合作协议，创新资源不断集聚，为建设中关村现代食品营养谷奠定了坚实基础。

1.2.1.5 新型运营模式

京瓦中心搭建起了北京与荷兰瓦赫宁根大学农业科技创新的桥梁。通过探索"政府+科研院所+企业"的"金三角"运营模式，聚集高校、科研机构、涉农企业如首农、新希望等各类资源要素，推动产学研用相互转化。

1.2.1.6 育种技术完善

峪口禽业拥有完整的原种、祖代、父母代三级良种繁育体系，入选国家首批蛋鸡核心育种场和禽白血病净化示范场，建成4个国家级蛋鸡良种扩繁推广基地和90个标准化生产基地，有亚洲最大的蛋鸡良种繁育体系，产业布局立足北京、走向全国、辐射"一带一路"沿线。

1.2.1.7 温室种植技术完善

通过半封闭的结构设计和正压通风系统等一系列措施，解决了北京地区番茄越夏种植问题。摆脱了对水土资源和光热条件的高度依赖，为作物创造了持续高产的生长环境。

柔性日光温室使用新型保温材料作为后墙蓄热载体，采用装配式结构一体化安装，较常规砖墙温室建设工期缩短 40%~60%，大幅减少了对土壤耕层的破坏。

1.2.1.8 防护检测专业

桃园安装了防冰雹的大网、虫情测报灯、风吸式杀虫灯和高清摄像头，还设置了小型气象站。气象站由气象传感器、气象数据记录仪、气象环境监测软件三部分构成，可监测风向、风速、湿度、气压、雨量等指标。

1.2.1.9 销售渠道多样

2022 年峪口镇西营村与盒马鲜生平台合作，在一定程度上解决了桃子的销路问题。目前合作社有 220 名农户，其中 80% 的果农以土地入股，可获得土地流转费、分红及工资等多种收益。搭建了"互联网＋大桃"平台，引入顺丰、邮政、京东三大速运公司，与阿里巴巴、京东、东方甄选等电商平台密切合作，实行大桃分级分类销售，实现收益最大化。

1.2.2 劣势

1.2.2.1 缺乏系列支持政策，政策时效性短

目前，针对核心技术攻关出台的各类政策，时效基本在两到三年以内，但是企业、科研院校核心技术攻关特别是种业研究，周期一般较长，至少五年，有的甚至十年左右，因此，要坚持"完善农业科技领域基础研究稳定支持机制"。

1.2.2.2 资金链不健全

需要建立"资金池"设立产业基金，支持企业发展；核心技术攻关政策补贴力度一般维持在 200 万元左右，相比成本，补贴力度不足 10%。

1.2.2.3 资源不平衡

大部分力量仍集中在中心城区，平谷农业中关村的科技创新要素聚集局面尚未完全形成，缺乏国家级大平台支撑。

1.2.2.4 缺乏青年人才的引进

当地因发展时间不长、宣传不足，导致青年群体对当地政策和岗位信息并不了解，这使得人才引进表现不佳，特别是青年人才严重不足。

1.2.2.5 没有属于农业中关村独有的品牌 IP

不凸显特色，以至于宣传力效果不强，公众号曝光度低。

2. 策划内容

2.1 目的及实际应用价值

在北京市平谷区峪口镇发展精品民宿具有多方面的现实意义。

首先，精品民宿作为旅游住宿的重要组成部分，能够为游客提供独特且舒适的住宿体验。通过提供个性化的服务和设施，精品民宿能够满足不同游客的需求，提供比传统酒店更加亲近自然的住宿环境。

其次，精品民宿的发展有助于推动峪口镇的旅游产业发展。随着越来越多的游客出游时选择民宿作为住宿方式，民宿业可以成为当地经济的重要增长点。通过发展精品民宿，可以吸引更多的游客前来旅游，带动相关产业的发展，如餐饮、娱乐、交通等，进一步促进当地经济的繁荣。

再次，精品民宿的发展有助于推动乡村振兴。通过发展民宿业，可以吸引城市居民到乡村地区旅游和度假，增加乡村地区的经济收入和就业机会。同时，民宿业的发展还可以促进乡村地区的文化传承和生态保护，推动乡村地区的可持续发展。

最后，精品民宿的发展还有助于提升峪口镇的整体形象和知名度。通过打造高品质的民宿产品和服务，可以吸引更多的游客前来体验，提升当地在旅游市场中的竞争力。同时，精品民宿也可以成为当地文化的一张名片，向外界展示峪口镇独特的自然风貌和人文魅力。

2.2 特色

2.2.1 建立农业中关村独有的品牌 IP

联合峪口镇农业中关村，打造品牌 IP，给入住的游客提供参观园区、采摘农产品、亲身体验种植过程的服务。

2.2.2 农产品主题分区与餐食体验

结合园区所种植的农产品种类将民宿分区，用农作物命名房间，在房间内配置对应的农产品。将园区内种植的蔬菜供给民宿内的餐厅，让入住的游客享受新鲜的有机蔬菜和无添加的营养餐食。

2.2.3 提供民宿—农业中关村专线

提供专线、专车接送服务；提供青年志愿者园区讲解服务。

2.2.4 针对出行有特殊需求的群体

实现"一带一"的陪同参观、讲解，让出行有特殊需求的群体也能体验种植农作物，提高对农业的兴趣和认识。为老年人、残障人士等出行有特殊需求的群体提供从民宿到园区参观的专车服务。

2.2.5 打造科技型民宿

通过引入智能硬件设备和软件系统，营造温馨舒适的居住环境，如暖色调的灯光、适宜的温度等；提供语音导航、娱乐、信息查询等服务；让游客实现远程控制，享受智能化的居住环境，有效提升住宿体验，让游客感受到前所未有的便捷和舒适，实现智能化服务。

2.2.6 坚持以人为本

关注游客的感受，确保科技服务于人。

2.3 主要内容

该民宿项目针对平谷区峪口镇农业中关村的特点，结合了农业、旅游、智能科技打造出更能吸引年轻群体、更符合特殊群体需要的新型现代化民宿，致力于开创北京民宿新发展趋势。在该民宿项目中我们将在硬件设施、趣味体验、针对性服务、对老年群体及残疾人友好等方面着重建设，使峪口镇农业智慧民宿成为更完善的旅游休闲项目。

2.3.1 智能硬件设施方面

我们预期建设全自助式民宿。如配备智能门锁、智能照明、智能空调、智能音响等，让游客实现远程控制，享受智能化的居住环境。配备语音助手，可以帮助游客用语音控制房间内的设备，提供语音导航、娱乐、信息查询等服务。特殊群体也可以利用语音助手来满足自己的需求。提供智能客房服务，通过客房内的智能设备，如智能电视、智能机器人等，为游客提供更多个性化服务。进行数据分析，根据游客的住宿数据，分析其喜好和需求，为游客提供更加精准的服务。简言之，当游客通过预订到达该民宿时，在前台接待他们的并不是传统意义上的前台服务人员，可以是人工智能屏幕，游客可以自助选择房间。在游客进入所入住的房间之后，可体验便利的智能科技。智能家居系统可以实现声音、手势或远程控制灯光、空调、窗帘等设施；利用数据分析和智能导览系统可以为游客提供专属于峪口镇的旅游信息和日程规划。

虽然科技智能化是智慧民宿的核心，但人不应该是科技的奴隶。在打造智慧民宿时，要始终以人为本。在客房内，尽量避免过多、过于复杂的科技设备，让游客能够轻松上手，真正享受智能化带来的便利。通过智能设备，营造温馨舒适的居住环境，如暖色调的灯光、适宜的温度等。在智慧民宿中，增设一些具有人文关怀的设施，如书籍、茶具等，让游客在享受高科技便利性的同时，也能感受到人文情怀。

2.3.2 趣味体验方面

由于峪口镇号称"农业中关村"，入住该民宿后，可以选择不同的"套餐"，体验不同的园区项目。例如采摘应季农产品；参观园区，学习怎么使用机械灌溉、机械种植、机械喂养等器械；举办小型知识竞赛，游客通过回答中关村相关问题可享受房费折扣；设置农产品加工体验项目，让游客体验一些简单的农产品加工技术，比如果蔬干制作、酱菜腌制等，加工后可以带回家食用。组织可持续农业创新比赛或活动，鼓励来旅游的年轻人提出创新性的农业科技解决方案，如怎样使农业废物资源化利用等，为每一位建言献策者颁发不同奖品，例如一小块属于自己的土地，可以种植蔬菜，等成熟后再来采摘等。

同时，在民宿居住方面我们也进行了一些增加趣味的小设计，例如把每间民宿设计成植物、动物的形状，例如设计成土豆屋、小树屋等。还可以以此来命名房间，例如"番茄小屋""哞哞小屋""茄子小窝"等，这些小屋的内部则用相应的物品为元素进行装修，增加趣味性，提升整体美观度。

2.3.3 针对性服务方面

从游客类型方面来说，例如针对户外爱好者、健康主义者、宝爸宝妈等，该民宿可以与农业中关村联合，提供徒步、骑行、露营等户外活动；提供使用当地种植的蔬菜、水果所烹饪的健康营养的餐饮，如有机食材、健康早餐等；提供对儿童友好的设施，如儿童采摘区、儿童游戏室等，让家庭型客人的孩子们有地方玩耍，家长可以享受到更愉悦的假期。从更细化的服务方面来说，郊区民宿虽然在住宿体验上更加舒适，在环境体验上也优于城市民宿，但是交通问题成为阻碍郊区民宿发展的一大难题。距离较远、交通不便导致郊区民宿发展受限。该民宿还将设计一系列专车接送服务，例如从城区接送游客到该民宿，解决交通不便的问题。在该民宿及园区内部也设计不同游览专线，例如技术种植参观、养殖参观等，还将设计更加适合特殊群体的参观路线。在这条参观路线上，随时有专人为他们提供帮助，例如搀扶下车、儿童服务等。

2.3.4 老年群体及残疾人友好方面

提供无障碍通道和设施，如坡道、扶手、轮椅通道等，方便老年人和残疾人进出。安装电梯或坡道，以确保所有楼层都可以轻松到达。提供适合老年人和残疾人参与的社交和娱乐活动，如清淡饮食的聚餐活动、较简单的采摘活动、健康教育讲座等。设立大学生志愿服务岗位，以便于照顾特殊群体，建立友好、温馨、包容的氛围，让所有选择该民宿的游客都感受到尊重和关爱。

2.3.5 竞争优势

本项目将特殊群体作为采纳对象，将部分民宿区做成专门为他们设计的休息区，满足特殊群体亲近土地的需求。有专门面向他们的工作，就有专门面向他们的休闲，特殊人群的声音随着社会的发展不断进入人们的耳朵中，所以这是一个新颖的市场，也同样是一个非常有价值的市场。

为了更好地照顾到特殊人群，民宿会增加许多大学生志愿岗位，发放相应的志愿时长或者为他们提供实习岗位，吸引大学生大批涌入峪口镇，还可以让他们更多更深地了解到园区情况,这样一来,专业对口或者对园区感兴趣的大学生自然就留住了并且性价比很高,这可以解决峪口镇需要青年人才储备的问题。

该民宿正视特殊人群的需求,为大学生提供机会,能产生很大的社会效益。特殊人群和大学生一直都是社会关注的热点,抓住了他们,就相当于抓住了流量密码,大大增加了民宿和峪口镇的曝光度和知名度。大学生的到来有助于促进峪口镇的农业科技发展,助力峪口镇打造农业科技第一镇目标的实现,从而实现双赢局面。

总之,该民宿具有很高的社会效益和经济效益,并且可行性非常高。

2.3.6 预期经济和社会效益

本项目建成后,有利于提升峪口镇的经济生产总值,为本地居民提供工作岗位,拉高当地居民收入的同时,降低了寻找劳动力的成本,节省通勤时间和成本。

进一步加大峪口镇青年人才储备和培养力度,为广大高校毕业生等青年群体提供更加充足的见习及创业机会,让他们在体验生活的同时走近农业中关村,了解农业;也让更多的大学生走进峪口、了解峪口、体验峪口。

共同打造高质量农业中关村,培育新型职业农民,带领农民共同富裕,贡献青春力量,推动峪口镇农业科技创新,使峪口镇成为农业高科技、高品质、高附加值发展的沃土。

本项目不仅注重经济效益的提升,还关注社会影响的正面效应。通过打造具有特色的乡村民宿,我们希望能够吸引更多的游客前来体验,从而带动平谷旅游业的发展和经济的增长。

同时,我们也希望通过民宿的运营和推广,传播农业文化和价值观,提升乡村的形象和农业中关村的知名度。

2.4 运营模式

随着科技的发展和社会的进步,智能化、数字化、便捷化的理念逐渐渗透到各个领域,我们不妨将这样的理念运用到民宿运营模式中。与此同时,社会的进步让我们看到了一个群体的困境,我们将对残障人士的关怀融入民宿的设计与运营当中。

2.4.1 智能化的应用

2.4.1.1 物联网技术

利用物联网技术,对民宿的设施设备进行联网,实现对设备的远程控制和数据采集。例如,可以通过手机 APP 实现对空调、灯光、窗帘等设备的智能控制,还可以实时了解设备的运行状态和能耗情况。

2.4.1.2 语音识别技术

利用语音识别技术,为残疾人提供更加便捷的服务。例如,可以通过语音指令控制智能家居设备,或者为有听力障碍的客人提供语音转文字的服务。

2.4.1.3 人工智能技术

利用人工智能技术，实现民宿的自动化管理和服务。例如，通过智能门锁系统实现无人入住和退房，通过人脸识别技术实现对客人的个性化服务。

2.4.2 对残疾人友好的服务

2.4.2.1 无障碍设施

民宿应提供无障碍设施，包括但不限于坡道、升降电梯、专用卫生间等，以满足残疾人的特殊需求。

2.4.2.2 特殊服务

提供特殊服务如轮椅服务、手语翻译等，以方便残疾客人入住和使用民宿。

2.4.2.3 心理支持

残疾人在入住民宿时可能会遇到一些心理问题，民宿工作人员应提供心理支持和关爱，帮助他们更好地融入社会和生活。

2.4.3 环境特色的利用

2.4.3.1 用农作物命名房间

在农业园的产业园区民宿，利用农作物的名称来命名每个房间，呈现环境带来的特色。

2.4.3.2 专线观光车接送服务

民宿以人与自然融为一体作为特色进行推广，房间距离较远，因此备有专线的观光车接送民宿客人。客人进入本园区，即便未预订房间，也可以享受本项服务。

2.4.3.3 园区讲解员个性化服务

根据本园区的特色以及客户的想法，可以定制个性化园区讲解服务，设置独立站点进行个性化定制讲解。

2.4.4 "1+1"销售模式

在房间预订过程中，可以让游客自主选择"1+1"的订购产品。其中一个"1"代表该民宿的各种房型，另一个"1"代表园区内各类体验项目。同时，还可以针对不同价位的房型赠送不同的园区体验项目，例如园区应季农产品采摘、亲子种植体验、特殊群体"一带一"陪同参观和讲解等。

2.4.5 运营模式的优化

2.4.5.1 智能化系统的整合

对智能化系统和民宿服务进行整合，实现客人在民宿内的全流程智能化服务，提高客人的入住体验，同时实现数字化的更高效的旅行体验。

2.4.5.2 合作伙伴的引入

与相关企业合作，引入更多的智能化设备和残疾人友好服务，如智能餐具、助行器等，提高民宿的服务质量和竞争力。

2.4.5.3 社区化的运营

通过社区化的运营模式，将民宿打造成一个社区化的平台，增加客人与外界交流的窗口，更加了解客人需求并改进社区基础设施，同时让残疾人朋友在这里找到归属感和安全感。

3. 总结

综上所述，我们的民宿项目在发展峪口镇"农业中关村"知名度的同时，为峪口镇带来更多游客，收获经济效益；项目还可带来更多新时代青年力量，推动峪口镇年轻化、创新化。本项目设计方案注重将农业中关村与现实相结合，实现生态与经济的和谐发展。通过精心的设计和运营，我们希望能够为游客提供一处兼具自然风光、乡土文化，可以体验农业魅力与现代舒适度的住宿体验场所，该民宿项目致力于通过创新、联合、细致的客户关怀和独特的入住环境为客人提供卓越的住宿体验，进而打造成北京"旅游行业＋峪口镇农业中关村"的领先品牌；同时也为平谷经济和社会的可持续发展以及助力平谷峪口镇成为农科第一镇做出贡献。

（指导教师：吴宁，北京联合大学旅游学院旅游管理系）